Juan Wesley

Una Introducción
a su Vida y su Pensamiento

Timothy J. Crutcher

Juan
Wesley

Una Introducción
a su Vida y su Pensamiento

cnp

Casa Nazarena de Publicaciones

ISBN 978-1-56344-790-7

Copyright © 2015

Publicado por
Casa Nazarena de Publicaciones
17001 Praire Star Parkway
Lenexa, KS 66220 EUA

Título en inglés: *John Wesley: His Life and Thought*
© 2015 por Timothy J. Crutcher
Publicado por Beacon Hill Press of Kansas City
Una división de Nazarene Publishing House
Kansas City, Missouri 64109 (EUA)

A mis estudiantes y colegas
de Southern Nazarene University

Índice

Introducción

Juan Wesley es un referente teológico importante para muchas personas en la iglesia protestante, particularmente para quienes son herederos del movimiento metodista iniciado por él, o que son parte de algunas de las varias denominaciones que surgieron como resultado del mismo. Este libro tiene como propósito ofrecer al lector una orientación básica sobre la biografía de Juan Wesley, así como sobre lo más significativo de su legado teológico. Debe ser considerado como una introducción sencilla a un personaje complejo, por lo que es un libro escrito para quienes empiezan a estudiar a Wesley como parte de su formación ministerial, o para los laicos que tengan interés en saber más acerca de este gran pensador y evangelista. Así, este es un libro dirigido a la iglesia antes que a los académicos formales. Sin embargo, se espera que sirva como puente entre ambos, dándoles a los lectores suficientes "pistas de investigación" sobre Wesley como para poder ocuparse provechosamente de escritos más profundos y eruditos sobre él.

En la primera sección de este libro se presenta la biografía de Wesley. Se comienza con un vistazo general a su situación histórica para luego considerar su niñez, su vida de joven adulto, los eventos que iniciaron su ministerio, y la primera década del avivamiento evangélico del cual él fue parte; por último, se dedican dos capítulos a los eventos postreros de su vida. En este breve vistazo biográfico trataremos de mantener un equilibrio entre los detalles personales de la vida de Wesley y la forma en que su vida y ministerio encajan en las grandes controversias y asuntos de los que él participó.

En la segunda sección del libro, exploraremos las percepciones básicas que aparecen constantemente a lo largo de sus sermones y otros escritos. Wesley fue lo que podríamos llamar "un teólogo ocasional", lo que significa que él desempeñó su vocación teológica según se presentaba la necesidad: un poco aquí, un poco allá; un sermón aquí, un pequeño tratado allá. Wesley mismo nunca organizó todo eso en una teología sistemática, por lo que cualquier estructura que podamos usar para organizar su pensamiento siempre será un tanto artificial. Con esa idea en mente, comenzaremos nuestra presentación con su método teológico, y luego exploraremos su visión básica sobre Dios, la creación, los seres humanos y el pecado. A partir de ese trasfondo, nos enfocaremos en la representación que hace Wesley del gran drama de la salvación —tanto en el sentido general como en un específico "orden de la salvación"— y cómo esa salvación opera en la vida corporativa de la iglesia.

Ya que este libro tiene la intención de ser una simple introducción, debemos hacer notar desde el principio que la vida y el pensamiento de Wesley en realidad son más complejos de lo que aquí se presentan. Al tratar de captar los mayores eventos de su vida, y las percepciones más importantes que orientan su pensamiento, muchos matices han tenido que ignorarse. Por supuesto que así es como debemos comenzar cuando empezamos un viaje de aprendizaje en cualquier área del conocimiento; sin embargo, lo menciono desde ahora no sea que el lector piense que lo dicho o declarado en este libro deba tomarse como la última palabra sobre el tema. Siendo, pues, que el objetivo de este libro es mostrar el panorama general tan claramente como sea posible, hemos ignorado algunas de las complejidades que podrían oscurecer nuestra visión. Por ejemplo, aunque creemos que la visión teológica de Wesley fue coherente, podemos admitir que la implementación de esa visión en los varios escritos y actividades de Wesley no siempre lo fue. Con todo, inconsistencias como esas son más fáciles de entender cuando tenemos una visión más amplia de su trabajo como telón de fondo. Si bien es cierto que esas inconsistencias deben preocupar a historiadores y teólogos sistemáticos de nuestros días, las mismas pueden ser convenientemente ignoradas por quienes están empezando a conocer a Wesley.

Puesto que esta introducción quiere llegar a ser un primer encuentro con Wesley, nos hemos enfocado principalmente en sus escritos —particularmente su Diario y sus sermones— antes que en lo que otros han dicho acerca de él. Siendo que esas referencias de otros se han mantenido al mínimo, todas las citas corresponden a Wesley a menos que se establezca explícitamente lo contrario. Al citar a Wesley, hemos tratado de dar suficiente información para que el lector encuentre la cita en cualquier edición de sus obras, aunque también hemos incluido, cuando ha sido posible, el número del tomo y la página citada (por ejemplo, "(8:13)") en la Edición Bicentenaria en inglés de las obras de Wesley (*The Works of John Wesley*, [Oxford University Press y Abingdon Press, 1980-2013]). Cuando haya sido completada, será la edición estándar de las Obras de Wesley en inglés. Para aquellas obras que todavía no están disponibles en esa edición, hemos citado las ediciones anteriores en inglés de las obras de Wesley. Citamos *The Works of John Wesley* (3ra edición, editada por Thomas Jackson [Kansas City, MO: Beacon Hill Press of Kansas City, 1978]) como "Jackson", con el número de tomo y página. Para sus cartas posteriores usamos *The Letters of the Rev. John Wesley, A.M.,* (editadas por John Telford [Londres: Epworth, 1931]) y la citamos como "Telford", también con el número de tomo y página. En cualquier cita de Wesley, el lector debe asumir que todos los énfasis y cursiva corresponden a los originales publicados de Wesley.

Finalmente, debemos mencionar una característica del uso que hacemos del lenguaje que para algunos lectores podría parecer extraño, a saber, el intento de evitar el lenguaje sexista, particularmente al referirnos a Dios. Esto significa que, en lo posible, no usaremos pronombres para Dios, sino que siempre nos referiremos a Dios como Dios sin usar expresiones como "Él" o "a Él". Puede que esto no suene natural, pero es que el usar lenguaje humano para hablar de Dios ya es en alguna medida no natural. Quizá lo extraño al hablar de lo que Dios se hace a Dios mismo, o la forma como Dios se siente sobre la creación de Dios, nos recordará que Dios no calza perfectamente en nuestras categorías humanas preelaboradas de pensamiento y lenguaje. Wesley, claro está, vivió en un tiempo anterior al surgimiento de estas preocupaciones, y es por eso que no hemos intentado acomodar sus escritos a nuestras sensibilidades contemporáneas. Wesley empleó los pronombres masculinos para referirse a Dios, y también dirá "el hombre", "la humanidad" y "él" al referirse a personas genéricas. Quizá deberíamos preocuparnos por estos asuntos, pero es mejor si de antemano lo perdonamos a él y a su cultura por su falta de claridad al respecto. Nos parece que así es mejor, en lugar de llamar constantemente la atención a tales cosas con notas como "[sic]".

Entonces, esta es nuestra hoja de ruta, una breve orientación para la exploración que tenemos por delante. Y como las hojas de ruta son ventajosas solo si las seguimos, es tiempo de que comencemos nuestro viaje.

CAPÍTULO UNO

La Inglaterra de Wesley en el Siglo XVIII

Para entender a un escritor como Juan Wesley, o a cualquier escritor del pasado, nos ayuda el conocer algo del ambiente en el cual vivió y escribió. El significado siempre está unido al contexto, por lo que a menudo necesitamos ubicar a los escritores en su contexto histórico para entender lo que quisieron decir, especialmente a aquellos que vivieron siglos antes de que nosotros naciéramos. El mundo en el que ellos escribieron era diferente al nuestro. Enfrentaron diferentes desafíos y valores, y tuvieron visiones parciales de la realidad. Conocer algo al respecto ayuda a comprender con más claridad lo que esos escritores dijeron. Claro que hemos de realizar esta investigación histórica con mucho "temor y temblor", ya que ni siquiera podemos pretender conocer perfectamente nuestro propio contexto. Siendo que ni siquiera entendemos todos los elementos que dan forma a nuestra manera de pensar y actuar hoy, tampoco debemos esperar entender correctamente todo lo que tiene que ver con un tiempo del que solo tenemos referencia a través de algunos artefactos y documentos. No obstante, nuestros intentos imperfectos de entender el contexto histórico de Juan Wesley nos ayudarán a prevenir errores que se podrían cometer si tratáramos de leerlo como si él estuviera escribiendo en el día de hoy. A veces, nuestra distancia y diferencia con escritores del pasado los vuelve más útiles para nosotros, y entender esa distancia y diferencia hace que su obra pueda ser evaluada con un enfoque más claro.

Juan Wesley vivió de 1703 a 1791 en Inglaterra, ese país que ocupa la mitad sureste de la isla de Bretaña. El siglo XVIII fue un periodo de cambios significativos en Inglaterra, ya que las viejas estructuras de la sociedad que habían sido heredadas de la época medieval comenzaron a dar paso a aquellas de un tinte más moderno. Hubo cambios en la religión, la política, el pensamiento y la economía; incluso hubo un cambio en el calendario.

Wesley vivió esos cambios y respondió a muchos de ellos. Sin embargo, la forma en que uno ve a Wesley en relación con su cultura todavía es materia de mucho debate. Por mucho tiempo, muchas personas —particularmente los provenientes del metodismo de Wesley— creyeron importante enfatizar que la vida y obra de Wesley fueron una reacción en contra de las tendencias "corruptas" de la iglesia y de la sociedad británica del siglo XVIII. Así, se enfatizaron ciertas características del tiempo de Wesley —tales como la mengua de asistencia a la iglesia o el aumento de los pobres en la ciudad— por ser estas las circunstancias a las que Wesley respondió con mayor creatividad. A otras circunstancias a las que Wesley respondió, aquellas que muestran que él compartió otras ideas de su tiempo —tales como su oposición a la Revolución Americana o su rechazo a abandonar oficialmente la Iglesia de Inglaterra— se les dio menos atención.

Sin embargo, en nuestro más o menos medio siglo reciente, los historiadores han cambiado la forma de ver el siglo XVIII, y numerosos cristianos han renovado su compromiso de enfocarse más en lo que une a varios grupos cristianos que en lo que los divide. Los biógrafos contemporáneos de Wesley ahora tienden a resaltar aquellas cosas que Wesley tenía en común con su época y su "iglesia madre". Basándose en esto, algunos wesleyanos quieren realzar a Wesley como fuente de referencia para la totalidad del cristianismo, y no solo como el héroe y fundador del protestantismo metodista.

Ambas perspectivas tienen sus fortalezas y sus debilidades; sin embargo, quien empieza a leer a Wesley no debe sentirse preocupado por tomar partido en este debate. Al igual que con muchos otros asuntos sobre Wesley, es mejor tomar una aproximación abarcadora acerca del involucramiento suyo con su contexto, antes que una aproximación parcial. Wesley fue tanto un producto de su tiempo como un desafío para su tiempo. Fue un representante de la "vía media" del anglicanismo y una piedra en el zapato para su lado institucional. Fue un hombre que encarnó algunos ideales de su tiempo, pero también les recordó a sus oyentes que muchas costumbres de la vida inglesa estaban lejos de sus propios ideales.

Lo que aquí se presentan, entonces, son unas pocas características cruciales del contexto de Wesley que proveen un trasfondo útil para entender su vida y pensamiento. Aunque apenas podamos tocar superficialmente algunos de los asuntos profundos en cuestión, esas características deben ser suficientes para dar al lector que no está familiarizado con el siglo XVIII en Inglaterra, un vistazo de ese tiempo. Las características a las que nos referimos son, la iglesia establecida y protestante del país (la Iglesia de Inglaterra), la confusión política del momento, el clima intelectual, y la forma en que la sociedad estaba cambiando en ese tiempo. En cada caso explicaremos los asuntos involucrados, y luego anticiparemos un poco la manera en que esos asuntos son importantes para entender a Wesley.

La Iglesia Protestante Establecida de Inglaterra

Un buen lugar para comenzar a juntar las piezas del contexto de Wesley es con la Iglesia de Inglaterra, la cual conocemos hoy como la Iglesia Anglicana. Esa fue la Iglesia que lo formó y lo ordenó, y la que tuvo que enfrentar los desafíos que él presentó y los problemas que le planteó. Mucha gente de hoy está familiarizada con el concepto de la separación entre la iglesia y el estado, ya sea que estén o no de acuerdo con ello. El mundo de Wesley, sin embargo, no lo estaba. La opinión de la gran mayoría de los ingleses durante la vida de Wesley era que la iglesia y el estado eran dos facetas inseparables de la sociedad; que trabajaban juntas para beneficio mutuo.

Casi doscientos años antes del tiempo de Wesley, en 1534, el rey Enrique VIII separó a la Iglesia de Inglaterra de la "Iglesia de Roma", y se proclamó como la cabeza de la Iglesia y del Estado. Como la mayoría de la gente de los días de Wesley, el Rey creía que gobernaba por derecho divino, así que desobedecerlo implicaba en última instancia desobedecer a Dios. En el rey, la iglesia y el estado estaban unidas indivisiblemente, pero ese laso también permeaba a la sociedad inglesa fuera del palacio. Por ejemplo, los obispos de la Iglesia de Inglaterra ocupaban puestos en la Cámara de los Lores, la cámara alta del Parlamento Inglés. Esto les daba poder político, pero también podía distraerlos de sus deberes pastorales. Muchos otros puestos oficiales del gobierno, tales como los jueces de paz, también eran ocupados por clérigos, así que las personas a menudo se involucraban con la iglesia y el estado al mismo tiempo. Finalmente, existían leyes que reforzaban las creencias y prácticas anglicanas, por lo que la religión era siempre un asunto legal y no solo moral o personal.

Todo esto hizo que la Iglesia de Inglaterra fuera conocida como la iglesia "establecida" en la sociedad inglesa, queriéndose decir que era la única religión oficial del país. Solo aquellos miembros de la Iglesia de Inglaterra, y quienes regularmente participaban de la comunión, podían ocupar puestos políticos.

Aunque en los días de Wesley había tolerancia oficial para quienes estaban en desacuerdo con las enseñanzas o la estructura de la iglesia, la tolerancia no significaba libertad religiosa. "Los disidentes" o "no conformistas", como se les llamaba, no siempre eran procesados, pero su desacuerdo era considerado técnicamente ilegal. También estaban sujetos a restricciones muy severas, al punto de que muchos de ellos se sentían infelices con la monarquía anglicana de Inglaterra. Sin embargo, la unión creada por Enrique VIII entre el estado y la iglesia perduró, y solo comenzó a resquebrajarse al final de la vida de Wesley.[1]

Conocer esto es importante porque Wesley siempre mantuvo una relación ambigua con su "iglesia madre". Por un lado, él explícitamente defendió el sistema de la iglesia establecida. Wesley afirmaba que Dios era la base del gobierno y que los reyes gobernaban por derecho divino, y usó esa idea para argumentar en contra de la Revolución Americana. Se resistió a la idea de registrar a sus metodistas como disidentes, y permaneció como ministro anglicano hasta el día de su muerte. Por otro lado, Wesley a menudo actuaba en formas que comprometían este principio. Él valoró más la misión de la iglesia de salvar almas y de hacer a la gente santa que a las estructuras anglicanas que se suponía deberían haber respaldado esa misión. El uso que Wesley hace de los predicadores laicos antes que de los oficialmente ordenados, su despreocupación por los linderos parroquiales, y el hecho de que él mismo ordenó ministros, todo ello desafiaba a la iglesia establecida desde adentro, tal como los disidentes lo hacían desde afuera. Terminada la Revolución Americana, Wesley animó a los metodistas norteamericanos a trabajar como una iglesia libre e independiente sin respaldo del gobierno. Así, aunque Wesley compartía el supuesto básico de que la iglesia y el estado estaban conectados, estaba comprometido con un ideal cristiano que le llevaba a desafiar algunas estructuras del sistema de iglesia-estado, y eso le trajo problemas. Veremos muchos ejemplos de esto mientras seguimos la vida de Wesley.

Confusión Política

La historia política de Inglaterra en el siglo XVIII —así como la de la mitad del siglo o algo así que le antecedió— estuvo ligada también a asuntos religiosos. Estos asuntos constituyeron parte del trasfondo que sirvió de base tanto a las discusiones políticas como religiosas, y aun moldearon las relaciones internacionales de Inglaterra y su papel en el escenario mundial.

La convulsión política y religiosa de Inglaterra comenzó con la Reforma en la década de 1530 pero alcanzó su punto más alto con las guerras civiles inglesas de los años 1642 a 1651 y la Mancomunidad Puritana y el Protectorado de 1649 a 1659. Los puritanos querían "purificar" la Iglesia de Inglaterra de sus elementos litúrgicos a fin de hacerla más parecida a las iglesias protestantes de la Europa continental. La mayoría de las personas que vivieron esta convulsión ya habían muerto para el tiempo de Wesley, sin embargo la memoria cultural de aquellos eventos todavía era causa de temores y preocupaciones para los ingleses. Aunque hubo asuntos económicos serios que ocasionaron aquellas guerras civiles, para el entendimiento popular eran conflictos religiosos en los cuales los protestantes radicales habían dado muerte al rey y exiliado a su hijo a fin de tratar de gobernar el país e imponer su religión radical sobre los demás, aunque sin éxito.

Para muchos anglicanos, esos eventos fueron suficientes para probar cuán peligroso podía ser el fanatismo religioso. Fueron eventos que tuvieron que ver con algo más que un desacuerdo sobre doctrinas y prácticas. La gente estuvo tan comprometida emocionalmente con su religión que estuvo dispuesta a matar por sus ideas. La memoria de esos conflictos con los puritanos hizo que la gente sospechara de cualquier religión que, apelando a las emociones, se desviara del patrón "normal" de una religión moral y de una asistencia módica a la iglesia (ya fuera a las iglesias anglicanas establecidas o a las iglesias registradas como no conformistas). Ese fervor religioso no era solo de mal gusto; podría en verdad ser una amenaza para el país.

Esto nos ayuda a entender por qué Wesley enfrentó una oposición tan seria. Una cosa es tener a unos pocos y extraños predicadores que quieran que la gente sea más religiosa de lo que es. Otra muy diferente es que el agitar las emociones religiosas pueda ser visto como el preludio de una guerra civil. Como veremos, durante el transcurso de la vida de Wesley, esto tomó la forma tanto de la censura de parte de la élite de la sociedad, y de la violencia callejera en contra de los metodistas por parte de aquellos que se encontraban en los segmentos más bajos de la escala social.

El conflicto con los puritanos también influenció en el ambiente teológico de la Iglesia de Inglaterra, la cual fue reestablecida oficialmente a su posición anterior junto con la restitución de la monarquía. Siendo que los puritanos querían eliminar cosas de la "alta iglesia", como los obispos y los libros de oración, fue natural que los líderes anglicanos recientemente restituidos enfatizaran en ellas. Los puritanos eran calvinistas radicales en su teología, enfatizando la completa pecaminosidad de la humanidad y la doctrina de la predestinación. Por lo tanto, fue natural para los líderes anglicanos acentuar ideas opuestas como la búsqueda de la santidad por medio de las buenas obras y los medios de gracia, o la idea de que la gente no era predestinada sino que tenía libre albedrío.

Estos énfasis antipuritanos fueron impuestos en la iglesia, lo que forzó a muchos ministros (incluyendo a los abuelos de Wesley de padre y madre) a renunciar a sus puestos en la Iglesia de Inglaterra y convertirse en disidentes. Esta actitud también se hizo patente en las escuelas de formación ministerial de la Iglesia de Inglaterra como Oxford, a la cual asistió Wesley cuando fue joven. Así, Wesley fue expuesto a ambos lados de este debate, y veremos que sus propias actitudes fueron el resultado de una mezcla de opiniones diversas representadas por los puritanos y los así llamados "teólogos carolinios" (de "Carolus", la forma latina de "Carlos", el nuevo rey).

La situación no mejoró para Inglaterra cuando el Parlamento de 1660 invitó a Carlos II —el hijo exiliado del rey que el parlamento anterior decapitó— para que regresara del exilio y ocupara el trono inglés. Carlos II había pasado la década anterior como exiliado en Francia, y esto resultaba sospechoso por dos razones. La primera, que Francia había sido un antiguo "enemigo" de Inglaterra, o al menos su "hermano rival", por cientos de años. La segunda, relacionada a la anterior, que Francia era incondicionalmente católica romana. Esto la convertía en un adversario religioso así como político.

Se esperaba que Carlos II fuera la cabeza de la Iglesia de Inglaterra, una iglesia protestante, por lo que cualquier lazo con el catolicismo romano era sospechoso, lo que se confirmaría cuando Carlos se unió a la Iglesia Católica Romana en su lecho de muerte. El problema se agravó aun más bajo el reinado de su hermano, Jacobo II. Las fuertes inclinaciones de Jacobo hacia Francia y hacia lo católico eventualmente dieron paso a una revolución. Siete nobles ingleses invitaron a María, la hija protestante de Jacobo, y a su esposo holandés, Guillermo de Orange, a invadir el país y salvar el trono inglés para el protestantismo. Jacobo regresó a Francia después de unas pocas y pequeñas escaramuzas en un evento recordado en los días de Wesley como la Revolución Gloriosa de 1688. Guillermo y María fueron entonces reconocidos por el Parlamento como reyes en conjunto, aunque el rey anterior todavía estaba vivo.

Con este cambio en la monarquía, dos orientaciones políticas importantes surgieron en Inglaterra, las que con el tiempo llegaron a ser partidos políticos. Uno de estos partidos, conocido como los "Whigs", enfatizaba en el rol del parlamento inglés en el gobierno, y buscaba dar a esa agrupación una prioridad y control siempre crecientes. El otro partido, conocido como los "Tories", pensaba que el rey debería ser considerado como el elemento central en el gobierno, y que debería ser obedecido en todas las cosas.

La Revolución Gloriosa tuvo un impacto importante durante casi toda la vida de Wesley, aun cuando había sucedido quince años antes de que él naciera. La mayoría de los ingleses no había tomado partido durante la invasión, ni para defender a su rey, ni para ayudar a su rival. Cuando las cosas se calmaron, los ingleses aceptaron la nueva situación e hicieron sus votos de fidelidad a los nuevos monarcas. Una minoría significativa, sin embargo, no pudo aceptar ese final. Por un asunto de principio creían que solo un monarca podía gobernar por derecho divino, y que ningún grupo de personas —nobles, parlamentarios o cualquiera otro— podría cambiar ese hecho. No podían jurar por su nuevo rey porque creían que Jacobo II continuaba siendo su legítimo rey, a pesar de lo mucho que ellos pudieran disentir de su religión o su política. Estas personas, conocidas como los "non-jurors" (ya que se negaron a hacer el voto de lealtad), fueron excluidas de la vida oficial política y religiosa de Inglaterra. Como veremos, Susana, la madre de Wesley, le tenía cierta simpatía a esa forma de pensar, y esto causaría problemas en la casa.

María murió en 1694 y Guillermo reinó como único rey hasta su muerte en 1702. A él le sucedió Ana en el trono, otra hija protestante de Jacobo. Cuando la reina Ana fue coronada, Jacobo ya había fallecido, por lo que hubo pocas objeciones para que ella viniera a ser la reina, sin embargo, había quien creía que los herederos varones de Jacobo —particularmente su hijo Jacobo y su nieto Carlos— todavía eran los gobernantes legítimos de Inglaterra. Esos grupos fueron llamados "jacobitas" (debido a la forma hebrea del nombre, "Jacobo",) y los intentos de rebelión armada de los jacobitas para poner en el trono al "pretendiente mayor" (Jacobo III) o al "pretendiente menor" (Carlos III) trastornaron a Inglaterra más o menos por los siguientes cincuenta años.

Ni Guillermo y María, ni la reina Ana y su esposo tuvieron hijos que les sobrevivieran. Así que, a fin de asegurar el trono de Inglaterra para el protestantismo, el Parlamento designó la sucesión real a la nieta del rey anterior (Jacobo I de Inglaterra, quien reinó de 1603 a 1625) y a sus herederos protestantes. La reina Ana murió en 1714, cuando Wesley tenía escasamente 11 años de edad, y Jorge, Elector de Hanover en Alemania, se convirtió en Jorge I de Inglaterra. Apenas el siguiente año, en 1715, hubo un levantamiento jacobita significativo en la parte norte de Inglaterra y en Escocia a menudo conocido como "los del Quince". Otro levantamiento similar ocurrió en 1745 (predeciblemente conocido como "los del Cuarenta y Cinco"), cercano al comienzo del avivamiento evangélico wesleyano. Detrás de estos levantamientos siempre estuvo la amenaza de que Francia invadiera a Inglaterra y que ayudara a restituir al trono a los descendientes de Jacobo II, y por lo tanto el catolicismo romano a Inglaterra. Esta amenaza se calmó únicamente cuando ocurrieron las victorias militares de Bretaña sobre Francia, entre 1740 a 1760, y con la llegada al trono de Jorge III en 1760. Sin embargo, la anterior amenaza pronto fue reemplazada por la amenaza emergente de la independencia americana.

Conocer este trasfondo político nos ayuda a entender un par de elementos de los escritos de Wesley, y las reacciones de la gente hacia ellos. En primer lugar, la época de Wesley sentía inseguridad política, y Wesley a menudo hacía referencia a esa inseguridad. Muchos de sus escritos reflejan a un hombre enfrentando un tiempo de perturbación, por lo que Wesley trabajó para calmar los temores innecesarios pero también usó la inseguridad de este mundo para señalarle a la gente el mundo venidero.

Segundo, esto nos ayuda a ver por qué Wesley fue acusado a menudo de ser "papista", como el catolicismo romano era llamado satíricamente en los días de Wesley, siendo que tales acusaciones podían mostrar a Wesley como una amenaza política y religiosa. En un ambiente político en el que había que tomar partido, los argumentos conciliadores de Wesley fueron a menudo malentendidos o mal interpretados. Cualquier cosa que él dijera que sonara demasiado a teología puritana o católico romana llevaría a ataques de parte de los anglicanos, puesto que ellos solían pelear en estos dos frentes. Wesley, por tanto, quedó atrapado en un triángulo de preocupaciones teológicas entre el puritanismo, el catolicismo romano y la Iglesia de Inglaterra. Ya que Wesley a menudo tuvo que defenderse contra ataques diferentes, y hasta opuestos, algunas de sus defensas parecían confusas y hasta contradictorias. En la medida en que entendamos mejor este trasfondo político y religioso, entenderemos mejor la respuesta de Wesley al mismo.

Ambiente Intelectual

La política y la religión no fueron los únicos asuntos de interés público en la vida de los ingleses del siglo XVIII por más dominantes que éstos parecieran ser a veces. A la época de Wesley a menudo se le califica como la "Era de la Razón", y es que en ella sucedieron muchos cambios intelectuales, particularmente en la ciencia y en la filosofía. Algunas veces Wesley aprobó las nuevas ideas y otras veces se opuso a ellas. Aunque Wesley admiró la razón, la filosofía y la ciencia, también se dio cuenta de sus límites; esa tensión era importante para la forma en que él pensaba.

La ciencia como disciplina creció en importancia y visibilidad en la cultura inglesa durante la vida de Wesley. La gente buscaba el conocimiento científico y comenzaba a adoptar una visión científica del mundo. Inmediatamente después de su restauración, el rey Carlos II fundó la Real Sociedad de Londres para el Aprovechamiento del Conocimiento Natural (más comúnmente conocida como la "Sociedad Real"). Esto dio un apoyo oficial y monárquico al avance del conocimiento científico y un sello de aprobación pública a los proyectos científicos. Presidentes famosos de la Sociedad Real como Isaac Newton (1643-1727) hicieron que el público le pusiera mayor atención a la ciencia. Las invenciones científicas, particularmente aquellas que involucraban tecnología textil y energía de vapor, posicionaron a Inglaterra como el primer país industrializado, y la ciencia se volvió un tema de interés aceptable —y a veces hasta esperado— para las clases que disponían de tiempo libre.

El antagonismo común de hoy entre la ciencia y la religión todavía no había surgido en los días de Wesley. Muchos de los científicos notables de Inglaterra como Isaac Newton y Joseph Priestley tenían fuertes inclinaciones e intereses religiosos (aunque no siempre hacia las doctrinas tradicionales del cristianismo). La mayoría de la gente veía a la ciencia como perfectamente compatible con la creencia en un Dios creador y hasta como una consecuencia natural de ella. No era solo que la mayoría de los científicos creía en Dios, sino que un número prominente de obispos de la Iglesia de Inglaterra hablaban de la ciencia con grandes elogios e incluso los clérigos a menudo se involucraban en actividades científicas.

Wesley se identificó mucho como un hombre de su época en lo que a esto se refiere. Tuvo un fuerte interés en la ciencia y disfrutó la lectura de los nuevos inventos y descubrimientos, particularmente aquellos que prometían mejorar la vida de la gente. Wesley mismo escribió algo sobre la electricidad, y compiló una lista muy popular de remedios caseros que, según él, descansaban en la observación empírica.[2] Promovió el estudio de la ciencia en la escuela que fundó en Kingswood, y entre sus predicadores metodistas y aun entre todos los ministros, diciendo que la ciencia era importante para entender la Biblia.[3] Wesley veía la ciencia, entonces, como ayuda y no como amenaza para la fe.

Sin embargo, la filosofía que surgió junto a la ciencia fue un asunto completamente diferente. Wesley concordó con la ciencia, y la usó, en tanto era práctica y ayudaba a entender el mundo físico. Aun él fue algo científico en su aproximación a asuntos religiosos. Pero cuando la ciencia ofreció una cosmovisión naturalista sin espacio para la intervención divina, Wesley se le opuso con todas sus fuerzas. A la par del interés de Wesley por la ciencia, también lo encontramos creyendo en fantasmas y brujas. Argumentaba sobre las limitaciones del conocimiento científico, y sobre la providencia divina que trabaja paralelamente a las causas físicas de las cosas. Así pues, aunque la ciencia era importante para Wesley, la filosofía de aquella no gobernaba su mundo. Esta actitud sale a relucir en muchos de sus escritos a lo largo de toda su vida.

Cambios en la Sociedad

Junto a los cambios en la forma de pensar del siglo XVIII, también surgieron cambios en la forma de vida. La mayoría de estos cambios fueron graduales pero muy definidos. Lentamente pero con seguridad el panorama de Inglaterra cambió al paso del desarrollo del comercio y las ciudades y los pueblos cobraron mayor importancia. Wesley encontró en estos cambios numerosas oportunidades para el ministerio que la iglesia establecida más tradicional no estaba aprovechando.

Los cambios económicos fueron los más numerosos y significativos, y eran ocasionados por los avances tecnológicos y las nuevas oportunidades de comercio. Durante la mayor parte de su historia, Inglaterra fue una sociedad rural cuya principal actividad económica era la agricultura y la ganadería, a lo que se añadía una gran cantidad de industrias artesanales como era el caso con la fabricación de ropa. El país solo tenía una ciudad de tamaño significativo, Londres, y la mayoría de sus ciudadanos vivían en el campo antes que en la ciudad. Los pueblos eran principalmente lugares en los que los comerciantes vendían productos, y en los que las clases altas se juntaban para realizar eventos sociales. Todo esto cambió lentamente durante la vida de Wesley.

Ahora, las nuevas formas de producción incentivaba a la gente a vivir más cerca los unos de los otros por razones económicas. La gente empezó a moverse a los centros de población para encontrar empleo, pero eso significaba dejar a la familia y a las redes de apoyo de las localidades pequeñas, que era lo que había sostenido a la sociedad inglesa por tanto tiempo. La pérdida de estas redes hizo a la gente vulnerable a las dificultades de la vida, y a las tentaciones de la vida urbana anónima. A la iglesia establecida se le hacía difícil seguir el ritmo de estos cambios, y así menos y menos personas eran atendidas eficazmente por el sistema parroquial y por su estilo impuesto de ministerio pastoral. La asistencia a la iglesia declinó durante este periodo, y muchos pensaban que la moralidad también.

Ya sea que uno vea la actividad de Wesley como un apéndice de las actividades de la iglesia o como un desafío para ella, sus prácticas más distintivas surgieron de este trasfondo social cambiante. Las reuniones de clase y la predicación al aire libre suplían necesidades espirituales que las estructuras de la iglesia tradicional no estaban atendiendo. El movimiento metodista prosperó en pueblos donde las estructuras de la Iglesia de Inglaterra eran deficientes, y en áreas rurales donde sucedía lo mismo. Aun el ministerio de compasión de Wesley —como el establecer dispensarios médicos para los pobres o el iniciar escuelas para los hijos de los mineros— se entiende mejor como una respuesta a la ineficiencia creciente de los medios tradicionales de apoyo social.

Hubo un cambio definitivo que no fue tan significativo en el tiempo de Wesley, pero ciertamente afecta la forma en que lo leemos hoy. A medio camino en la vida de Wesley, Inglaterra cambió de calendarios, creando dos sistemas separados para registrar las fechas de los eventos. El calendario antiguo, llamado calendario juliano, había sido usado desde los tiempos del Imperio Romano. De acuerdo a ese calendario, cada año tenía exactamente 365¼ de días. El problema era que esta fórmula descontaba cerca de once minutos, lo que hacía que el año de calendario se le retrasara al año solar (calculado de acuerdo a los equinoccios y a los solsticios). En los países católicos, el papa Gregorio XIII resolvió este problema en 1582 con su calendario gregoriano, que era más exacto y que cerraba la brecha entre el año solar y el año de calendario. La Inglaterra protestante al comienzo no quiso seguir esta idea católica, pero para la década de 1750 la situación se había convertido en un problema. Por tanto, decidieron adoptar el nuevo calendario y ajustar sus fechas para que coincidieran con las de todos los demás. Así, por ejemplo, cuando Wesley nació, los calendarios de Inglaterra decían que fue el 17 de junio de 1703. Sin embargo, después de 1752, Wesley celebraba su cumpleaños el 28 de junio, que era la fecha que el calendario gregoriano habría dicho si hubiera sido usado en ese tiempo. Al mismo tiempo, Inglaterra también cambió el inicio oficial del Nuevo Año al primero de enero (legalmente el año solía comenzar el 25 de marzo), lo que explica que muchas fechas en las cartas de Wesley tuvieran dos fechas (por ejemplo, febrero de 1740/1741). Cuando eso suceda, es el segundo año el que se conforma a nuestro calendario moderno.

Hay mucho más que se podría decir acerca de la época en la que Wesley vivió y sirvió, pero por ahora esto es suficiente para orientarnos. Con este pequeño trasfondo estaremos más conscientes de elementos importantes del contexto de Wesley, y tendremos herramientas adicionales para entender mejor su vida. Y es precisamente en su vida en la que ahora nos enfocaremos.

CAPÍTULO DOS

Su Trasfondo Familiar
y su Vida Temprana
1600-1720

Cuando uno examina la vida de alguien es difícil empezar en "el principio" porque "el principio" es difícil de definir. Uno podría empezar con el nacimiento, pero aun ese evento importante ocurre "en medio de situaciones", rodeado de influencias y factores que tendrán un efecto profundo en la manera en que una pequeña vida se desarrolla. Aunque hay mucho que aprender del estudio a fondo del pasado de la familia de Wesley, nosotros empezaremos con un sencillo bosquejo de la vida de sus padres antes que Juan naciera.[1] Luego revisaremos algunos episodios de sus primeros años de vida que para él o para sus padres fueron lo suficientemente significativos como para ser puestos por escrito. Finalizaremos con nuestro joven Wesley listo para entrar a la Universidad de Oxford.

Juan Wesley creció en una familia que tenía muchas de las preocupaciones religiosas de las que hablamos en el capítulo anterior. Sus padres fueron personas de altos principios, que regresaron a la Iglesia Anglicana después de haber pertenecido a familias vigorosamente disidentes. Así, ambos expusieron a sus hijos a las ricas tradiciones devocionales de los no conformistas y puritanos, al igual que a aquellos principios de la "alta iglesia" que los habían atraído a cada uno de ellos por separado a la plena comunión con la Iglesia de Inglaterra.

Susana Annesley, la madre de Juan Wesley, fue la hija de Samuel Annesley, el líder de los disidentes de Londres. El reverendo Annesley había sido removido de su posición como pastor de la iglesia *St. Giles-Cripplegate* en Londres, en

1662, en el tiempo cuando la Iglesia de Inglaterra estuvo limpiando sus filas de la influencia puritana, secuela de aquellas guerras civiles que discutimos en el capítulo anterior. Susana fue la vigésima quinta y última hija (si bien la mayoría de sus hermanos habían muerto en la infancia), y nació el 20 de enero de 1669. Evidentemente el padre de Susana le transmitió a su hija la capacidad de tener fuertes convicciones antes que el contenido de esas convicciones. Cuando ella tenía alrededor de trece años -por una inusual reflexión e investigación precoz- Susana abandonó la tradición disidente de sus padres y comenzó a asistir por su cuenta y sola a las reuniones anglicanas. Cualesquiera hayan sido los sentimientos personales de Samuel Annesley acerca de la opinión de Susana sobre la tradición disidente, le dio a su hija la bendición y permaneció muy cerca de ella hasta el final de su vida.

Este hábito de reflexión y deliberación iban a caracterizar a Susana durante toda su vida. Ella publicó solo una cosa durante su vida (una carta anónima abierta defendiendo a su hijo Juan), sin embargo escribió numerosas cartas pastorales y teológicas a sus hijos y mantuvo un diario de reflexión personal. En sus escritos podemos ver que fue una pensadora muy cuidadosa, y que conocía bien los asuntos filosóficos y teológicos del día. Los diversos intérpretes de Wesley tienen opiniones diferentes sobre la forma exacta en que su madre lo influyó, pero el hecho de que sí influyó en su pensamiento teológico es difícil de negar.

Poco tiempo después de que la joven Susana se decidiera por la iglesia establecida, asistió a la boda de su hermana mayor Elisabet. Allí conoció a un joven (aunque seis años mayor que ella), "disidente dos veces", llamado Samuel Wesley. Como ocurrió en la familia de Susana, el padre de Samuel, Juan Wesley (el homónimo de nuestro Wesley), había sido removido de su parroquia en 1662, justo antes de que Samuel naciera. A diferencia del padre de Susana, quien había heredado suficientes recursos de su familia para sostenerse a sí mismo, cuando el padre de Samuel perdió su trabajo como pastor, quedó reducido a la pobreza, y murió en privaciones cuando Samuel solo tenía ocho años de edad. Por la generosidad de otros, Samuel pudo educarse en varias escuelas disidentes hasta cumplidos los veinte y un años de edad. En aquella época, mientras trataba de responder a algunas críticas anglicanas en contra de su tradición disidente, Samuel se halló convencido por ellas y volvió a unirse a la Iglesia de Inglaterra. Él y Susana mantuvieron su amistad y correspondencia, probablemente debido a sus trayectorias comunes, y finalmente se casaron el 12 de noviembre de 1668, en el tiempo en que Guillermo de Orange hacía su campaña por toda Inglaterra con eventos que culminarían en la Revolución Gloriosa.

A Samuel le tomó cerca de tres años asegurar su primer pastorado de tiempo completo; entretanto, había empleado su tiempo como pastor interino, como capellán de la marina y como escritor independiente. Samuel Jr., el hermano de Juan Wesley, nació durante estos años de privación financiera, lo que prefiguró los problemas de dinero que tendrían los Wesley durante su vida. Finalmente, en 1691, los Wesley se mudaron a una parroquia muy rural en South Ormsby, en Lincolnshire. La vida siguió siendo dura -Susana tuvo seis hijos, tres de los cuales sobrevivieron la infancia-, pero lucharon hasta que Samuel fue obligado a renunciar a su parroquia debido a que había confrontado a la amante del patrón del pueblo. Fue este acto costoso y a la vez cargado de principios que, alrededor del año 1697, aceleró el traslado de la familia a la parroquia de Epworth, donde Samuel iba a servir por el resto de su vida.

El comienzo para Samuel en Epworth fue difícil, sin embargo su dedicación cuidadosa a sus tareas pastorales eventualmente conquistó a la mayoría de la comunidad. Todavía la familia luchaba financieramente. La mayoría de los niños que les nacieron durante ese tiempo murieron, su granero se colapsó, y parte de la rectoría (o casa pastoral) se incendió. A pesar de esto Samuel se mantuvo ocupado en su ministerio, y también trabajó en un proyecto académico que iba a llegar a ser la obra de su vida: un comentario detallado sobre el libro de Job. Más tarde, a finales del 1701, el reverendo Wesley de nuevo manifestó su devoción costosa a los principios, esta vez en tal forma que chocaría contra los igualmente fuertes principios de su esposa.

Samuel creía en el derecho divino de los reyes, pero también creía que la invasión del rey Guillermo durante la Revolución Gloriosa fue necesaria para preservar el protestantismo en Inglaterra (y por lo tanto su iglesia escogida). Susana, en cambio, no compartía esa opinión. Juan Wesley describiría el conflicto a un amigo de la siguiente manera: "'Susanita', dijo mi padre a mi madre un día después de la oración familiar, '¿por qué no dijiste amén a la oración por el rey esta mañana?' Ella respondió: 'Porque yo no creo que el príncipe de Orange sea rey'. Él dijo: 'Si ese es el caso, tú y yo debemos separarnos, porque si tenemos dos reyes, debemos tener dos camas'".[3] Acto seguido Samuel Wesley se fue a Londres para no regresar por el resto del año. Afortunadamente para la armonía de la familia Wesley, el rey Guillermo murió en marzo de 1702, y tanto Samuel como Susana estuvieron de acuerdo en su sucesora, la reina Ana. Ninguna de las partes dio marcha atrás, pero el conflicto terminó. Poco después de un año, el 17 de junio de 1703,[4] nació Juan Wesley, a quien la mayoría de la familia le llamaría 'Jacky'.

Una vez, mucho más tarde en su vida, Juan Wesley le pidió a su madre que le diera sus reglas para criar hijos. Las reflexiones de Susana proveen un vistazo interesante a lo que debió ser la vida para su familia en la rectoría de Epworth. Sus métodos correspondían a una alta disciplina con horarios estrictos para comer y jugar, lo que reflejaba su propio carácter.[5] El mal comportamiento era estrictamente castigado, pero la obediencia era a menudo recompensada. La mayor parte de esta disciplina estaba relacionada con la educación religiosa de los niños, lo que Susana pensaba que era su tarea más importante. "Insisto en conquistar pronto la voluntad de los niños porque esa es la única base sólida y racional de una educación religiosa", le escribió a su hijo. El énfasis en el auto-control era practicado aun en el comportamiento ordinario de los niños. Por ejemplo, les enseñó a llorar silenciosamente de tal forma que "ese ruido tan odioso del llanto de los niños raramente se escuchaba en la casa con todo y que la familia vivía en una quietud tal que no parecía que hubiera niños entre ellos".[6] Susana también se encargó del resto de la educación de sus hijos (cuando les enseñaba a leer, lo hacía usando la Biblia). Aunque inusual para la época, ella insistía especialmente en que sus hijas aprendieran a leer antes que cualquier otra "labor de mujeres" que la sociedad pudiera esperar de ellas, como era el caso de la costura.

Quizá fue el alto sentido del orden de Susana en la familia lo que ayudó a protegerlos del caos que parecía que siempre los estaba amenazando. Algo de ese caos fue el resultado de la falta de capacidad de Samuel para manejar bien el dinero, lo que a menudo lo hacía endeudarse. En 1705, cuando Wesley tenía dos años de edad, hubo unas conflictivas elecciones políticas en las que los puntos de vista de Samuel causaron problemas. En represalia, uno de los miembros de su parroquia le pidió la devolución del dinero de una deuda y por Samuel no poder pagarla fue enviado a prisión. Allí Samuel pastoreó a sus compañeros de prisión confiando en que su esposa cuidaría de su familia. Afortunadamente, el arzobispo supervisor de Wesley, John Sharpe, vino a su rescate y con la ayuda de algunos colegas pastores de Samuel pagaron la deuda que lo mantenía en prisión. Durante el encarcelamiento de Samuel, el arzobispo visitaba solícitamente a Susana y su familia y le preguntaba cómo le iba y si no "le faltaba el pan". Su respuesta una de las veces bien podía ser emblemática de la condición financiera de la casa de los Wesley. "Mi señor", respondió ella, "voy a confesar libremente a vuestra merced que, estrictamente hablando, nunca me ha faltado el pan. Pero también, que me he esmerado mucho para conseguirlo antes de comerlo aun cuando pagarlo después, como a menudo ha sucedido, me haya resultado en extremo riguroso. Me parece que conseguir el pan en esas condiciones es el siguiente grado de miseria después de no tener ninguno".[7]

Juan Wesley debió haber sido demasiado niño como para recordar adecuadamente el incidente del encarcelamiento de su padre, pero hubo otra circunstancia desafortunada que él sí recordaría muy bien. Fue una circunstancia que incluso pudo haber jugado cierto rol en aumentar su sentido de llamamiento. La noche del 9 de febrero de 1709 se inició un fuego en la casa pastoral de Epworth, probablemente debido a algunas chispas que alcanzaron su techo seco. El fuego que caía sobre la cama de Hetty, hermana de Juan, la despertó y fue ella la que dio la alarma. Samuel Wesley llegó a escuchar a la gente afuera gritando "¡Fuego!", y cuando se levantó se dio cuenta de que era su casa la que estaba en llamas.

Como podría imaginarse, surgió gran confusión. Samuel despertó a su esposa embarazada, quien despertó a la sirvienta, quien a su vez tomó al bebé más pequeño en sus brazos y mandó que los otros niños en la habitación fueran despertados y la siguieran. Con la ayuda de las hijas mayores, Samuel logró que la mayoría de su familia saliera por la puerta del frente en medio de las llamas. Otros hijos escaparon por las ventanas a la calle, pero cuando Samuel trató de regresar a la casa para asegurarse de que todos estaban a salvo, las escaleras cayeron por su peso. Al salir de nuevo, se dieron cuenta que tenían a todos los niños excepto el pequeño "Jacky". Este es el relato de Wesley (escrito mucho tiempo después) de lo que sucedió enseguida:

> Creo que fue ahí cuando desperté. No lloré en ese momento, como se imaginaban, pero sí después. Recuerdo todo lo sucedido tan claramente como si hubiera ocurrido ayer. Viendo que la habitación estaba tan iluminada, llamé a la sirvienta para que me llevara. Pero como nadie respondió, saqué mi cabeza por la cortina y vi llamas de fuego en la parte superior de la habitación… Entonces me subí en un baúl que se hallaba cerca de la ventana. Alguien en el patio me vio y corrió a traer una escalera. Otro respondió, "No hay tiempo; pero tengo otra idea. Me apoyaré en la pared y levantaré a un hombre liviano sobre mis hombros". Lo hicieron y me sacaron por la ventana. Justo en ese momento todo el techo se cayó, pero cayó dentro, de otra manera nos hubiera aplastado a todos al instante. Cuando me llevaron a la casa donde estaba mi padre, él gritó, "¡Vengan vecinos! ¡Arrodillémonos! ¡Demos gracias a Dios! Me ha dado a mis ocho hijos; que la casa se pierda; ¡soy suficientemente rico!"[8]

Exactamente cómo este rescate notable influenció a Wesley, es asunto de debate. Susana escribiría más tarde en su diario de reflexión lo siguiente: "Intento cuidar más esmeradamente el alma de este hijo que Tú misericordiosamente me has dado".[9] Más tarde, Wesley se refirió a sí mismo con la frase bíblica (reconocemos que la usó fuera de contexto) de "un tizón arrebatado del fuego". Esta frase llegó a ser un tipo de emblema para Wesley; se identificó con ella y la usó como el epitafio que escribió para sí mismo cuando una vez pensó que se estaba muriendo. Más tarde negó que ese suceso le hubiera dado un sentido de llamado especial o de destino, pero fue una experiencia que siempre permaneció en su memoria.

El fuego destruyó todas las posesiones de la familia Wesley y los forzó a vivir separados arrendando varias casas del pueblo hasta que la casa pastoral fue reconstruida. El liderazgo enérgico tanto del padre como de la madre mantuvo a la familia unida a pesar del percance. Aunque Samuel hizo su parte, Susana fue la principal responsable en mantener la unidad familiar. Aun cuando Samuel se encontrara lejos, ella hacía todo lo necesario para cuidar de las necesidades físicas y espirituales de su familia (como lo hizo cuando él estuvo en prisión), incluso cuando las acciones de ella generaran conflictos.

En 1711, Samuel Wesley estuvo lejos de casa de nuevo, esta vez por haber ido a Londres como representante oficial de la Convocación, el cuerpo oficial de gobierno de la Iglesia de Inglaterra. Su auxiliar, el reverendo Inman, solo estaba a cargo del culto del domingo, y parecía que predicaba únicamente de la obligación cristiana de pagar las deudas. Puesto que todos sabían que Samuel se endeudaba frecuentemente, no había duda del blanco a quien iban dirigidos esos ataques.

Ya que claramente faltaba alimento espiritual, Susana decidió hacer reuniones en la noche del domingo para su familia en casa. Cantaban, leían la Biblia, y Susana leía un sermón, que lo tomaba de los libros de Samuel. Al comienzo, los sirvientes se les unieron, y luego algunos de los vecinos. Al poco tiempo Susana tenía más gente en su casa los domingos por la noche que los que llegaban a la iglesia el domingo en la mañana, probablemente como trecientos. El pastor auxiliar se quejó con Samuel, que todavía estaba en Londres, llamando a esas reuniones "conventículos", una palabra usada para las reuniones ilegales y sediciosas de los disidentes. En respuesta, Samuel escribió a su esposa pidiéndole que evitara esas reuniones, aunque él mismo ya sabía de ellas por las cartas enviadas por Susana.

La respuesta de Susana a su esposo revela su preocupación espiritual y la fuerza de su personalidad. En su primera carta, ella explicaba por qué había comenzado las reuniones y replicó a la objeción de que una mujer condujera reuniones de iglesia. En su segunda carta, detallaba todos los resultados positivos de las reuniones. Estaba logrando que mucha gente que no había estado en la iglesia por algún tiempo regresara, y su trabajo estaba sirviendo para mejorar la relación entre la familia Wesley y la gente de la parroquia. Susana terminó su réplica con estas palabras memorables:

> Si después de esto todavía piensas que es apropiado disolver esta congregación, no me digas más de tu deseo de que lo haga, porque eso no podría satisfacer mi conciencia; más bien dame una orden directa de tal manera que me absuelva de toda culpa y castigo por la negligencia de no aprovechar esta oportunidad de hacer bien a las almas, para cuando tú y yo comparezcamos ante el terrible y gran tribunal de nuestro Señor Jesucristo. No me atrevo a desear que esta práctica no hubiera comenzado, y ahora tendría mucho dolor si tuviera que despedirlos porque puedo prever las consecuencias. Oro para que Dios te dirija y bendiga.[10]

No hubo más discusión después de esto. Las reuniones continuaron hasta que Samuel regresó a la casa. Después de esta experiencia la familia siempre mantuvo un lugar de mayor honor en la estima de la comunidad.

Ese fue el vigoroso ambiente espiritual y de principios que Wesley dejó cuando a la edad de diez años fue enviado a Londres para ser educado en la escuela Charterhouse, una oportunidad que recibió gracias a la propuesta del Duque de Buckingham. Era una escuela inglesa típica en muchos aspectos, con la tradición de una disciplina estricta por parte de los profesores pero de maltrato por parte de los estudiantes mayores. Charterhouse fue el hogar de Wesley durante los próximos seis años. Aunque fue aquí que recibió la sólida educación que le permitió ir a la Universidad de Oxford, más tarde Wesley habría de recordar ese tiempo mayormente como la época durante la cual perdió el fervor espiritual que había recibido de sus padres. Wesley recordó: "Los siguientes seis o siete años los pasé en la escuela y allí, sin las restricciones externas, fui mucho más negligente que antes con mis obligaciones, y casi continuamente culpable de pecados externos, que yo los reconocía como tales aunque no fueran escandalosos a los ojos del mundo. No obstante, todavía leía la Biblia y oraba por las mañanas y por las noches".[11]

Como podemos ver, Wesley seguía siendo religioso pero menos de lo que había sido en casa. Probablemente su conducta fuera considerablemente ejemplar, y sabemos que era el favorito de su maestro de escuela, Thomas Walker. Sin embargo, todavía no tenía la seriedad que le caracterizaría por el resto de su vida. Esto vendría de su permanencia en Oxford, a donde Wesley fue en 1729.

31

CAPÍTULO TRES

Oxford y el Club Santo
1720-1735

La admisión de Wesley a la Universidad de Oxford dio comienzo a una carrera académica que le ocuparía por los siguientes quince años. Estos fueron años formativos e importantes para Wesley, los que le imprimieron un sello estudioso en su carácter que duraría toda su vida. Durante estos años Wesley se convirtió en un ministro de la Iglesia de Inglaterra, y adoptó hábitos de lectura y escritura que serían la base de su tremendo legado literario. También comenzó su propia búsqueda y enseñanza de la santidad, la que terminaría siendo su más importante contribución teológica para la iglesia. De nuevo, siendo que no podemos referirnos a todos los eventos e influencias a los que Wesley estuvo sujeto durante esta época de su vida, debemos contentarnos con un pequeño ejemplo representativo.[1]

Wesley llegó a Oxford poco después de haber cumplido diecisiete años, en el verano de 1720. Ahí, él había sido admitido al *Christ Church College,* una facultad reconocida por graduados muy notables, como el filósofo John Locke y el colonizador norteamericano William Penn. Esta facultad también tenía fuertes lazos con la Iglesia de Inglaterra. Originalmente fue fundada por el cardenal Thomas Wolsey como una facultad para cardenales antes de la Reforma inglesa; la escuela fue refundada por Enrique VIII en 1546, y fue la casa del obispo de la nueva diócesis creada en Oxford.

En los siguientes cuatro años, *Christ Church* fue el hogar de Wesley, con excepción de las pocas ocasiones que pasaba con su hermano mayor en Londres y, con menos frecuencia, en la casa de su padre y madre en Epworth. Como un graduado de la escuela de Charterhouse, Wesley recibía un pequeño estipendio, pero aun así sus años como estudiante antes de graduar fueron de escasez para el joven estudiante. Al igual que su padre, a menudo estaba endeudado. Sin embargo, parece que disfrutó al máximo de sus días de estudiante universitario. Fue conocido por participar en muchos de los deportes disponibles (como el remo, el montar a caballo y el tenis), asistía a cafés, ocasionalmente al teatro, y tenía muchos amigos.

Sin embargo, la universidad fue más que vida social para Wesley. Realizó sus estudios académicos con dedicación y energía, al comienzo leyendo todo lo que le interesó, pero finalmente situándose en un estricto patrón de estudios. Se enfocó en las obras clásicas y desarrolló gran interés en la lógica, la que llegó a dominar bien, y la que sería una característica de su manera de hablar por el resto de su vida. El crítico literario Samuel Badcock, basándose en las cartas que había leído de ese tiempo, y por sus conversaciones con su familia, describió al joven Juan Wesley de esta forma: "[Él era] un estudiante muy agudo y sensible, que desconcertaba a los demás con las sutilezas de la lógica y se reía de ellos por ser tan fáciles de hacerlos rendir; un joven del más fino gusto clásico, de los sentimientos más liberales y varoniles... alegre y vivaz, con un cierto giro de ingenio y humor".[2]

Wesley terminó su licenciatura en 1724 y decidió permanecer en Oxford para estudiar una maestría. En septiembre de ese año, Susana inquietó a su hijo para que entrara al ministerio como una profesión. La razón era que ella quería que Juan viniera a ayudar a su padre como ministro, y así estuviera cerca de la familia. Wesley acogió la idea con aprecio, y en enero de 1725 lo mencionó en una carta a su padre. Samuel Wesley lo aprobó, aunque le advirtió a su hijo que lo hiciera solo por las mejores razones. Susana resultó más entusiasta, y esperaba que Juan pudiese ser ordenado como diácono en el verano. Como medida de preparación, Samuel le urgió a obtener estudios formales, particularmente sobre la Biblia y sus idiomas originales, pero Susana enfatizó en que leyera en áreas más prácticas ("Es una infelicidad un tanto peculiar a nuestra familia", Susana le escribió a su hijo, "que tu padre y yo rara vez pensemos igual"[3]). Sin embargo, hubo un pronto y común acuerdo entre los padres de que entrar al ministerio ayudaría al desarrollo espiritual de Wesley, y junto a él coincidieron en que éste era el camino a seguir.

Mientras Wesley se acostumbraba a la idea del ministerio, otra oportunidad empezó a surgir. En mayo de 1725 hubo una renuncia entre los becarios del *Lincoln College,* también perteneciente a Oxford. En el sistema universitario de

Oxford, los becarios de la universidad -en el caso de Lincoln había doce- eran los tutores y disertantes que formaban el cuerpo gobernante de ese componente universitario. A los becarios se les daba un lugar para vivir en el recinto universitario, libertad para continuar con sus tareas académicas, y aun un pequeño sueldo que podían complementar al hacerse cargo de sus propios estudiantes. Estas posiciones eran altamente apreciadas, y ésta en particular requería que su titular hubiera nacido en la diócesis de Lincoln. Como Epworth pertenecía convenientemente a este lugar, Wesley decidió solicitar ese puesto, y su padre ayudó con sus recomendaciones.

Durante el tiempo en que Wesley se preparaba para la ordenación y trataba de asegurar su beca, se encontró con dos obras que iban a tener un gran impacto es su desarrollo espiritual. Le escribió a su madre para comentárselas, las investigó con cuidado, y más tarde se las recomendaría a otros a lo largo de su vida. La primera fue un par de libros que a veces se imprimían juntos, escrita por Jeremy Taylor, y llamada *Rules and Exercises of Holy Living* (Reglas y ejercicios para vivir santamente) y *Rules and Exercises of Holy Dying* (Reglas y ejercicios para morir santamente). Un amigo le había recomendado que no leyera estos escritos hasta que fuera mayor, pero él los leyó de todas formas, siendo la causa de que consagrara su vida por completo a Dios. Mientras Wesley reflexionaba en el impacto de esta obra en su vida, escribió: "Instantáneamente resolví dedicar toda mi vida a Dios; todos mis pensamientos y mis palabras y acciones; estando completamente convencido, no había lugar para posiciones intermedias, sino que cada aspecto de mi vida (y no uno que otro) debía ser, o un sacrificio para Dios, o un sacrificio para mí mismo, que en efecto sería un sacrificio para el diablo".[4]

La segunda obra literaria fue, *The Imitation of Christ* (De la imitación de Cristo), o *Christian Pattern* (Camino cristiano), usualmente atribuida a Tomás de Kempis. Quizá Wesley pudo haber leído este libro antes del de Taylor, puesto que discutió algunos de los asuntos que emergen de él en una carta dirigida a su madre en mayo de 1725; sin embargo, el Wesley maduro no fecha la efectividad del mismo en su vida hasta el siguiente año. En todo caso, aunque Wesley no estuvo de acuerdo en varios asuntos -especialmente la idea de que Dios parecía querer que la gente fuera miserable en esta vida- las ideas del libro sobre cómo un alma debía buscar la comunión con Dios, le hicieron eco a las ideas de la obra de Taylor. Más tarde Wesley escribió: "Me encontré con el *Camino Cristiano* de Kempis. La naturaleza y alcance de la religión interior, la religión del corazón, aparece con más claridad y fuerza que antes".[5] Este sería un libro que

Wesley mismo publicaría repetidas veces, y lo recomendaría durante toda su vida.

Los biógrafos de Wesley difieren en interpretar cuán marcada fue la orientación espiritual que estos libros ayudaron a producirle. Siguiendo la interpretación madura del mismo Wesley, algunos ven la dedicación a la que él ha aludido en el párrafo anterior como la raíz verdadera de su espiritualidad. Otros se enfocan en la idea de que esa dedicación (como se demuestra por los eventos que siguieron) aun contenía una evidencia fuerte en él de querer hacer obras para su salvación. Esos escritores generalmente esperan por una "conversión evangélica" de Wesley como ocurriendo más tarde (típicamente en 1738). Como sea que alguien interprete estos eventos, los mismos muestran que Wesley era un joven de veintidós años espiritualmente serio, y también establecen el escenario para los eventos que seguirán.

Los siguientes dieciocho meses de la vida de Wesley fueron marcados por numerosos logros. Fue ordenado como diácono el 19 de septiembre de 1725 y continuó con sus estudios en Oxford durante el siguiente año. Después de hacer un examen sobre los clásicos griegos y latinos, Wesley fue debidamente elegido para ser un becario del *Lincoln College* el 17 de marzo de 1726, y su hermano Carlos se unió a él en Oxford en mayo (enrolándose en el *Christ Church College*). Más tarde, en noviembre de ese año, el reconocido dominio de Wesley en lógica y en el idioma griego lo llevó a ser elegido como disertador de griego, y como moderador de los debates diarios llamados "disputas", en la universidad. Finalmente, el 14 de febrero de 1727, a Wesley se le otorgó el grado de Maestría en Artes.

Aunque las cosas iban bien para la carrera de Wesley, en la casa de sus padres había considerables preocupaciones, mayormente por su hermana mayor Mehetabel, a la que todos llamaban "Hetty". En mayo de 1725, Hetty escapó con un amante cuya identidad era desconocida, pero quien inmediatamente la traicionó y la abandonó. Deshonrada y muy probablemente embarazada, trató de regresar a casa pero su padre no quiso saber nada de ella. Para encubrir su vergonzoso embarazo, se casó en el mes de octubre, y tuvo el bebé poco antes de la elección de Wesley como becario, aunque luego perdió el bebé al fin del año. Algunos de los hermanos de Hetty, incluyendo a Juan, trataron de respaldarla, mientras que otros, como el mayor, Samuel Jr., adoptaron la posición de su padre. Esto causó una tensión considerable en la familia, y un intercambio de duras cartas, que más adelante se calmaron. Las relaciones fueron suficientemente subsanadas para el mes de agosto de 1727, el tiempo en que Wesley iba a dejar Oxford y finalmente cumplir el deseo de su madre de ir a ayudar a su padre en el ministerio.

Wesley permaneció en Lincolnshire ayudando a su padre en las parroquias de Epworth y Wroot (esta última también había sido encomendada a su padre en 1722), desde agosto de 1727 hasta octubre de 1729. Predicaba cada semana en una de estas dos parroquias, realizaba sus tareas pastorales, y continuaba leyendo sobre temas espirituales. Aparentemente estos años no fueron de mucha realización personal para Wesley, y parece que no disfrutaba del ministerio pastoral tanto como lo había hecho con su vida académica en Oxford. Regresó a Oxford por unos pocos meses en 1728 para prepararse y recibir su completa ordenación como clérigo, lo que sucedió el 22 de septiembre de ese año, para luego diligentemente regresar a Epworth. Un año más tarde, sin embargo, el doctor John Morley, rector de *Lincoln College,* lo llamó de nuevo e insistió en que las condiciones de su beca le requerían cumplir sus responsabilidades en persona. Por tal razón, en noviembre de 1729, Wesley estuvo de regreso en Oxford, donde permanecería por los siguientes seis años.

Mientras Wesley estaba lejos en Epworth, su hermano Carlos había comenzado a reunirse en Oxford con otro joven llamado William Morgan, y quizá uno o dos más, para tener tiempos de oración y estudio. Juan había visitado al grupo a su regresó en mayo de 1729, pero el grupo se había disuelto durante ese verano cuando Carlos se unió a Juan en Epworth y Morgan regresó a su casa. Sin embargo, cuando Juan volvió, el grupo se reorganizó, otros se le unieron, y fue a este grupo al que primero se le puso la etiqueta de "metodistas".

Hay algo de debate sobre el origen del epíteto "metodista". Originalmente, este grupo recibió burlas cuando la gente se refería a ellos como el "Club Santo" o las "Polillas de la Biblia", mofándose por su inusual seriedad sobre la religión. Carlos Wesley dice que al grupo lo llamaron "metodistas" antes de que Juan regresara de Epworth. Juan recuerda que este nombre surgió unos pocos años después. También hay debate sobre su significado, que pudo haber venido de su aproximación metódica a la religión, o por su cumplimiento con los métodos de la universidad, o como un término ofensivo utilizado antes para un grupo raro, y luego reaplicado al "Club Santo". Independientemente de cómo o cuando haya surgido, el calificativo de "metodista" permaneció, y esa sería la manera en que los seguidores de Wesley serían conocidos en la historia.

Wesley dirigió este pequeño grupo por los siguientes seis años. Se dedicaron a recibir la Santa Cena cada semana, a obras de caridad (visitando a los que estaban presos y a dar a los pobres), y sobre todo al estudio de la Biblia. Su resolución principal, según Wesley lo relata más tarde, fue el ser "cristianos bíblicos". Para unas pocas personas, la rigurosidad del grupo fue causa de admiración. Uno de ellos fue Jorge Whitefield, quien escuchó sobre el grupo incluso antes de que él llegara a Oxford, y con considerable interés buscó una oportunidad para unirse a ellos. Pero para la mayoría, la perspectiva de Wesley sobre la religión les parecía dura y extrema. Wesley, por su puesto, simplemente pensaba que esa era la perspectiva que provenía de la Biblia misma. En una carta a un amigo en 1731 decía: "He sido acusado de ser muy estricto, de llevar las cosas demasiado lejos en la religión, y de poner cargas sobre mí mismo o en otros que no son necesarias ni posibles de hacer... ¡De llevar los deberes muy lejos! ¿Por qué? ¡Qué es eso sino cambiar la santidad misma en un lujo extravagante!"[6]

Las acusaciones en contra de Wesley llegaron a su punto culminante en agosto de 1732 con la muerte de uno de los miembros fundadores del "Club Santo", William Morgan, quien había estado sufriendo tanto física como mentalmente por cerca de un año. Se corrió el rumor en todo Oxford de que Morgan había muerto por ayunar excesivamente, y que Wesley era el culpable. Tan pronto como Wesley escuchó estas acusaciones escribió preventivamente al padre de William. La carta, en la que se bosqueja una breve historia y los propósitos del "Club Santo", fue reimpresa más tarde, y llegó a ser la primera justificación de principios del movimiento. La carta satisfizo al padre de William lo suficiente como para confiar a Wesley el cuidado de otro de sus hijos, pero éste también, finalmente consideró que las normas de Wesley eran irrazonables y dañinas.

A pesar de sus normas tan altas, sería un error considerar a Wesley como una máquina religiosa sin corazón, y esto se evidencia en las cartas a varias mujeres durante su vida a quienes se dirigió en busca de ayuda. Wesley además escribía con frecuencia a su madre buscando seriamente su consejo. También escribía a un círculo estrecho de mujeres casadas, algunas de su edad y otras mayores que él. Sus cartas a dichas damas durante estos años dan al lector un cuadro de Wesley contrario al del estricto ordenancista que parecía ser en Oxford. Sus cartas al círculo de mujeres eran pastorales y cariñosas (en extremo cariñosas, por cierto, según la sensibilidad de su madre), y daban la impresión de ser el joven ideal de inicios de los años 1700 que muchos de su tiempo hubieran anhelado ser. Y así, pues, vemos de nuevo a Wesley como representativo de su época, aun cuando al mismo tiempo trataba de sobreponerse a ella.

Algo inusual sobre Wesley era su énfasis en la religión interior. En una de sus cartas declara: "Considero que la religión no es el simple repetir de tantas oraciones... ni algo extra que se añade de vez en cuando a una vida descuidada y mundana, sino un hábito normativo constante del alma, la renovación de nuestras mentes a la imagen de Dios, la recuperación de la semejanza divina".[7] Uno de sus primeros sermones en este sentido fue, "La Circuncisión del Corazón", que lo predicó en 1733. Aun después de su famosa experiencia en Aldersgate (de la que se hablará en el siguiente capítulo), Wesley todavía afirmaría que este fue el mejor sermón que escribió sobre el tema.[8] Las diferentes reacciones a este sermón muestran que había muchos que aprobaban su perspectiva evangélica y que había otros que se le oponían. También demuestra que el compromiso intelectual de Wesley con la "religión del corazón" estuvo presente mucho antes de que la experiencia de Aldersgate le diera a sus sentimientos la oportunidad de ponerse al día.

Allá en Epworth la salud de Samuel Wesley, ya anciano, estaba fallando. Samuel nunca se recuperó completamente de una caída desastrosa de su carruaje en 1731,[9] y ahora sentía que su final se aproximaba. Su primera preocupación era su esposa, y el ministerio de su parroquia después de su muerte. Parecía que Samuel quería establecer un legado en el lugar, y cuando no pudo convencer a su hijo mayor, Samuel Jr., de que tomara su lugar, empezó a presionar para que Juan lo hiciera. Juan, sin embargo, se oponía completamente. Su resistencia podía provenir de su experiencia poco feliz de aquellos años en que trabajó en la parroquia, o de su creencia de que él podría hacer más, tanto para sí mismo como para otros, en Oxford, como él mismo se lo repetía a su padre y hermano en varias de las cartas durante este tiempo. Samuel insistía, pero igual lo hacía Juan. Así estaban las cosas cuando Juan y Carlos Wesley viajaron a Epworth para estar junto su moribundo padre el 4 de abril de 1735.

No sabemos lo que sucedió en ese tiempo para cambiar el pensar de Juan pero, después de la muerte de su padre el 25 de abril, Wesley sí solicitó ocupar la posición de su padre en Epworth. Pero lo hizo muy tarde y la posición fue asignada a alguien más. Juan permaneció en Epworth para ayudar a cuidar de la parroquia hasta que tuvo la oportunidad de viajar a Londres para presentar a la Reina la obra maestra de su padre, un comentario al libro de Job. Estando en Londres su vida tomaría un viraje definitivamente inesperado.

CAPÍTULO CUATRO

Georgia, Aldersgate y el Inicio del Avivamiento 1735-1739

Después de la muerte de su padre, Wesley permaneció en Epworth por dos meses ocupándose de la parroquia, hasta que se dio cuenta de que no lo asignarían en reemplazo de su padre. Él y Carlos entonces viajaron a Londres para hacer una presentación formal de la monumental obra de Samuel Wesley sobre el libro de Job a la esposa del rey Jorge II, la reina Carolina, a quien fue dedicada la obra. Mientras estuvieron en Londres, se acercaron algunas personas a Wesley -entre ellas el gobernador James Oglethorpe- para presentarle la posibilidad de hacerse cargo de la parroquia misionera norteamericana de Savannah, Georgia, en lugar de la que se le había negado en Epworth. El año anterior, Samuel Wesley había recomendado a uno de sus yernos para tal posición, pero Wesley solo menciona que se enteró de eso en agosto de 1735.

La colonia de Georgia había sido establecida en 1732 por James Oglethorpe como una alternativa a las prisiones de deudores abarrotadas y mal administradas de Inglaterra. La colonia les daría a los deudores la oportunidad de trabajar para pagar sus deudas, a la vez que formaría una frontera de choque entre las otras colonias inglesas que estaban en el norte y las crecientes colonias españolas de Florida. A Wesley se le ofreció la oportunidad de ministrar a las colonias del lugar y de predicar el evangelio a los nativos norteamericanos a los que habían contactado los colonos.

Wesley pensó en este ofrecimiento durante un mes y decidió que esto sería lo mejor. Por la razón que haya sido, la muerte de Samuel, el padre de Wesley, había creado una ruptura decisiva entre Wesley y Oxford, por lo que él prefirió esta nueva oportunidad antes que optar por la idea de regresar a sus tareas académicas en la universidad. Carlos Wesley decidió unirse a su hermano en esta aventura y los dos, junto a otros pocos más, abordaron el Simmonds el 14 de octubre de 1735 con dirección a Georgia.

El Tiempo de Wesley en Georgia

El viaje a Georgia revela mucho de lo que estaba pasando en la mente y el corazón de Wesley durante ese periodo de su vida. Por un lado, decidió encargarse de ministrar a aquellos que iban en el barco, y además decidió estudiar alemán para servir mejor a un grupo de inmigrantes moravos que también iban a bordo.[1] Wesley y sus compañeros pasaron su tiempo, tal como lo hacían en Oxford, estudiando la Biblia y sus libros devocionales, participando de las disciplinas espirituales, y predicando y pastoreando a sus compañeros de viaje.

Estas actividades ministeriales y académicas, sin embargo, todavía dejaban inquieto a Wesley. Varias veces durante el viaje el Simmonds se encontró con olas y tormentas extremadamente feroces. Hubo un momento en que estuvieron seguros de que iban a hundirse. Wesley mismo se halló aterrorizado con la idea de morir, lo que reveló la debilidad de su fe haciéndolo avergonzarse. Los migrantes moravos, por otro lado, parecían listos a enfrentar su muerte con segura calma, y aun tenían sus cultos en medio de la tormenta. Wesley nunca había encontrado una fe personal tan segura, por lo que después de haber visto el comportamiento de los moravos anotó en su Diario: "Este ha sido el día más glorioso que he visto hasta ahora".[2]

El viaje a Georgia tomó varios meses hasta que finalmente arribaron el 5 de febrero de 1736. Un mes después Wesley comenzó su ministerio en Savannah. Mucha gente acudió a escuchar su primer sermón, y aunque la gente pareció participativa, según Wesley reflexionó más tarde en su Diario, no fue un ejemplo de lo que sucedería después. En sus propias palabras: "Nunca pude creer que la mayoría, la gran mayoría de esta gente seria y atenta, más tarde pisoteara la Palabra y dijera falsamente toda clase de mal de quien la hablaba".[3] Algunas de las dificultades de Wesley se debieron, sin duda, a la ruda naturaleza de los primeros pobladores de esta colonia de deudores, además de que la estricta forma de Wesley de realizar su ministerio no ayudaba a mejorar las cosas. El nivel de seriedad con la que tomó su responsabilidad no correspondió con el nivel de seriedad con la que la gente lo aceptó, ni sus formas litúrgicas calzaron bien con las formas relajadas de la gente. Incluso hubo una vez en la que Wesley rehusó bautizar al niño de una joven madre por ella no querer hacerlo en la forma apropiadamente anglicana.[4]

El descontento se sentía en ambos lados. Apenas tres meses después de estar en el ministerio de Georgia uno de sus parroquianos, William Horton, le expresó llanamente: "No me gusta nada de lo que usted hace. Todos sus sermones son sátiras dirigidas a personas en particular. Por tanto, dejaré de ir a escucharlo. Y toda la gente piensa como yo... En verdad, no hay un solo hombre o mujer en el pueblo a quien le interese palabra alguna de las que usted pronuncia".[5] Con tales comentarios, no fue sorpresa que el ministerio de Wesley en Georgia no duró mucho. Pero es probable que Wesley hubiera soportado ese tipo de fricción de no haber sido trastornada su relación con los demás feligreses por su relación con una de ellos, la joven mujer llamada Sophy Hopkey.

La relación de Wesley con la señorita Hopkey nunca fue mencionada en su Diario publicado, pero está muy presente en sus diarios privados. Aunque ella era quince años más joven que Wesley y muy relacionada con la nobleza de Savannah, los dos desarrollaron una relación romántica que parece haber empezado cuando Sophy cuidó de Wesley durante una enfermedad en agosto de 1736.[6] No obstante, parecía que Wesley no podía reconciliar la tensión entre su devoción a Dios y su devoción a una mujer. A comienzos de marzo de 1737, Wesley trató de resolver el asunto por el azar, y el azar le dijo, "No pienses más en ello". Wesley pretendió haberse sentido aliviado al respecto, pero se conmocionó cuando pocos días más tarde Sophy anunció su compromiso con un tal William Williamson, con quien se casó en menos de una semana.

Después de esto, las cosas empezaron a desmoronarse rápidamente para Wesley. En los meses siguientes eran numerosas las faltas que Wesley descubría en el comportamiento religioso de la nueva señora Williamson, lo cual culminó en que él la humillara públicamente al prohibirle la comunión el 7 de agosto de 1737. Los rumores sobre Wesley pronto comenzaron, y el establecimiento de un gran jurado para considerar el asunto no se hizo esperar.

Durante los siguientes meses Wesley se dio cuenta de que había muy poco que hacer para salvar su reputación, de que las posibilidades de su ministerio en Savannah habían terminado, y de que aun su sueño original de ministrar a los nativos norteamericanos era inalcanzable. Cuando circuló la orden de su detención el 2 de diciembre, Wesley escapó aprovechando la obscuridad de la noche. En sus palabras, "sacudí el polvo de mis pies y abandoné Georgia después de haber predicado el evangelio un año y casi nueve meses (no como debería haberlo hecho sino solo como pude hacerlo)".[7] Wesley emprendió a pie su camino de cerca de sesenta y cuatro kilómetros rumbo al norte, casi perdiéndose más de una vez en los pantanos y bosques antes de llegar a Port Royal en Carolina del sur. De allí viajó en bote a Charleston, desde donde zarpó hacia Inglaterra el 24 de diciembre de 1737.

El viaje de Wesley a casa le ofreció un considerable tiempo para reflexionar y lo aprovechó enfocándose en su propia insuficiencia espiritual. Aun mientras servía como el pastor del navío, su pensamiento a donde volvía era a su necesidad de dirección espiritual. Se sentía bajo convicción por su propia falta de fe y por su orgullo y descuido religioso, y también anhelaba una fe más profunda de la que había tenido hasta ese momento. "Fui a América para convertir a los nativos", escribió en su Diario, "pero, ¡oh! ¿quién me convertirá a mí?".[8]

Aldersgate

Wesley regresó a Inglaterra el 29 de enero de 1738, los vientos predominantes haciendo que el viaje al este que cruzaba el Atlántico fuera más rápido que lo que había sido el viaje hacia el oeste. Viajó a Londres para visitar a sus amigos y conocidos y para rendir informes a los regentes encargados de la colonia de Georgia. Pero no había estado allí una semana cuando conoció a un joven moravo de nombre Pedro Bohler quien ejercería una influencia decisiva en el desarrollo espiritual de Wesley.

La esencia de la preocupación de Wesley era la naturaleza de la fe salvadora. Él tenía conocimiento acerca de Dios, obedecía la ley de Dios de forma estricta, y hacía todo lo que pensaba que agradaba a Dios, como el dar a los pobres y visitar a los enfermos. Pero le faltaba la seguridad evidente de su salvación, un sentir natural de que él confiaba en Dios y de que Dios lo había aceptado. En las palabras de Wesley, "La fe que quiero es, 'una confianza segura y esperanza en Dios de que por los méritos de Cristo mis pecados son perdonados, y de que soy reconciliado al favor de Dios'".[9] Wesley había tenido destellos de esa clase de fe en los otros moravos que había conocido, pero fue Pedro Bohler quien se la presentaría a Wesley personalmente.

Durante los siguientes dos meses Wesley hizo varios viajes para visitar amigos y parientes, predicando por donde iba y tocando aquellos temas con los que él mismo estaba luchando. En muchas de las conversaciones, Pedro Bohler le decía que la salvación era el resultado de la fe sola, y animaba a ambos hermanos Wesley, Juan y Carlos, a buscar esa fe. Wesley resistió la idea al comienzo, sin embargo, después de una cuidadosa lectura de la Biblia, y después de oír a algunos testigos que Pedro Bohler le había presentado, todos ellos testificando de la realidad de tal fe en sus propias vidas, Wesley llegó a creerlo y se dedicó a buscarla.

Como parte de esta búsqueda, Juan Wesley trabajó junto a Pedro Bohler comenzando una pequeña sociedad religiosa en Fetter Lane en Londres, la que se reunió por primera vez el 1 de mayo de 1738. Las sociedades religiosas provenían principalmente de la tradición pietista alemana, y se hicieron populares en Londres después de la Revolución Gloriosa de 1688. Fueron tanto una señal de la vitalidad religiosa de Inglaterra, mostrando con cuánta seriedad algunas personas cuidaban de sus vidas espirituales, como también una crítica a la iglesia oficial, mostrando cuán inadecuado fue su ministerio para este tipo de personas. Esta sociedad llegaría a ser fuente de fortaleza y de controversia para Wesley por los siguientes dos años.

Pocos días más tarde, Pedro Bohler viajaría a Norteamérica, mientras Wesley continuaría predicando y luchando con la idea de la verdadera fe. El 24 de mayo de 1738, Wesley encontró (al menos en alguna medida) la meta que buscaba. En lo que se conoce como el pasaje más famoso del Diario de Wesley, él describe lo que sucedió con estas palabras:

> En la noche fui de muy mala gana a una sociedad en la calle Aldersgate, donde alguien estaba leyendo el Prefacio de Lutero a la Epístola a los Romanos. Como cerca de un cuarto para las nueve, mientras él describía el cambio que Dios hace en el corazón por medio de la fe en Cristo, sentí que mi corazón ardía extrañamente. Sentí que verdaderamente confiaba en Cristo, solo en Cristo, para mi salvación, y se me dio la seguridad de que Él había quitado mis pecados, aun los míos, y que me salvaba de la ley del pecado y de la muerte.[10]

En ese momento Wesley recibió aquella seguridad emocional o intuitiva de la fe que le había estado faltando y la que Pedro Bohler le había asegurado que era parte de la fe cristiana. En el relato que continúa contando en su Diario, Wesley no describe su nueva condición como libre de tentación o como una en la cual él se sentía más santo. En lugar de ello dice que notó que estaba más abierto al poder de Dios en su vida.

> Después de mi regreso a casa fui más atacado por las tentaciones, y clamaba y se alejaban pero volvían una y otra vez. A menudo alcé mis ojos, y Él 'me envió ayuda desde su santo lugar'. Pero fue entonces que encontré en qué consistía la diferencia entre mi condición actual y la anterior. Antes me esforzaba, sí, peleaba con todas mis fuerzas con arreglo a la ley así como con arreglo a la gracia

y aun así algunas veces, si no a menudo, era derrotado; ahora, sin embargo, siempre era un vencedor.[11]

El Inicio del Avivamiento Evangélico

En pocas semanas, Wesley decidió hacer un viaje a Alemania, al hogar de los moravos en el pueblo llamado Herrnhut, cerca de la frontera de lo que entonces era Bohemia (hoy conocida como la República Checa). Quería aprender más sobre esta fe recién descubierta -o fe más cimentada- y quería encontrar testimonio adicional de esta realidad en otros. El viaje le tomó todo el verano de 1738, esto es, desde el 13 de junio en que salió de Londres hasta su regreso el 16 de septiembre. En sus viajes Wesley se encontró de primera mano con el pietismo luterano especialmente establecido en contraste con el trasfondo de la ortodoxia luterana y el catolicismo romano que lo rodeaban. Su Diario durante estos meses está lleno con las notas de sus viajes, con los testimonios de aquellos con quienes se encontraba, y con las alabanzas por la obra de Dios en los lugares que visitaba. A la par de estas notas estaban sus críticas del protestantismo más formal y del catolicismo romano, que eran las principales ramas del cristianismo en Alemania.

Ese verano, Wesley digirió todas las enseñanzas de los moravos sobre la fe, y dice que a partir de los sermones y los testimonios de ellos aprendió mucho de la religión interior y del corazón. Pero al regresar a casa pronto empezó a ver claras diferencias entre su fe, alimentada por el anglicanismo, y la del pietismo luterano. Por un lado, muchas personas respondían a esta "nueva" idea de una salvación por la fe que Dios podía dar en un instante. Por otro, la idea desafiaba a la antigua tradición anglicana que ponía énfasis en el comportamiento de la vida cristiana. También a muchos anglicanos todo les parecía una especie de fanatismo, una acumulación de fuertes sentimientos sobre la religión que no correspondía a ninguna de sus realidades.

A fin de comparar mejor las ideas de los moravos con las de su propia tradición, Juan Wesley empezó, a mediados de octubre de 1738, a investigar por orden los sermones oficiales y los artículos de fe de la Iglesia de Inglaterra para, en sus palabras, "cuidadosamente investigar lo que la doctrina de la Iglesia de Inglaterra dice sobre el controversial tema de la justificación por la fe".[12] Partiendo de ahí, publicó extractos de estas fuentes en un panfleto titulado, *The Doctrine of Salvation, Faith and Good Works* (La doctrina de la salvación, la fe y las buenas obras).[13] También escribió una extensa y crítica carta al líder de los moravos, el conde Zinzendorf, en la que analizaba el comportamiento de los moravos durante el tiempo que estuvo con ellos; sin embargo esperó un año para enviarla, tiempo en el cual la editó constantemente.

Aunque Wesley continuó luchando teológicamente con el significado de la fe en su propia experiencia, siguió predicando -mayormente en Oxford y en Londres- y manteniendo reuniones con la sociedad de Fetter Lane y con otros. Su Diario resalta estas luchas, en algunos momentos incluso mostrando a un Wesley que declaraba que todavía no era cristiano si se comparaba con las altas demandas que esa palabra parecía implicar.[14] Aun así, proclamaba el evangelio tal como lo entendía en cada lugar al que era invitado a predicar, aun cuando esas invitaciones llegaran a ser menos y menos a medida que más y más anglicanos luchaban con la rareza del mensaje de Wesley.

Más tarde, en marzo de 1739, Jorge Whitefield decidió que predicar sobre la salvación por la fe no podía ser confinado a los cultos de la iglesia y a sus templos, y comenzó así una práctica que llegaría a ser la característica del creciente avivamiento: la predicación al aire libre. Whitefield predicaba al aire libre a cualquiera que decidiera pararse para escucharlo, y muchos de aquellos que se detenían no iban a la iglesia ni tenían mucho interés en ella. Whitefield pidió urgentemente a Wesley que lo visitara en Bristol para que ayudara con la obra creciente en ese pueblo, y para que viera por sí mismo esta nueva técnica evangelística.

Wesley resistió la idea. Estas son sus palabras: "Al comienzo apenas podía aceptar esta extraña forma de predicación al aire libre, de lo cual él me dio ejemplo el domingo, ya que durante toda mi vida (hasta hace muy poco) había sido muy apegado en cada detalle a la decencia y al orden, y pensaba que hubiera sido casi un pecado el salvar almas si no se hacía dentro de la iglesia".[15] Esta actitud, sin embargo, se esfumó rápidamente. El día siguiente después de haber presenciado la predicación al aire libre de Whitefield, Wesley, en sus palabras, "se sometió a 'ser más vil', y proclamó en los caminos las buenas nuevas de salvación, hablando desde una pequeña cima a cerca de tres mil personas, en un predio de terreno adjunto a la ciudad".[16]

Aunque Wesley y Whitefield ahora estaban de acuerdo sobre la forma de compartir el evangelio, ninguno de los dos veía el evangelio de la misma manera. Whitefield era un calvinista convencido que creía que Dios desde el comienzo de la creación había predeterminado el número de los que serían salvos. Wesley, por el contrario, veía esto como injusto, estando más convencido del punto de vista arminiano (o católico) de que Dios daba a la gente una elección libre, y de que le ofrecía su gracia a todo aquel que la aceptaba. Esta controversia teológica que se recrudecía y se apagaba desde el siglo V llegaría a ser una de las preocupaciones teológicas centrales en el ministerio de Juan Wesley.

Wesley se daba cuenta de que este desacuerdo era considerablemente significativo pero no estaba seguro de hacerlo público. En una carta dirigida a la sociedad de Fetter Lane en Londres Wesley relata estas dudas y cuenta de su decisión de determinar la voluntad de Dios echando suertes. Esto lo hizo el 26 de abril de 1739, y la suerte dijo, "Predica e imprime". Wesley tomó esto como permiso divino no solo para proclamar en su predicación la doctrina de la gracia gratuita para todos, sino también para publicarlo tres días más tarde -para gran consternación de Whitefield- en su sermón, "Gracia Libre".

Con el inicio de la predicación al aire libre, y la afirmación explícita de un mensaje opuesto a la predestinación, Wesley tuvo los ingredientes principales para desempeñar su rol en el naciente avivamiento evangélico, con todos los frutos y controversias que esto traería. Nutrir este avivamiento, organizar sus frutos, y participar en sus controversias llegaría a ser ahora el trabajo principal de la vida de Juan Wesley.

CAPÍTULO CINCO

El Desarrollo del Metodismo y sus Controversias 1739-1749

La década de los años 1740 vio al metodismo convertirse en un movimiento distintivo dentro del movimiento más amplio del avivamiento evangélico a medida que Wesley articulaba sus posiciones sobre varias de las controversias que el avivamiento despertaba. La estructura unificadora del metodismo fue tomando forma en la medida en que los convertidos se iban reuniendo en sociedades y bandas y los líderes se reunían en sus conferencias anuales. Las controversias teológicas surgían a medida que Wesley articulaba sus posiciones muy particulares sobre fe y salvación contrarias a las ofrecidas por las ramas del avivamiento representadas por los moravos y los calvinistas o hasta por su propia iglesia oficial. Otras controversias sobre asuntos prácticos también se levantaban en razón de que Wesley optaba por soluciones innovadoras y provocativas ante los problemas que se le presentaban al tratar de nutrir su movimiento en crecimiento. En todo caso, más y más personas en toda Inglaterra comenzaron a oír y ser influenciados por el trabajo de Juan y Carlos Wesley, y ya al finalizar la década, el movimiento se había hecho de una identidad que duraría mientras Wesley viviera a pesar de los muchos conflictos que enfrentaba.

Todos los eventos que contribuyeron a formar la identidad doctrinal e institucional del metodismo estaban interconectados, por lo que contar la historia en forma estrictamente cronológica podría ser confuso. Con tantas cosas sucediendo a la vez, es difícil seguir al mismo tiempo todos los hilos incompletos del tapiz del metodismo y todavía tratar de dar sentido al diseño que forman. Así que, para lograr un más fácil entendimiento, seguiremos cada uno de estos hilos por separado con la advertencia de que la realidad fue mucho más complicada que como la estamos presentando aquí. Empezaremos con el desarrollo de la estructura del metodismo, la cual aplica ideas que todavía tienen mucho que ofrecer a quienes poseen interés en el ministerio de hoy. Luego veremos tres controversias importantes que surgieron a partir de ideas que Wesley expuso en su predicación y en sus escritos de los primeros años: los conflictos con los anglicanos sobre el "fanatismo" y la innovación, el conflicto con los moravos sobre la fe y la seguridad, y el conflicto con los calvinistas sobre la salvación. Puesto que también estamos interesados en Wesley como persona y no solo como el líder más representativo del metodismo, concluiremos el capítulo con eventos significativos de la vida personal de Wesley. Este bosquejo debería ayudarnos a entender qué tan crucial fue esta década para Wesley, pero debemos tener siempre en mente que lo que nosotros artificialmente separamos para conveniencia nuestra nunca estuvo separado en la experiencia de él. Wesley tuvo que hacer malabares con estos asuntos y problemas, y todo al mismo tiempo.

El Desarrollo de la Estructura del Metodismo

Una de las cosas más importantes que iba a suceder durante la década de los años 1740 fue el surgimiento de las prácticas y estructuras institucionales que darían al metodismo su carácter distintivo. Tratando Wesley de vivir según sus convicciones fundamentales y sus percepciones sobre la tarea que él sentía que Dios le había llamado a hacer, encontró que las formas tradicionales de "hacer ministerio" eran inadecuadas. Se necesitaba algo nuevo. Aunque Wesley no fue el autor de todas estas innovaciones, fue su aprobación, y el uso que hizo de ellas, lo que les dio un lugar en el creciente movimiento metodista. Dos de las nuevas prácticas más importantes -y por lo tanto dos de las más controversiales- fueron la predicación al aire libre y el uso de ministros laicos. Las instituciones más importantes desarrolladas en el metodismo fueron la estructura de sociedades, clases y bandas para promover el crecimiento espiritual de los convertidos por el avivamiento, y la conferencia anual de sus líderes que Wesley usaba para mantener al movimiento unido y enfocado. Trataremos cada uno de estos cuatro elementos por turno.

La Predicación al Aire Libre

Como ya hemos visto, Wesley obtuvo la idea de la predicación al aire libre - básicamente cualquier predicación que se hacía fuera de la iglesia- de Jorge Whitefield. Los prejuicios anglicanos de Wesley lo hacían sospechar de esta práctica, pero cuando vio sus frutos, sometió esos prejuicios y la acogió. Desde abril de 1739 hasta el fin de su vida, los Diarios de Wesley están llenos de historias de sus viajes, los lugares donde predicaba, y las grandes multitudes que llegaban para oírlo. Más que cualquier otra cosa, fue esta práctica la que dio a Wesley la oportunidad de llegar a aquellos que eran menos religiosos, menos conectados con las estructuras de la iglesia oficial, y quizá por ello más abiertos al "nuevo" mensaje de salvación por gracia por medio de la fe.

Empezando en Bristol y sus alrededores en el oeste de Inglaterra, luego por el año 1742 al norte en Leeds y Newcastle, Wesley predicó dondequiera que encontró congregaciones de personas, hasta miles en una misma vez de acuerdo a su Diario. Cuando en Bristol las personas respondieron a su mensaje, los organizó en sociedades como aquellas que él había ayudado a organizar en Londres. En un mes, la respuesta fue tan grande que Wesley tuvo que buscar un lugar donde pudieran construir una instalación permanente para celebrar las reuniones de estas nuevas sociedades. Muy pronto, el movimiento metodista tendría sus propios edificios.

No todas las respuestas eran positivas, por su puesto; Wesley registra en su Diario los incidentes de abuso y la violencia de la turba que sucedieron en los años siguientes. En una ocasión soltaron a un toro entre los reunidos en Pensford, pero lo más común era que lanzaran piedras o cualquier cosa de los alrededores. Wesley se quejaba con los magistrados por su inhabilidad para conservar la paz mientras los burladores difamaban en contra de las reuniones al aire libre en panfletos y periódicos, pero la gente seguía respondiendo y el movimiento metodista crecía numéricamente.

El Ministerio Laico

Wesley sabía que la tarea de cuidar de todas estas personas que llegaban a la fe, y que predicar a aquellos que todavía no lo habían hecho, era una tarea que él solo no la podía manejar. Siendo él un ministro ordenado, al comienzo tuvo la esperanza de que hubiera otros ministros que pudieran captar la visión de este ministerio evangelístico y prestaran su ayuda, y que esto sería suficiente. Esta esperanza, por su puesto, probó ser una ilusión. Debido a esto, y a la necesidad práctica de tantas personas que necesitaban cuidado y orientación espiritual,

Wesley comenzó a recurrir a laicos dedicados para que llenaran el vacío que los ministros ordenados no querían llenar.

Tal como sucedió con la predicación al aire libre, al comienzo Wesley estuvo en contra de la idea de tener personas no ordenadas predicando y enseñando a la gente. Cuando uno de sus ayudantes laicos en 1740 tomó la iniciativa de predicar en Londres en ausencia de Wesley, él aparentemente se quejó con su madre diciendo, "Thomas Maxfield se ha vuelto predicador, me parece". Susana, aunque compartía con su hijo una visión de "alta iglesia", le respondió: "Juan, tú conoces cuál ha sido mi sentir; no podrías sospechar que favorezca fácilmente cualquier cosa de este tipo; pero ten cuidado con respecto a ese joven, porque él está tan seguro de ser llamado de Dios como lo estás tú. Examina lo que han sido los frutos de su predicación, y escúchalo también tú mismo".[1] Una vez más, la práctica derrotó al prejuicio, y Wesley más tarde se regocijaría al ver a Dios obrando fuera de los límites de la iglesia oficial. Otros líderes laicos del inicio incluyeron a John Cennick en Bristol y a Joseph Humphrey en Londres.

Grupos Pequeños

A inicios de los años 1740, los grupos que estos laicos dirigían llegaron a organizarse estructuralmente. Las sociedades metodistas del comienzo eran muy similares a las sociedades religiosas no oficiales que surgieron en Inglaterra durante los previos cincuenta años, inspiradas al menos en parte por la tradición del pietismo luterano y el trabajo de Phillip Jackob Spener.[2] Estos grupos se reunían para escuchar conferencias sobre la fe o exposiciones bíblicas, y para orar. Eran como las sociedades que los moravos fundaban, un apéndice a la vida religiosa ofrecida por las iglesias. Wesley quería que sus sociedades estuvieran abiertas a cualquiera que deseara "escapar de la ira que vendrá", y las describió como "la compañía de hombres 'que tienen la apariencia de piedad y que buscan su poder'".[3]

Eventualmente estas sociedades empezaron a dividirse en grupos más pequeños según iban surgiendo las varias necesidades espirituales y de la comunidad. En febrero de 1742, mientras se discutía cómo pagar la deuda del lugar de reunión de la sociedad de Bristol (llamado "El Nuevo Salón"), un tal capitán Foy sugirió que todos dieran un centavo a la semana. Para facilitar esta práctica de levantar fondos, toda la sociedad se dividió en grupos de doce llamados "clases", y a cada grupo se le asignó un líder para recolectar el dinero de ese grupo. Durante la visita a los miembros para recibir las colectas, algunos de los líderes de clase descubrieron evidencias de pecado o de comportamientos inadecuados, y por eso también se les dio a los líderes de clase la responsabilidad pastoral de supervisar a sus miembros. Esto sirvió para fortalecer la rendición de cuentas a la comunidad y para proveer espacios de considerable liderazgo laico para el grupo.

Ya que las necesidades espirituales de varios de los miembros del grupo también eran diferentes, pronto surgieron otras subdivisiones dentro de la sociedad. Grupos pequeños de personas con características o pensamientos afines (hombres solteros, por ejemplo, o mujeres casadas) eran animados a reunirse para recibir apoyo mutuo, muy parecido a lo que Wesley mismo había hecho en el "Club Santo" en Oxford y previamente en su ministerio, incluso en Georgia. A estos grupos usualmente se les llamaba "bandas". En algunos lugares, también surgió una "sociedad selecta", compuesta de miembros espiritualmente muy avanzados, quienes se reunían para animarse unos a otros a mostrar amor profundo a Dios y servicio a sus vecinos.

La Conferencia Anual

Dentro de no mucho tiempo, el movimiento de Wesley había crecido al punto en el que él decidió incluir a otras personas en su liderazgo para consultar con ellos sobre varios asuntos, y para trabajar juntos en varios de sus problemas. Así, en 1744, Wesley invitó a una conferencia a otros ministros que le estaban ayudando en el movimiento, lo que pronto llegó a ser una práctica anual esperada. Las primeras conferencias anuales estuvieron compuestas simplemente por aquellos a quienes Wesley invitaba y de quienes buscaba aportes; al comienzo él no se vio a sí mismo creando un nuevo nivel de organización para el movimiento. Mirando en retrospectiva, sin embargo, él finalmente dijo que eso fue exactamente lo que sucedió.

El anglicanismo de los días de Wesley era desmesuradamente descentralizado y estático. Su principal órgano rector no se había reunido durante un tiempo, y había un escaso sentido de la necesidad de que las iglesias o diócesis trabajaran juntas para cumplir la misión de Dios. Cada parroquia operaba bajo la supervisión de un obispo que trabajaba mayormente solo. El movimiento de Wesley, en cambio, era dinámico y dirigido por un fuerte sentido de misión, por lo que fue casi natural que desarrollara estructuras que mantuvieran a todo el mundo alineado en la misma dirección. Aunque comenzó solo con los otros ministros ordenados que se involucraban, finalmente creció hasta incluir también a los líderes laicos. Cada año los líderes metodistas se juntaban para evaluar su trabajo, asignar predicadores a diferentes circuitos de sociedades, y para pensar juntos sobre asuntos teológicos y prácticos que consideraban de importancia para ellos.

Los temas incluían discusiones sobre el calvinismo y la necesidad de continuar instruyendo al extenso grupo de predicadores no adiestrados.

Era claro que Wesley tenía una personalidad fuerte, pero parece que el grupo funcionaba colegiadamente. Después de todo, la conformación del grupo fue una iniciativa de Wesley, y sería algo sin sentido que convocara a la gente si realmente no quería oír lo que tenían que decir. Finalmente, aunque tomó décadas, la conferencia anual se convirtió en el grupo que dirigiría el metodismo después de la muerte de Wesley, primero como un movimiento y luego como una denominación con su propia identidad.

Quizá más que cualquier cosa, fue la capacidad organizadora de Wesley lo que permitió que su movimiento se profundizara y fuera capaz de perdurar. Hubo otros predicadores evangélicos que, como Wesley, proclamaban el evangelio, pero no siempre nutrieron a sus convertidos ni los organizaron para el trabajo. Se cree que Jorge Whitefield reconoció esta deficiencia de su ministerio cerca del final de su vida. A pesar de su gran éxito evangelístico, dijo: "Mi hermano Wesley actuó sabiamente. A las almas despertadas bajo su ministerio, las juntó en grupos de clases y así preservó los frutos de su trabajo. En esto yo fui negligente y mi pueblo no es sino una ilusión".[4]

Además de desarrollar a las comunidades, hubo otras áreas en las que el metodismo creció y dejó sus marcas en la sociedad inglesa. Muchas de las sociedades de Wesley, como Wesley mismo, tenían gran interés en ayudar a los pobres y menos privilegiados. En 1746, la sociedad de Londres comenzó un dispensario médico para atender a los pobres, y más o menos por ese tiempo Wesley publicó, tan barato como pudo, su colección de remedios caseros para ayudar a aquellos que no podían pagar a un médico profesional. En 1748, Wesley y la sociedad de Bristol trabajaron para fundar una escuela para los niños de los mineros del carbón en Kingswood. Eventualmente, esta escuela recibiría también a los hijos de los predicadores de Wesley, y la misma permanece como una escuela metodista con internado hasta el día de hoy.

Todos estos avances hacen sentido a la luz de las convicciones teológicas básicas de Wesley sobre la naturaleza comunitaria del cristianismo y la importancia de un amor activo hacia Dios y el prójimo, ideas que exploraremos con más detalle en la segunda mitad de este libro. Hubo, sin embargo, otros asuntos teológicos más urgentes que moldearon el desarrollo temprano del movimiento, y es a ellos a los que ahora nos volvemos.

Controversias Teológicas

El crecimiento de las sociedades metodistas y la diseminación de las ideas metodistas no cayeron bien a toda la población religiosa de la Inglaterra de la época. Hubo tres controversias particulares que marcaron la participación de Wesley en los primeros años del avivamiento evangélico, y aunque todas se arremolinaban simultáneamente alrededor de Wesley, las trataremos en forma separada para mayor claridad. Primero, hubo disputas sobre la naturaleza de la "iglesia" surgidas al interior de la Iglesia de Inglaterra a la que Wesley pertenecía, debido a sus métodos no ortodoxos mencionados arriba. En segundo lugar, hubo una controversia con los moravos acerca de la naturaleza de la fe, la duda, y la práctica de la "quietud". Finalmente, hubo una controversia con el ala calvinista del avivamiento evangélico, principalmente liderada por Jorge Whitefield, acerca de las doctrinas de la predestinación y la perfección cristiana.

Conflictos Anglicanos sobre la Iglesia

Desde el comienzo mismo del movimiento Wesley tuvo que rechazar las críticas de la iglesia establecida con relación a su mensaje y los medios que usaba para comunicarlo. Wesley a menudo insistía en que no había nada doctrinalmente nuevo en su mensaje,[5] pero no muchos de sus colegas anglicanos lo veían de esa manera. La lista de personas que escribieron contra Wesley durante este tiempo es larga y distinguida, desde obispos importantes hasta un buen pensador, aunque anónimo, llamado "John Smith". Aun su hermano mayor, Samuel, lo censuró. La mayoría de las inquietudes giraban en torno a las implicaciones de las prácticas de Wesley para la doctrina de la iglesia. Si alguien podía predicar al aire libre, ¿para qué existían los edificios de las iglesias? Si los laicos podían predicar, ¿para qué ordenar ministros con ese fin? Si uno podía decir, como Wesley lo hizo, "todo el mundo es mi parroquia",[6] ¿qué importancia tenía el sistema de orden de la Iglesia de Inglaterra? Y si la religión realmente era un asunto de sentimientos personales y del corazón de un individuo, ¿qué necesidad había de la iglesia después de todo?

Algunas de estas críticas se levantaban por malos entendidos; de aquí que Wesley escribiera tanto como le era posible para aclararlos, aunque no siempre con éxito. No obstante, sus obras, *Earnest Appeal to Men of Reason and Religion* (Apelación seria a hombres de razón y religión), escrita en 1743, y su *Farther Appeal* (Apelación adicional), escrita en 1744-1745, son unas de las explicaciones más claras que él escribió sobre el metodismo y el cristianismo, y se referirá repetidas veces a ellas por el resto de su vida. Otras críticas, sin embargo, fueron justas, por lo menos desde el punto de vista tradicional de la religión anglicana, y la respuesta de Wesley fue simplemente señalar cómo su perspectiva era mejor. Salvar almas y no el mantener un orden, debería ser el trabajo de la iglesia. Una vez a Wesley le negaron el uso de la iglesia de su padre en Epworth, por lo que terminó predicando sobre la tumba de éste. Wesley escribió sobre este evento así: "Estoy bien seguro que hice mayor bien predicando tres días desde la tumba de mi padre que lo que logré predicando tres años en su púlpito".[7]

El asunto de los sentimientos religiosos fue más complicado, especialmente porque las primeras reuniones evangelísticas de Wesley fueron marcadas por demostraciones asombrosas de gente gritando o gimiendo o aun con convulsiones. Con el tiempo, tales incidentes se calmaron y Wesley encontró una forma matizada para balancear su preocupación sobre "la religión interior" con las estructuras externas diseñadas para promocionarla y preservarla. Siempre insistió, sin embargo, en que estos sentimientos e intuiciones eran parte de una relación personal con Dios. En realidad, estas fueron las cosas que a menudo estaban faltando en la clase de fe académica que su tradición usualmente ofreció.

Wesley nunca desarrolló una relación fácil con las estructuras de su iglesia madre. Por otro lado, ellos nunca lo censuraron oficialmente, ni lo sacaron, y él nunca los dejó oficialmente. Aunque estas primeras controversias mostraron algo de la debilidad del sistema anglicano, también forzaron a Wesley a pensar cuidadosamente sobre su movimiento. Al final, ambos lados parecen haberse beneficiado de estas interacciones. No está claro si eso es verdad para la segunda serie de controversias a las que miraremos; aquellas que Wesley tuvo con los moravos.

Conflictos con los Moravos sobre la Fe

Como ya hemos visto, Wesley encontró su fe evangélica en su relación con los moravos y se interesó lo suficiente en el ejemplo de ellos como para visitarlos en Herrnhut. También hemos señalado que a su regreso empezó a darse cuenta de que la perspectiva que los moravos tenían de la fe creaba problemas tanto para él como para otros, especialmente en la sociedad de Fetter Lane. Por los siguientes dos años las tensiones crecieron entre Wesley y los moravos hasta que en julio de 1740 lo excluyeron por completo de la sociedad de Fetter Lane. Junto a otros miembros anteriores de esa sociedad, la mayoría de ellos mujeres, Wesley reubicó su ministerio en otra sociedad que él había fundado un año antes y que estaba localizada en una vieja fundición de municiones. Ese lugar se convertiría en el centro del ministerio de Wesley en Londres durante los próximos cuarenta años.

Una vez que Wesley fue excluido de Fetter Lane, la relación entre Wesley y los moravos se deterioró aún más, sobre todo cuando él finalmente envió aquella carta crítica que había bosquejado cuando regresó de Herrnhut. Wesley continuó impresionado y humilde ante el camino cristiano de moravos como Pedro Bohler y Augusto Spangenberg, pero no pudo concordar con la perspectiva sobre la fe del grupo como un todo. En septiembre de 1741, Wesley se reunió con el conde Zinzendorf en Londres para discutir sus diferencias, y registró en su diario la conversación que mantuvo con él en latín.[8] Después de esto, los metodistas de Wesley y los moravos de Zinzendorf sostuvieron muy poca relación, aunque ambos grupos continuaron conduciendo un ministerio basado en sociedades en Londres. En 1745, la relación llegó a enfriarse tanto que el conde Zinzendorf terminó negando toda conexión entre ellos.

Dos cosas separaban a Wesley de los moravos. Primero, que Wesley mantenía que podría haber grados de fe y de confianza en Dios, y que un nivel más profundo de fe llevaría a una mayor libertad del temor y de la duda. Los moravos lo negaban. Para ellos la fe era una proposición de todo o nada. Si alguien tenía duda, entonces no tenía fe. Donde Wesley enfatizaba el crecimiento progresivo en gracia, los moravos insistían que todo sucedía en un instante, y que el nuevo creyente en ese momento recibía todo lo que él o ella alguna vez recibiría de Dios. Wesley se dio cuenta de que esta opinión era tanto destructiva para la búsqueda de la santidad como incompatible con su propia experiencia, y por lo tanto la rechazó.

En segundo lugar, ambos diferían en la forma en que la persona recibía esta fe de parte de Dios. Por estar orientados hacia una obra instantánea de Dios, los moravos pensaban que lo mejor que podrían hacer para abrirse al don de la fe ofrecido por Dios era renunciar a todo medio que pudiera servir de intento para obtenerla por uno mismo. En lugar de leer la Biblia, tomar la comunión y tratar de vivir una vida cristiana en el mundo, los moravos insistían en que uno solo debería "estar quieto" y esperar pasivamente que Dios obrara. Ya que los moravos pensaban que no podían hacer actividades religiosas sin a la vez confiar en ellas, instaban a la gente a no leer la Biblia y a no orar ni tomar la comunión hasta que Dios les diera la fe.

Siendo que Wesley había tenido su propia y vacilante lucha hacia la fe, bien pudo haber concordado con los moravos y considerar todas sus luchas como inútiles hasta que Dios le hubo dado la fe. Pero Wesley pensaba exactamente lo opuesto. Él veía todos sus débiles esfuerzos por poseer fe, sus intentos de practicar las virtudes cristianas, su lectura de la Biblia, y su forma de participar en los medios de gracia como los verdaderos medios que Dios usaba para traer esa obra más profunda a su propia vida. Cuando observó las vidas de los seguidores de la doctrina de los moravos —quienes permanecían en "quietud" esperando que Dios les diera la fe—, descubrió que a menudo se enfriaban más, y se alejaban de Dios en lugar de acercarse a él. Una vez más, sería precisamente en los intentos de Wesley por vivir su fe en los que él se basaría para determinar cuáles ideas funcionaban y cuáles no.

Conflictos Calvinistas sobre la Gracia

La tercera controversia mayor que ocupó la atención de Wesley durante la primera parte de los años 1740 fue su debate con los calvinistas. Como vimos en el capítulo anterior, todo comenzó cuando Wesley publicó "Gracia Libre" en 1739. Este sermón desafiaba la noción calvinista de la predestinación al enfatizar la creencia arminiana (o católica) de que Dios ofrece la gracia a toda persona. Y este no era un desacuerdo menor, ya que ambos lados pensaban que lo que estaba en juego era el fundamento mismo del evangelio. Para Wesley, la gracia libre fue dada para empoderar una respuesta libre y amorosa de los seres humanos, para llevarlos a buscar la santidad, que fue la que Cristo había venido a establecer. Para los calvinistas, cualquier énfasis en la libertad representaba una negación del poder de la gracia para salvar, robándole a Dios la gloria debida solamente a Dios como el único autor de la salvación, ya que su gracia era totalmente suficiente. Más aún, las ideas de Wesley sonaban como a justicia por obras, y a una negación de la creencia fundamental protestante en la justificación por la fe. Aunque ni Wesley ni Whitefield deseaban una controversia pública sobre el asunto, en realidad eran escasas las probabilidades de mantener en privado un desacuerdo tan grande.

Whitefield esperó casi dos años para responder a "Gracia Libre". Finalmente, alguien publicó una carta que él había escrito a Wesley -pero que nunca fue enviada- y la distribuyo a los miembros de la sociedad del Foundry a comienzo del año 1741. Reclamando que la carta era de orden privado, Wesley pidió a sus seguidores que la rompieran. Este rechazo público de las preocupaciones de Whitefield enojaron tanto a Whitefield que él mismo publicó una extensa crítica de Wesley en marzo de 1741 titulada: "Una Carta al Reverendo señor Juan Wesley en Respuesta a su Sermón titulado, 'Gracia Libre'". Wesley respondió resumiendo un par de obras ya publicadas en contra de la predestinación y las distribuyó tanto entre sus seguidores como entre los seguidores de Whitefield.[9] La carta de Whitefield también fue la ocasión para que Susana Wesley escribiera su única obra publicada, una defensa anónima de la teología y ministerio de su hijo.

Cuando la agitación teológica se calmó, Wesley y Whitefield trataron de mantener una relación cordial y de cooperar tanto como pudieran en la obra del avivamiento evangélico. Al final de los años 1740 volvieron a tratarse con tolerancia, aunque esto no significaría que la controversia entre ellos había terminado. A ambos los unía un lazo de amistad con *lady* Selina Hastings, condesa de Huntingdon, con quien Wesley había empezado a intercambiar correspondencia en 1741. *Lady* Huntingdon era una mujer notable, y llegaría a ser el más importante apoyo del ala calvinista del avivamiento evangélico por las próximas décadas, algo que aún llevaría a mayores conflictos con Wesley.

Desarrollo Personal

En medio de estas controversias, y al responder a los conflictos y eventos que sucedían a su alrededor, Wesley también estaba creciendo como persona. Algunas veces registraba sus reacciones en su diario, otras veces solo podemos especular cómo él debió sentirse por todas estas cosas. En todo caso, el compartir sus problemas personales es importante si queremos ver a Wesley como una persona, y no tan solo como la figura del "Fundador del Metodismo y el Campeón de la Teología Arminiana". Aunque gozó de éxito en su ministerio teológico y práctico, su vida personal durante esta década fue a menudo marcada más bien por desilusión y pérdida.

Pérdidas Familiares

La década comenzó con dificultad para la familia de Wesley puesto que Juan perdió a su hermano mayor, a su hermana menor y a su madre en menos de tres años. Samuel Wesley Jr., el que había alcanzado la mayor condición de bienestar entre los hijos de Wesley -aquel que aparentemente prestaba dinero al resto de su familia- falleció inesperadamente el 6 de noviembre de 1739. Wesley escribió en su Diario que su cuñada estaba profundamente dolida, pero que él y su hermano Carlos se regocijaban porque, en definitiva, su hermano había encontrado la seguridad de la fe en Cristo, la que ellos predicaban y que él resistía al comienzo.

Dieciséis meses más tarde, el 9 de marzo de 1741, Kezia ("Kezzy"), la hermana más pequeña de Wesley, también falleció cuando solo tenía poco más de treinta años. Wesley se enteró de lo sucedido por Carlos, quien le comentó que su deceso había ocurrido en paz aun cuando su vida había sido acortada. En el momento Juan no comentó nada en su Diario, pero en cartas posteriores a su cuñado Wetley Hall lo culpó por la muerte de Kezzy. Hall originalmente había estado comprometido con Kezzy antes de romper su compromiso para casarse con otra hermana de Wesley, Martha ("Patty"), en 1735. Wesley consideró que el golpe emocional que Kezzy recibió cuando Hall la dejó plantada fue la causa del deterioro de salud que la llevó a la muerte.[10]

Luego, en julio de 1742, Susana Wesley falleció en su casa del Foundry. Susana nunca había sido muy saludable, y se había estado sintiendo más y más delicada durante los años previos a su muerte. Desde 1740 había estado viviendo con Juan en el Foundry, donde disfrutaba intermitentemente la compañía de sus hijos vivos, aunque, como ella lo anota en una carta a Carlos, no tan a menudo como le hubiera gustado.[11] Todos ellos excepto Carlos, quien se encontraba lejos por razones de negocios, estuvieron con ella en el final; Susana les había pedido que cantaran un himno de alabanza a Dios cuando finalmente ella descansara en paz. Wesley registra la muerte de su madre en su Diario el 30 de julio de 1742, y también el epitafio poético escrito por Carlos celebrando la experiencia personal de ella cuando encontró la seguridad de la fe.[12]

Aunque estas pérdidas pudieron haber afectado a Wesley emocional o personalmente, él no permitió que interfirieran en sus trabajos evangelísticos. Como vimos arriba, trabajó durante los siguientes años predicando donde pudo, y organizando y manteniendo las sociedades que surgían por su predicación. Pero Wesley pareció estar contento de hacer esto como soltero solo hasta el final de la década. Luego, unos diez años después de haber fracasado en su cortejo con Sophy Hopkey, él se encontraría de nuevo enredado románticamente. Tristemente, también este episodio iba a terminar en desilusión y dolor. Si vamos a creer el relato personal de Wesley -y es el único relato que tenemos- fue lo siguiente lo que sucedió.[13]

Tragedia Romántica

En agosto de 1749, Wesley estaba predicando en Newcastle cuando se enfermó. Allí fue atendido por Grace Murray, que fue exactamente la forma en que había empezado su relación con Sophy. Grace era una joven viuda que trabajaba en la administración metodista de la "Casa de Huérfanos"; su responsabilidad era cuidar de los "predicadores enfermos y extremadamente cansados". Wesley se sintió muy atraído hacia ella, y se lo dijo de esta manera: "Si alguna vez me caso, creo que sería contigo". Grace se sintió honrada y halagada y pareció reciprocarle su afecto. Ella lo acompañó en su próxima y breve gira de predicación, después de lo cual la dejó al cuidado de uno de sus ayudantes, John Bennet. Poco tiempo después Wesley recibió dos cartas. Una de Bennet, pidiendo permiso para casarse con Grace. La otra fue de Grace, diciendo que sentía que era "la voluntad de Dios" que se casara con Bennet.

Wesley resultó profundamente confundido, y probablemente muy adolorido, y -dada la celeridad con la que se efectuaban los matrimonios en aquellos días, y la lentitud del correo- pensó que los dos ya estaban casados. Wesley dio lo que llamó una "respuesta amable" a las cartas, tratando de sacar todo el asunto de su mente. Sin embargo, el matrimonio nunca ocurrió. En el verano de 1749, Grace estuvo otra vez con Wesley, esta vez trabajando con él durante su gira de predicación en Irlanda. Durante este tiempo, sus sentimientos de mutuo afecto debieron haberse encendido de nuevo y profundizado, ya que Wesley registra que entraron en un contrato matrimonial verbal aunque cuasi legal. Cuando regresaron a Inglaterra, sin embargo, Grace escuchó rumores de que Wesley estaba involucrado con otra mujer, y terminó escribiéndole una carta de amor a John Bennet en un ataque de celos. Esto encendió la pasión de Bennet por Grace, por lo que ella ahora se encontraba desgarrada sentimentalmente entre dos hombres.

Wesley confrontó a Grace sobre el asunto en septiembre de 1749, y ella le aseguró que lo escogería a él en lugar de Bennet. Wesley le escribió a Bennet al respecto, pero la carta nunca fue entregada. La copia de esa carta enviada a Carlos, sin embargo, sí fue entregada, aunque con terribles consecuencias, como ahora veremos. Juan, por su parte, continuó luchando con lo apropiado de sus sentimientos y acciones personales hasta que llegó a la determinación de que era correcto para él casarse, y que era Grace la mujer con la que quería hacerlo. Puso por escrito estos pensamientos y los envió en una carta a su hermano.

Cuando Carlos, quien se había casado un año antes, recibió las cartas, se escandalizó. A pesar de los argumentos contrarios de su hermano, Carlos pensó que todo se desmoronaría si Wesley se casaba con Grace. Ella era una sirvienta -por lo tanto estaba por debajo de la posición social de los Wesley-, y además Carlos creía que al momento ella ya estaba casada con Bennet, o al menos comprometida legalmente de algún modo, lo que no la hacía una mujer libre. Para salvar al movimiento metodista de la desgracia y a su hermano de esta locura, Carlos viajó a Newgate. Basándose en otros rumores que confirmaron sus sospechas, Carlos personalmente llevó a Grace hasta Bennet para asegurarse de que ambos se habían casado en la forma apropiada y debida el 3 de octubre de 1749.

Al enterarse Wesley de esto, quedó pasmado. Pocos días después, Carlos, al ver de nuevo a su hermano, no quiso hablar con él, pero Wesley le dijo que no sentía enojo alguno. La reacción de su hermano había servido "solo para añadir una gota de agua donde alguien se estaba ahogando". Grace más tarde dijo que ella pensó que Carlos la estaba llevando para casarse con Wesley. Ella solamente aceptó casarse con Bennet cuando le dijeron que Wesley no quería ver nada más con ella. El daño, sin embargo, ya estaba hecho, y Wesley no tuvo mucho que hacer con Grace después de esto. Unos días más tarde, en una carta dirigida a un amigo, Wesley escribió: "Desde mis seis años de edad nunca me había encontrado en un conflicto tan grande como el que tuve hace unos días".[14] Con un agudo sentido de desventura personal, escribió en su diario privado: "Difícilmente se ha dado un caso como este desde el comienzo del mundo". Sus cartas subsiguientes a Bennet son muy emotivas, y aunque lo perdona, muestran cuán profundamente herido había estado Wesley.[15]

Así, una década que empezó con controversia pública y con el gran desarrollo del movimiento metodista, terminó con tragedia privada y una ruptura entre Wesley y su hermano que no sanaría muy pronto. Pero la decisión de Wesley de casarse no cambió. Siempre lo hizo un año y medio más tarde, aunque el resultado sería suficiente como para hacernos pensar si tal decisión fue la más prudente. Esa, sin embargo es una historia que la retomaremos cuando comience la próxima década.

CAPÍTULO SEIS

Wesley se Establece y Sigue Adelante 1750-1769

De aquí en adelante vamos a incrementar el ritmo de nuestra narración mientras recorremos la vida de Wesley. No es que menos cosas sucedieran durante la segunda mitad de la vida de Wesley comparada con la primera. Wesley continuó viajando y predicando hasta un año antes de su muerte. Continuó escribiendo y editando mientras creaba recursos para su movimiento, expandía sus ideas y respondía a la controversia. Pero a partir de más o menos el año 1750, el transcurrir general de su vida quedó fijado, y sus actividades eran consistentes con el patrón establecido en los años 1740.

El Diario de Wesley durante estos veinte años parece un diario de viaje de sus visitas a los varios pueblos ingleses, aunque también llega hasta Irlanda. Por donde quiera que viaja predica al aire libre y comparte con varias de las sociedades metodistas con las que se encuentra. Cuando no está ocupado en esto, está leyendo -algo que hace a menudo mientras cabalga-, o escribiendo y editando. A manera de un ejemplo representativo, encontramos a Wesley esperando el cambio de marea para iniciar un viaje a Irlanda, y a la vez traduciendo un libro de texto de lógica del latín para usarlo con sus predicadores y en la escuela de Kingswood. Un poco antes, ha estado trabajando en una gramática francesa, y después del viaje edita una introducción corta a la historia de Roma.[1] Para el año 1750, Wesley ya había publicado una amplia colección con extractos de obras devocionales que él llamó la Biblioteca Cristiana, haciendo que más recursos espirituales fueran accesibles para su gente. Y así continuó con esta clase de trabajo durante los años 1750 y 1760. Las evaluaciones positivas que se hacen de la vida de Wesley alaban lo que parecía ser una energía e impulso sin límites. Las menos favorables lo pintan como un exigente adicto al trabajo. De toda forma, no hay manera de negar que estos fueran años muy activos y productivos en el ministerio de Wesley.

En medio de ese estilo continuo de predicación, de trabajo con las sociedades, y leyendo y escribiendo, hubo varios hechos nuevos y notables, y en ellos nos enfocaremos mientras continuamos nuestro viaje a través de la vida de Wesley. Comenzaremos donde lo dejamos en el capítulo anterior, trazando la vida personal de Wesley a través de las décadas de los años 1750 y 1760. Luego volveremos a las controversias teológicas continuas de Wesley, mayormente con los calvinistas y los asuntos que los mantenían juntos y luego los separaban. Finalmente veremos cómo el metodismo continuó desarrollándose como movimiento e institucionalmente, y la relación polémica creciente que tuvo con su iglesia madre.

Vida Personal

Durante este tiempo Wesley estuvo muy cerca de la familia de Vincent Perronet, vicario de Shoreham, lugar ubicado como a treinta y dos kilómetros al sureste de Londres. Sus hijos, Charles y Edward, se convirtieron en predicadores metodistas, siendo Edward probablemente el mejor conocido por ser el autor del himno, "Loores dad a Cristo el Rey". Por medio de los Perronet, Wesley llegó a conocer a una viuda de mediana edad llamada Mary Vazeille. La señora Vazeille había estado casada con un próspero negociante de Londres quien, cuando murió, le había dejado suficiente dinero para vivir moderadamente bien según los criterios de la época. Después de conocerla, Carlos Wesley la describió como "una mujer de espíritu afligido",[2] pero algo de ella atrajo la atención de Juan Wesley. Se escribió con ella en tono pastoral mientras predicaba en Irlanda al final de la primavera y comienzos del verano del año 1750. Sin embargo, en algún momento después de su regreso, comenzó a considerarla como una posible compañera para la vida. Había pasado solo un año desde el trágico final de su relación romántica con Grace Murray, pero evidentemente Wesley todavía estaba convencido en su pensamiento de que era mejor para el casarse que quedarse soltero.

Wesley menciona poco de esta relación en su Diario, así es que no sabemos mucho sobre el cortejo que tuvieron al final del otoño y comienzo del verano de los años 1750-1751. Sabemos que Wesley consultó con unos pocos amigos sobre la conveniencia de este partido, y en particular con Perronet, quien le dio su total aprobación. Pero también sabemos que Wesley no siguió sus propias reglas para el matrimonio de los predicadores metodistas, que demandaban que tales uniones fueran aprobadas por las sociedades en donde los predicadores trabajaban. Wesley simplemente informó a su hermano que tenía la intención de casarse, aunque no dijo con quién, quizá por el temor de que se repitiera una infeliz intervención de Carlos.

El 9 de febrero de 1751, Wesley y Mary firmaron un acuerdo prenupcial que decía que la fortuna de su herencia iría a sus hijos y no a Wesley. El siguiente día, Wesley sufrió una mala caída sobre el hielo mientras caminaba en el Puente de Londres, por lo que terminó recuperándose por una semana en la casa de Mary. Apenas una semana más tarde, el 18 ó 19 de febrero,[3] se casaron. Wesley no registra nada de este evento en su Diario.

Las cartas entre Juan y Mary Wesley demuestran que había un afecto real entre ellos, aunque también hacen claro que Juan no tenía intención de cambiar su vida de predicador itinerante ahora que estaba casado. En la correspondencia de Wesley con Mary se observan tantas instrucciones para una compañera de negocio o ministerio como expresiones de sentimientos románticos. En la primera carta existente que tenemos, Wesley le dice, "Querida, no te enojes porque te dé tanto trabajo. Quiero que llenes toda tu vida con la obra de fe y el trabajo de amor".[4] El amigo de Wesley, y su primer biógrafo comprensivo, Henry Moore, dijo: "[Wesley] me ha dicho más de una vez que fue un acuerdo previo al matrimonio entre él y la señora Wesley que no predicaría un sermón ni viajaría una milla menos por ese motivo. Le dijo así: 'Querida, si llegara a pensar en hacerlo, con la misma fuerza con que te amo, no vería nunca más tu rostro'".[5]

A pesar de este molde de corte empresarial con que se inició su relación, Mary y Juan Wesley parecían llevarse bien al comienzo. Cuando Wesley se encontró tan extremadamente enfermo en noviembre de 1753 como para escribir su propio epitafio, Mary lo cuidó hasta que se recuperó.[6] Durante sus viajes, aun lo acompañaba o se mantenía en contacto por cartas. Sin embargo, su esposa no era la única mujer con quién él se escribía, y esto causó problemas durante el resto del matrimonio.

En 1754, una joven con un pasado problemático se convirtió bajo el ministerio de Wesley. Su nombre era Sarah Ryan. En 1757, Wesley la empleó como ama de casa en Kingswood, y empezó a escribirse con ella regularmente. Aunque no hay nada particularmente escandaloso en las cartas, si muestran que Wesley y

Ryan tenían una amistad tanto afectuosa como pastoral. Cuando Mary Wesley abrió una de las cartas de Sarah para su esposo, se puso lo suficientemente celosa como para abandonarlo, jurando nunca regresar.

Mary regresó unos pocos días más tarde, pero la relación entre Wesley y su esposa en los años siguientes fue inestable. Ella lo acusaba de abandono, y aparentemente rompió el seguro de su escritorio para tener acceso a su correspondencia. Wesley la acusó de mostrar a sus críticos material comprometedor. Esta riña doméstica finalmente se calmó; por el año 1763 encontramos a Wesley alabando a su esposa en cartas dirigidas a su hermano.[7] Esta relación feliz parece haber continuado hasta 1768, aunque no iba a durar mucho más.

Mary se enfermó gravemente en agosto de 1768; estuvo tan enferma que la gente pensó que moriría. Al enterarse, Wesley regresó a Londres para verla. Sin embargo, una vez que supo que su vida no corría peligro -lo que aparentemente le tomó una visita de solo una hora- se marchó enseguida a la conferencia anual en Bristol, la cual estaba por comenzar. Parece que Wesley sí tenía una preocupación real por su esposa, sin embargo su trabajo tenía un mayor reclamo sobre su tiempo y sus acciones. Pocos meses después Mary decidió que no podía vivir bajo ese orden de prioridades y se fue a vivir con su hija en Newcastle.

Wesley no fue el único miembro de su familia que tuvo dificultades matrimoniales durante estas décadas. Alrededor del año 1755, el esposo de Marta, hermana de Wesley, el reverendo Westley Hall, dejó a su esposa para irse a Barbados con su amante. Como consecuencia, Wesley y su hermano Carlos tuvieron que cuidar del hijo de Hall, su sobrino. Tristemente, el niño no vivió por mucho más tiempo, muriendo a la temprana edad de catorce años. Durante el mismo tiempo Wesley también estuvo a cargo de la manutención de Suky Hare, quien parece haber sido el hijo ilegítimo del reverendo Hall. De sus cartas, vemos que los problemas maritales de su hermana también perturbaron a Wesley.

En una nota positiva, estas décadas vieron a Wesley hacerse amigo de un joven inmigrante suizo llamado John Fletcher. En ese joven el movimiento metodista encontró a un excelente ejemplo de los ideales del movimiento avivamentista dentro de la Iglesia de Inglaterra, y también a su primer teólogo creativo más allá de los hermanos Wesley. Fletcher nació en 1729 en Suiza, estudió en la acérrima Universidad Calvinista de Ginebra, y se mudó a Londres en 1752 para trabajar como tutor para una familia pudiente. Después de escuchar a una mujer predicadora en la calle, buscó a los metodistas y rápidamente se familiarizó con Juan y Carlos Wesley. Escuchó a Wesley predicar en el Foundry, y allí tuvo su propia "conversión evangélica". Sintiendo un llamado al ministerio pastoral, fue ordenado en la Iglesia de Inglaterra en 1757, tras lo cual rechazó un empleo próspero en una iglesia acaudalada para ministrar en un área pobre llamada Madeley, donde serviría por el resto de su vida. Fletcher llegaría a ser el defensor teológico principal de Wesley en las controversias de los años 1770 y a quien él elegiría personalmente como su sucesor para dirigir a los metodistas.

Controversia Teológica

A la par de las subidas y bajadas de la vida privada de en los años 1750 y 1760, Wesley se vio igualmente involucrado en varias controversias públicas sobre la predestinación y la santidad, mayormente con los calvinistas. Wesley y Whitefield trataron de mantener la amistad a pesar de los asuntos que continuamente discutían, y su deseo de cooperación fue suficiente para manejar la controversia, aunque solo mientras Whitefield viviera. En agosto de 1749, Wesley, Whitefield y otros de los metodistas calvinistas se reunieron para producir una declaración privada de entendimiento en la que prometían no difamarse entre sí, enfocarse en las cosas comunes que compartían, y alejarse de controversias innecesarias. El Diario de Wesley de los siguientes meses muestra un intento deliberado por mantener este frente común. Por ejemplo, Wesley viajó a Leeds en octubre de 1749 para predicar con Whitefield, y trabajaron juntos en la capilla de *lady* Huntingdon a inicios de los años 1750.

Sin embargo, las tensiones parecieron surgir otra vez a inicios de la década de 1750. En 1752 Wesley publicó su extenso tratado, "La Predestinación Considerada Objetivamente", lo que sugiere que el asunto se había convertido de nuevo en un punto de contienda. También envió a Whitefield una enérgica carta en mayo de 1753 en la que manifiesta que Whitefield estaba causando divisiones entre los metodistas de Wesley. Después de esto su participación en asuntos controversiales sobre el calvinismo se enfocó en otros individuos. El más notable de ellos fue James Hervey y sus defensores, con quienes Wesley sostuvo una guerra de panfletos de fuertes títulos al final de los años 1750 y comienzos de los años 1760.

No todo el quehacer de Wesley durante este tiempo fue controversial, aun cuando los asuntos que surgían de sus debates con los calvinistas fueran los que dominaban su producción literaria. En ocasiones, Wesley trabajó en asuntos en los que todos concordaban, como lo fue la publicación de su más amplio trabajo enfocado teológicamente y titulado, "La Doctrina del Pecado Original de Acuerdo a la Biblia, la Razón y la Experiencia" (1757). No obstante, a menudo la teología madura de Wesley lo distanciaba de las posiciones calvinistas, particularmente de aquellas ideas que pensaba que podrían perjudicar la vida cristiana. Esto se puede ver en su ataque mordaz a la idea que propone que la gracia nos libera del cumplimiento de la ley, y que tituló, "Un Golpe a la Raíz: o Cristo Apuñalado en la Casa de sus Amigos" (1762). También se puede ver en la promoción firme de su idea de que la gracia de Dios produce santidad, no solo perdón, tal como se encuentra en su importante sermón titulado, "El Señor, Nuestra Justicia" escrito en 1765, y más específicamente, en el inmensamente influyente libro, *La Perfección Cristiana*, escrito en 1766.

Sin embargo, aunque los continuos debates sobre las ideas calvinistas muestran que Wesley se preocupó de hacer buena teología, su relación personal con Whitefield sugiere que él se preocupaba más sobre la marcha del trabajo evangelístico. Desde 1755 en adelante Wesley habla de su relación con Whitefield solamente en términos positivos, particularmente en su Diario publicado, haciendo grandes esfuerzos por mostrar que él y Whitefield eran socios en la misma empresa. Ocasionalmente Wesley observaría, un tanto triunfalista, que Whitefield parecía mucho mayor que él -aunque Wesley le llevaba diez años-, pero aun así fue clara la alta consideración que Wesley tuvo por su compañero de avivamiento y rival teológico. Su mutua y buena relación fue lo suficientemente pública como para que Wesley fuera invitado a predicar el sermón funeral de Whitefield cuando éste falleció en 1770. Wesley decidió hablar en público solo cosas buenas de Whitefield después de su muerte.

Con todo, el espíritu ecuménico que prevaleció entre estos dos hombres nunca alcanzaría un nivel institucional. Durante estas décadas, los metodistas calvinistas tuvieron sus capillas y predicadores, y los metodistas de Wesley los suyos. A mediados de los años 1760 Wesley hizo algunos intentos deliberados para aumentar su cooperación enviándoles cartas personales y eventualmente un anuncio público. Siendo que solo tres predicadores respondieron, Wesley básicamente renunció a su esfuerzo.

Ahora bien, en 1768 la condesa Huntingdon decidió comenzar una escuela privada para predicadores en el sur de Gales en un lugar llamado Trevecca, en donde ella personalmente financiaría la educación ministerial de jóvenes piadosos. Wesley apoyó la idea. Su buen amigo John Fletcher fue asignado como superintendente de la escuela y uno de sus profesores en la escuela de Kingswood no tardó en ser nombrado como director de la escuela. Parecía el comienzo de un período renovado de cooperación entre los metodistas calvinistas y los de Wesley, pero no iba a durar. Al comienzo de la siguiente década, con la muerte de Whitefield y la publicación del acta de la conferencia anual de 1770, todo se desmoronaría.

Avances en el Metodismo

En medio de la continua controversia y la turbulencia personal, Wesley continuó guiando su ala del incesante avivamiento evangélico. Su intención había sido siempre la de fomentar una religión experiencial e interior que impulsara la santidad exterior en la Iglesia de Inglaterra. Sin embargo, tan pronto como el movimiento de Wesley se organizó, las divergencias fueron tan grandes entre el metodismo y la Iglesia de Inglaterra que generaron discusiones sobre dejar ese redil y empezar una iglesia enteramente nueva. Wesley resistió esa medida decisiva, pero su visión de la iglesia y el ministerio continuó desenrollándose en formas que justificaban otras acciones menores que alejaban más y más al metodismo de su "iglesia madre".

Como vimos de sus días en Oxford y de su ministerio en Georgia, Wesley comenzó con un conjunto de principios vigorosos de "alta iglesia" que le daban mucho peso a la forma y la conducta apropiadas según las reglas de la iglesia. Sin embargo, poco a poco Wesley se dio a priorizar la obra del ministerio y los objetivos del evangelio por sobre las estructuras formales de la iglesia. La tensión que surgió en los años 1750 y 1760 entre la visión idealista de Wesley sobre la Iglesia de Inglaterra y la violación práctica y consistente de sus normas institucionales sería una característica de Wesley hasta el fin de su vida.

Por un lado, al final de los años 1740, se recordará que Wesley publicó, "Una Palabra a un Metodista", y "Una Explicación Clara del Pueblo Llamado Metodista", escritos en los cuales trataba de describir lo distintivo de la identidad metodista como una que restauraba el cristianismo verdadero, bíblico, para la Iglesia de Inglaterra, y no como una que establecía una identidad separada paralela a ella. Por otro lado, la investigación literaria de Wesley le estaba dando razones para creer que las estructuras institucionales sobre las que descansaba la identidad de la Iglesia de Inglaterra -y contra las cuales el movimiento de Wesley a menudo luchaba- no estaban tan bien fundamentadas como él había creído al comienzo. En 1746, Wesley leyó un libro escrito por lord Peter King en el que se alegaba que la distinción básica entre obispo y presbítero no era bíblica, una distinción sobre la cual se basaba considerablemente el poder político en la iglesia. En 1750, Wesley leyó un escrito por John Lacy que lo convenció de que los seguidores de Montano -un líder carismático del segundo siglo eventualmente etiquetado como hereje por la iglesia institucional- fueron en verdad "cristianos bíblicos y veraderos".[8] Las sospechas de Wesley sobre lo inadecuado de la iglesia institucional serían confirmadas más tarde al leer escritores como Richard Baxter, en 1754, y Edward Stillingfleet, el siguiente año.

Más y más, Wesley empezó a creer que la misión de la iglesia -la de salvar almas y ayudar a las personas a vivir vidas santas- era más importante que sus estructuras formales, lo que hacía apremiante la consideración de una separación de la Iglesia de Inglaterra. Especialmente se discutía si los predicadores metodistas, aunque fueran laicos, podían ofrecer los sacramentos, algo que la Iglesia Anglicana solo se lo permitía a ministros ordenados. Algunos predicadores notables como Thomas Walsh y Chales Perronet ya lo habían hecho. Así, en la conferencia metodista anual de 1755 llevada a cabo en Leeds, ese sería el tema central del debate. Wesley preparó un extenso documento sobre el tema,[9] el cual leyó, animando a todos a opinar sobre el mismo. El grupo de predicadores allí reunido, cerca de cuarenta, lo discutieron por algunos días. Wesley expresó la conclusión del grupo sobre la idea de separación de la siguiente forma: "Al tercer día todos estuvimos de acuerdo en la conclusión general de que (fuera legal o no) no era conveniente".[10] Aunque el grupo no pudo ponerse de acuerdo teológicamente sobre la justificación de esa separación, todos acordaron de forma práctica que todavía no era tiempo para hacerlo. El pragmatismo y no la teología fue la base de su respuesta.

Ahora bien, esto no significa que Wesley no tuviera razones teológicas para obligar los límites prácticos de su iglesia; de hecho él siempre se ocupaba de dar buenas razones de sus desviaciones. En una carta enviada el siguiente año a Samuel Walker, Wesley defendió la predicación de los laicos basándose en que ellos seguían un "llamado interno" potenciado por el Espíritu que les daba mayor libertad que la que daba el simple "llamado externo" representado por la ordenación.[11] Sin embargo, ese mismo año Wesley les haría una petición en forma de carta abierta a sus compañeros ministros de la Iglesia de Inglaterra, la cual tituló "Discurso al Clero".[12] En ese escrito urgía al clero a vivir a la altura de su alto llamado; un llamado que Wesley explicaba empleando términos muy al estilo metodista. Después de la conferencia de Leeds, Wesley quizá todavía pensaba que si el clero de la Iglesia de Inglaterra hacía un mejor trabajo, las presiones de separación disminuirían.

Pero no fue así. Muchos obispos anglicanos pensaron que sería peligroso creer que las personas podían ser dirigidas por el Espíritu para trabajar al margen de los límites de la iglesia institucional. En 1762, el obispo William Warburton, de Gloucester, emitió una crítica escrita al metodismo. Aparentemente buscando un verdadero debate sobre el asunto, el obispo Warburton dejó que Wesley leyera el borrador del escrito antes de que fuera publicado. Después de su publicación, Wesley emitió una larga respuesta[13] en la que trató de equilibrar tanto las preocupaciones por la estructura como por el espíritu, aunque todavía daba mayor prioridad al espíritu.

No obstante, un equilibrio así era muy difícil de lograr. Por un lado, Wesley se había distanciado de las fuerzas institucionales de la Iglesia de Inglaterra y justificaba esas acciones apelando a la guía del Espíritu Santo. Irónicamente, sin embargo, al mismo tiempo estaba siendo forzado a una mayor institucionalización dentro de su propio movimiento por aquellos que llevaban la lógica de la guía del Espíritu demasiado de lejos, al menos a los ojos de Wesley. Los dos ejemplos más sobresalientes de esto fueron los predicadores laicos George Bell y Thomas Maxfield.

George Bell se convirtió a través del ministerio metodista en 1758 y poco tiempo después sintió un llamado a predicar. Pero lo que predicaba y la forma en que lo hacía inmediatamente comenzaron a causarles problemas a Wesley y a la sociedad que se reunía en el Foundry. El mensaje de Bell hablaba de una perfección cristiana que elevaba al creyente por sobre todo reglamento y toda ley o norma de comportamiento. Este mensaje no le cayó bien a Wesley, ni la forma hiperemocional con la que Bell lo predicaba, vociferando, rabiando y gritando desde el púlpito. Wesley trató de corregir la predicación errada de Bell sin poder lograrlo. Después de que Bell pronosticara que el mundo se acabaría el 28 de febrero de 1763, Wesley lo confrontó, por lo que Bell y sus seguidores abandonaron la sociedad.

Más o menos por el mismo tiempo la predicación de Thomas Maxfield también estaba causando disensiones y divisiones en las filas de los metodistas de Londres. Como vimos en el capítulo anterior, Maxfield fue uno de los primeros laicos a los que Wesley le reconoció su ministerio como inspirado por Dios, a pesar de la falta de entrenamiento formal o de autorización eclesiástica. Sin embargo, al comienzo de los años 1760, Maxfield empezó a predicar sobre la perfección cristiana y la santificación en una forma que denigraba la obra de Dios en la justificación y casi equiparaba a la "perfección cristiana" con un tipo de dirección inspirada directamente por el Espíritu. Maxfield, como Bell, no daban lugar a la autoridad de Wesley. En marzo de 1763 se negó a predicar en el Foundry, y finalmente dejó el metodismo para convertirse en un ministro independiente.

Estas controversias sobre la autoridad, y sobre el contenido de la predicación en las sociedades metodistas, fueron la causa de que la conferencia metodista de ese año, el 1763, adoptara lo que dieron en llamar un "modelo de desempeño". El modelo añadía al desarrollo institucional del metodismo al proveer un conjunto de criterios para la predicación en las sociedades metodistas. Estos criterios terminaría siendo propuestos como doctrina en los cuatro tomos de sermones publicados por Wesley, y en sus *Notes of the New Testament* (Notas al Nuevo Testamento), un comentario que Wesley había escrito durante la primera parte del año 1754 cuando una enfermedad le impidió viajar o predicar.

El metodismo, pues, continuaba institucionalizándose, pero Wesley todavía no podía convencerse de que debía darle prioridad a la función antes que a la forma. A la altura de 1765 la necesidad de ministros ordenados dentro del movimiento metodista seguía aumentando sin todavía poder recibir mucha ayuda de las fuentes anglicanas. De ahí que ese año Wesley lograra que un obispo griego ordenara a unos pocos de sus predicadores. Sin embargo, al pensarlo retrospectivamente, Wesley se daría cuenta de que esa no había sido una buena idea, y el pequeño escándalo que sobrevino en algunas de las publicaciones locales lo llevaron a nunca más intentar un arreglo parecido. Con todo, el simple hecho de que lo hiciera revela su propia ambivalencia sobre los límites a los cuales él podía o debía llegar a fin de permitir que el metodismo se desarrollara como una iglesia hecha y derecha independientemente de la Iglesia de Inglaterra.

Esta situación llegó a ser más complicada según el metodismo se extendía más allá de las fronteras de Inglaterra y, por lo tanto, más allá de la jurisdicción de la iglesia nacional de Inglaterra. Cuando Wesley hizo su primera visita a Irlanda en 1747, ya había sociedades metodistas reuniéndose en el país. En 1752, había suficientes metodistas irlandeses como para que empezaran a tener sus propias conferencias. Wesley terminó haciendo numerosos viajes a Irlanda por el resto de su vida, que según algunas cuentas equivalieron a un total de seis años en períodos de uno a tres meses.

Desde Irlanda, el metodismo fue llevado al Nuevo Mundo sin que Wesley se enterara. El inmigrante irlandés Robert Strawbridge había empezado reuniones metodistas en Maryland en 1766. Más o menos para el mismo tiempo, pero al norte, los metodistas irlandeses Philip Embury y Barbara Heck trabajaron con el capitán Thomas Webb para comenzar una sociedad en Nueva York. Esta última obra tuvo tanto éxito que en 1768 la sociedad escribió a Juan Wesley, quien se encontraba en Inglaterra, pidiéndole que enviara algunos ministros calificados para que los ayudaran. Wesley leyó la carta en la conferencia anual de 1768 y en el siguiente año, la conferencia anual comisionó a dos predicadores: Richard Boardman y Joseph Pilmore. Los dos llegaron a las cercanías de Filadelfia a finales del mes de octubre de 1769 e inmediatamente comenzaron a predicar y a ayudar a crecer las sociedades del lugar. La obra en Norteamérica crecería sorprendentemente bien. Sin embargo, el inminente conflicto político y militar entre Inglaterra y sus colonias obstaculizarían todos los esfuerzos de Wesley por mantener al metodismo norteamericano dentro de los límites que él había establecido en Inglaterra, lo que también forzó el tema de la separación de la Iglesia de Inglaterra. Pero esa es una historia para el próximo capítulo.

CAPÍTULO SIETE

Su Legado
1770-1791

La última cuarta parte de la vida de Wesley no fue tiempo de descanso ni re-tiro. Fue tan llena de actividades como había sido cualquiera de sus etapas ante-riores. Su salud continuó asombrosamente sólida hasta sus últimos dos años, y pensaba que todo el tiempo que le había sido dado debía ser usado para Dios. Su incansable actividad fue probablemente lo que condujo al colapso final de su matrimonio, pero Wesley continuaba predicando y ocupándose de las controver-sias -particularmente con los calvinistas- a la vez que trataba de dirigir su movi-miento, tanto el de Inglaterra como el de Norteamérica, hacia un futuro cuando él ya no estuviera. Daremos un breve vistazo a cada uno de estos temas mientras caminamos junto a Wesley en las últimas décadas de su vida.

Vida Personal

Comenzaremos de nuevo con la vida personal de Wesley y con la disolución final de su desafortunado matrimonio. Como lo hicimos notar en el último capítulo, Mary había abandonado a su famoso esposo a finales de los años 1760; las referencias aisladas que hace de ella en sus cartas indican que fue una ausen-cia prolongada. Mary eventualmente regresó, pero solo para dejarlo otra vez. El 23 de enero de 1771 Wesley escribe en su Diario: "Por alguna razón que desco-nozco hasta hoy, [la señora Wesley] partió para Newcastle con el propósito de 'no regresar jamás'. *Non eam reliqui; non dismisi; non revocabo* [no la abandoné; no la repudié; no la llamaré]".[1] En agosto de ese año, Wesley le escribe a su her-mano y le dice: "Mi esposa, me he dado cuenta, todavía sigue arrogante. Estoy lleno de trabajo, como te imaginarás".[2] Sin embargo, en el verano de 1772, los dos se hallan unidos otra vez, quizá como resultado de la visita de Wesley a Newcastle, y las cartas de los siguientes dos años hacen creer que se encuentran en condiciones afables, aunque les ata más el trabajo que el afecto.

Pero en julio de 1774, Wesley escribe una extensa carta repitiendo las quejas del pasado y pidiéndole a Mary que sea sumisa. Como es de suponer, Mary no lo aceptó y volvió a dejarlo un tiempo después, esta vez para no regresar jamás. En medio de la controversia calvinista que se discute abajo, aparentemente ella mostró algunos documentos comprometedores de Wesley a sus detractores, lo que parece que selló cualquier posibilidad real de reconciliación. En la carta que Wesley le escribe a Mary en 1777 demanda que se retracte de las cosas que ha dicho públicamente sobre él, y lo que parece ser su carta final, en 1778, concluye con estas palabras: "Si pudieras vivir mil años, no podrías deshacer el daño que has hecho. Y hasta que hayas hecho todo lo posible en deshacerlo, te digo adiós".[3]

Mary murió en 1781; Wesley solo dice en su Diario que él se enteró de su funeral uno o dos días después de lo sucedido.[4] Según se entiende, ella le dejó "un anillo de luto" en su testamento, "en señal de que muero en amor y amistad con él". Después de su muerte, parece que el corazón de Wesley se ablandó hacia ella, pues la mencionaba con un toque de cariño. A pesar de todo esto, el matrimonio de Wesley permanece como uno de los episodios más difíciles y misterioso de la carrera de este eminente, pero aun muy humano, evangelista.

Las Actas de la Controversia

Como lo insinuamos en el último capítulo, la relación de Wesley con el ala calvinista del movimiento metodista llegó a sus días de mayor inestabilidad mientras transcurrían las últimas décadas del siglo XVIII. La expulsión de seis estudiantes metodistas calvinistas de *St. Edmund's Hall* en Oxford en 1767 - evento que dio el impulso final para que *lady* Huntingdon fundara la escuela del predicador en Trevecca- también provocó una porfía dentro del movimiento metodista entre los calvinistas de Huntingdon y los arminianos de Wesley. Una publicación muy importante en este debate fue, *The Doctrine of Absolute Predestination Stated and Asserted* (La doctrina de la predestinación absoluta establecida y afirmada), la traducción inglesa de Augustus Toplady de una obra de la era de la Reforma, escrita por Jerome Zanchius. Todo esto pareció renovar la preocupación de Wesley, expresada ya en la primera conferencia anual de 1744, de que su movimiento "se inclinaba demasiado hacia el calvinismo".[6]

Aparentemente con el deseo de provocar algún debate sobre el tema, Wesley publicó una parodia de la traducción de Toplady, quizá la cosa menos caritativa que Wesley había escrito. Esto generó una ráfaga de respuestas nocivas de parte de los calvinistas que preocuparon aún más a Wesley sobre el problema. El asunto fue presentado en la conferencia anual en agosto de 1770, y lo que se dijo bosqueja la posición metodista wesleyana en contra del calvinismo, particularmente en lo tocante al asunto de la justificación por la fe y el papel de la respuesta del ser humano a Dios.

Solo un mes más tarde, el 30 de septiembre de 1770, Whitefield murió mientras conducía una gira de predicación en Norteamérica, y con él murió la conexión más importante que tenía Wesley con los calvinistas. Whitefield deseó que Wesley predicara en su servicio memorial, por lo que fue formalmente invitado a tales fines en noviembre de ese año. En su sermón basado en Números 23 ("Muera yo la muerte de los rectos, y mi postrimería sea como la suya"), Wesley trató de emplear un tono pacífico, enfatizando aquellas doctrinas en las que él y Whitefield habían concordado. No mencionó nada sobre la predestinación. Siendo que esta doctrina había sido tan importante para Whitefield, el que Wesley no la hubiera mencionado enojó a sus partidarios. Poco tiempo después se publicaron las actas de la última conferencia anual, causando que la tensión se elevara a un nivel completamente distinto.

Solo un mes más tarde, el 30 de septiembre de 1770, Whitefield murió mientras conducía una gira de predicación en Norteamérica, y con él murió la conexión más importante que tenía Wesley con los calvinistas. Whitefield deseó que Wesley predicara en su servicio memorial, por lo que fue formalmente invitado a tales fines en noviembre de ese año. En su sermón basado en Números 23 ("Muera yo la muerte de los rectos, y mi postrimería sea como la suya"), Wesley trató de emplear un tono pacífico, enfatizando aquellas doctrinas en las que él y Whitefield habían concordado. No mencionó nada sobre la predestinación. Siendo que esta doctrina había sido tan importante para Whitefield, el que Wesley no la hubiera mencionado enojó a sus partidarios. Poco tiempo después se publicaron las actas de la última conferencia anual, causando que la tensión se elevara a un nivel completamente distinto.

Lo que estaba en discusión era la redacción que Wesley y sus predicadores empleaban para distanciarse del calvinismo. En las actas, explícitamente se negaba la declaración de que "un hombre no debe hacer nada para ser justificado" al decir que, "Cualquiera que desee encontrar el favor de Dios debe 'dejar de hacer lo malo y aprender a hacer el bien'".[7] La conferencia pudo haber tenido la intención de refutar toda clase de antinomianismo que opacara la conexión entre la salvación y la vida santa. Sin embargo, fue leído por calvinistas como *lady* Huntingdon como si se estuviera refutando la justificación por la fe y reemplazándola con la justificación por las obras. *Lady* Huntingdon lo denominó "papismo desenmascarado".

La condesa Huntingdon no tardó en pedir a los que pertenecían a su círculo que repudiaran explícitamente la declaración. Cuando Joseph Benson, director de la escuela de Trevecca, se rehusó a hacerlo, fue despedido, renunciando también John Fletcher en su apoyo. En junio de 1771, Walter Shirley, capellán personal de *lady* Huntingdon, trató de movilizar a predicadores evangélicos contra Wesley proponiendo que se juntaran en una "contraconferencia" durante el mismo tiempo de la conferencia anual de Wesley a fin de enfrentar al grupo y demandar que se retractara. Sin embargo, apenas unos pocos de los predicadores se presentaron a la contraconferencia, siendo recibidos amablemente por Wesley, quien escuchó sus preocupaciones. Wesley procedió a preparar un documento conciliatorio en el que reafirmaba su creencia en la justificación por la fe, y admitiendo además que las actas en cuestión habían empleado un lenguaje poco cuidadoso.

Pero cualquiera haya sido la esperanza de paz que ese documento pudo haber ofrecido, la misma se desvaneció rápidamente cuando Wesley publicó un escrito de John Fletcher vindicando las actas, cosa que, por extraño que parezca, hizo en contra de las objeciones tanto de Shirley como de Fletcher. Todo esto renovó una controversia que duraría por otros varios años. Escritos adicionales de Fletcher sostuvieron el lado arminiano del debate, mientras que en el lado calvinista los proponentes principales fueron Augustus Toplady y los hermanos Rowland y Richard Hill.

Wesley también estuvo implicado en estos debates, los cuales a veces se tornaban poco agradables, pero no siempre se involucró de manera directa en ellos. Esta vez dejó que Fletcher se hiciera cargo de esa tarea. Lo que sí encontramos es a un Wesley que se lamentaba por la manera en que estos debates desgarraban las sociedades metodistas.[8] Así, para alentar a sus seguidores, Wesley inició un periódico en 1778 que llamó, *The Arminian Magazine* (La revista arminiana), aunque su nombre solo sirvió para mantener la controversia a la vista. Durante toda su vida parece que Wesley quiso pelear por la verdad tal como él la veía pero a la vez mantener la paz por el bienestar de la evangelización y el crecimiento espiritual, aunque por lo que vemos nunca pudo conseguir ambas cosas.

El Metodismo Norteamericano

Como hemos visto, la historia del metodismo norteamericano solo está conectada tangencialmente a la historia personal de Wesley. El metodismo del Nuevo Mundo se fundó sin su conocimiento, y su influencia sobre los metodistas norteamericanos fue mínima y a menudo resistida. A pesar de esto, la controversia que precipitó el metodismo norteamericano es parte de su historia, y su independencia de Wesley coincide con la independencia de las colonias británicas de la Corona.

En 1768, el rey Jorge III comenzó a desplazar soldados alrededor y dentro de Boston para proteger los intereses de la Corona en contra de la creciente e insatisfecha población colonial. La situación finalmente llevó a un enfrentamiento entre los opositores y los soldados británicos en marzo de 1770, el cual fue conocido entre los británicos como "el incidente de la calle del Rey", aunque entre las colonias fue popularizado como "la masacre de Boston". El Decreto del Té del Parlamento Británico de 1773 originó el famoso "Motín del Té de Boston", lo que promovió una escalada en las hostilidades entre los británicos y las colonias norteamericanas. Todo finalmente culminó en un enfrentamiento abierto en 1775.

Durante ese tiempo Wesley se imaginó yendo a América pero nunca tuvo la oportunidad. En su lugar, el papel de Wesley frente al metodismo norteamericano consistió en enviar, de parte de su conferencia anual, a unos pocos predicadores adicionales para el trabajo, aunque ello se realizaría por medio de voluntarios antes que por personas asignadas. El más notable entre estos predicadores era el joven Francis Asbury, quien arribó en 1771 y fue designado como uno de los "asistentes" o superintendentes del trabajo en Norteamérica. Asbury llegaría a ser el principal organizador y defensor del metodismo norteamericano, lo cual llevaría eventualmente a un enfrentamiento con el mismo Wesley.

Las estadísticas del metodismo norteamericano eran incluidas en la conferencia anual británica para afirmar así la conexión entre ambos, pero esto solo se haría hasta que la comunicación llegó a ser desconfiable por causa de la guerra. Las actas de la conferencia mostraban que había habido un crecimiento en las sociedades de 316 miembros en 1771 a 3,148 en 1775, un aumento diez veces mayor en solo cuatro años. Los norteamericanos tuvieron su primera conferencia anual en Filadelfia en 1773 y allí afirmaron su conexión con Wesley (en oposición a los metodistas calvinistas), prometiendo enseñar la doctrina contenida en sus sermones y escritos. Aparentemente ya había algo de malestar por la posición conocida de Wesley acerca de las colonias, pero parece que quedó frenado a fin de proteger la unidad. Aun así, los sucesos transcurrirían con tal rapidez que terminarían afectando la duración de la unidad.

Las hostilidades abiertas entre los colonos y la Corona británica estallaron en abril de 1775. Las referencias a América desaparecieron de las actas de la conferencia anual, y la mayoría de los predicadores de Wesley regresaron a Inglaterra. Sin embargo, Francis Asbury permaneció, lo que hizo que la gente buscara su liderazgo en lugar del de Wesley en Inglaterra. Aunque Wesley tenía simpatía con las proclamas de justicia de parte de los norteamericanos, no le gustaban sus proclamas de independencia, ya que los asuntos políticos tenían tonos religiosos. Wesley escribió: "Para mí, la lealtad es una rama esencial de la religión, por lo que me siento triste de que algún metodista lo olvide. Hay una conexión muy cercana entre mi conducta política y mi conducta religiosa: una misma autoridad me ordena a 'temer a Dios' y a 'honrar al Rey'".[9]

Durante los años de la guerra, Wesley publicó trece diferentes sermones y cartas abiertas apoyando a la Corona en contra de los colonos. La más significativa de ellas fue su *Calm Address to the American Colonies* (Una calmada alocución a las colonias norteamericanas) [1775]. El discurso nunca llegó a Norteamérica, pero sí causó mucha conmoción en Inglaterra, proveyendo combustible para los ataques personales en contra de Wesley. Entre ellos, el más notable fue el escrito por Augustus Toplady, en el cual acusaba a Wesley (no sin algo de razón, debe decirse) de plagiar la mayoría de ese discurso de algunos de los escritos de Samuel Johnson.

La posición antiindependentista de Wesley complicó las cosas para los metodistas norteamericanos ya que muchos asumieron que todos los metodistas estaban de acuerdo con su fundador. Esto motivó que los metodistas norteamericanos se distanciaran de la persona de Wesley sin importar cuánto deseaban seguir su doctrina. Además, la presencia oficial anglicana casi desapareció durante la guerra en Norteamérica, lo que causó el distanciamiento entre los metodistas y su iglesia madre. Wesley se dio cuenta de este problema y en 1780 solicitó personalmente al obispo de Londres que ordenara que más clérigos anglicanos fueran a Norteamérica. Sin embargo, sus peticiones no fueron escuchadas. Toda vez que el Tratado de París había sido firmado en 1783, el distanciamiento entre Wesley y los metodistas norteamericanos, y entre los metodistas norteamericanos y la Iglesia de Inglaterra sentó las bases para que Wesley realizara un cambio radical tocante a la situación de la relación del metodismo con la Iglesia de Inglaterra.

El disturbio en Norteamérica había sido provechoso para el crecimiento del metodismo, siendo que había duplicado su membresía de alrededor de 7,000 miembros desde 1775 a 1778, y hasta cerca de 15,000 miembros de 1778 a 1784. En ese año, Wesley finalmente tomó el asunto en sus manos y –basado en su sola autoridad- ordenó a Richard Whatcoat y Thomas Vasey, dos de sus predicadores, para el trabajo en Norteamérica. También designó a Thomas Coke como superintendente dándole autoridad para que nombrara a Francis Asbury como otro superintendente cuando arribara a Norteamérica. Wesley también envió con ellos versiones condensadas y revisadas del Libro de Oración Común y los Artículos de Fe de la Iglesia de Inglaterra para que fueran utilizados como el fundamento de una nueva iglesia. Ya que los norteamericanos se habían deslizado del gobierno británico, y siendo que la Iglesia de Inglaterra estaba atada a su gobierno político, hacía poco sentido el que Wesley tratara de mantener a los metodistas norteamericanos como anglicanos.[10]

Estas medidas representan la última influencia funcional que Wesley tuvo sobre el ala norteamericana de su movimiento. Cuando Coke llegó a Norteamérica, Asbury no aceptó ser ordenado por él en nombre de Wesley hasta que fuera aprobado por la conferencia americana. Esto aseguraba que su propio liderazgo estuviera anclado en la voluntad de los metodistas norteamericanos y no en Wesley. Un par de años más tarde, en 1786, Wesley intentó que Richard Whatcoat fuera designado también como superintendente y además quiso establecer la fecha de la siguiente conferencia americana. Sin embargo, sus instrucciones fueron ignoradas y la conferencia norteamericana de ese año incluso eliminó el nombre de Wesley de sus actas declarando que ninguna persona de Europa tenía el derecho de determinar los asuntos de América. Wesley escribió una dura carta a Asbury protestando por este y otros asuntos, lo que apesadumbró a Asbury aunque sin hacerlo cambiar de parecer. Wesley informó en una carta unos pocos años después que, "Él (Asbury) le dijo a George Shadford, 'El señor Wesley y yo somos como César y Pompeyo: él no soportará que alguien sea su igual y yo no toleraré que alguien sea superior a mí'. Luego se sentó tranquilamente y esperó hasta que sus amigos votaron y decidieron sacar mi nombre de las actas americanas. Esto dio por terminado el asunto y demostró que él no tenía conexión conmigo".[11] El nombre de Wesley fue restaurado más tarde en las actas de la conferencia norteamericana y mantuvieron sus doctrinas, pero era obvio que él ya había dejado de tener participación personal en la narrativa del metodismo norteamericano.

El Metodismo Británico

Mientras todo esto sucedía en Norteamérica, eventos de igual magnitud en Gran Bretaña llevarían a una separación del metodismo británico de la Iglesia de Inglaterra después de la muerte de Wesley. Aunque Wesley contribuyó a que el metodismo tomará esa dirección, le preocupaba no saber a dónde iría a parar todo. Para él era importante que su movimiento siguiera como anglicano porque temía que si sus metodistas dejaban la Iglesia de Inglaterra, tal como lo había hecho el metodismo calvinista de *lady* Huntingdon en 1772, "gradualmente se reducirían a una secta honorable y formal".[12] Según Wesley, la misión del metodismo era la de "difundir vida entre todas las denominaciones",[13] lo que no sería posible si se convertían ellos mismos en una. Por eso es algo irónico que teniendo Wesley su enfoque en esa misión actuara en formas que promovían exactamente lo que él temía.

El metodismo continuó creciendo en Gran Bretaña durante las últimas décadas de la vida de Wesley, pero con ese crecimiento vinieron nuevos desafíos. Para 1770 ya había más de 29,000 miembros en las sociedades metodistas de las Islas Británicas (incluyendo a Escocia e Irlanda). Para 1780, ese número casi llegaba a 44,000; y en la conferencia que siguió a la muerte de Wesley en 1791 se reportaron más de 72,000 miembros. Aunque se experimentaban dificultades para erigir casas de predicación, para el pago de diversas obligaciones, y para el sostén de la escuela de Kingswood, también se experimentaban tiempos de gran celebración. En 1778, la capilla de *City Road* fue terminada, llegando a ser el nuevo centro del movimiento de Wesley al reemplazar al Foundry. Ubicado al cruzar la calle del famoso cementerio Bunhill Fields, el nuevo centro contenía, junto a la "capilla hogar" de Wesley, los apartamentos en los que él vivía. Aun hasta el día de hoy el centro sigue atrayendo a "peregrinos metodistas" y a otros visitantes.

Wesley sentía una gran responsabilidad en asegurar el futuro del metodismo después de su muerte, por lo que en estos años se le encuentra tratando de crear una institucionalidad sostenible que cumpla su misión sin dejar la Iglesia de Inglaterra. Al comienzo, esperaba que otro ministro anglicano tomara las riendas del liderazgo después de él. La forma de obrar de John Fletcher durante los años de controversia con los calvinistas a inicios de los años 1770 convenció a Wesley de que Fletcher era el hombre para ese trabajo, y así se lo dijo. Sin embargo, Fletcher rehusó el rol forzando a Wesley a considerar otras opciones.

En 1784 Wesley logró finalmente establecer la conferencia anual de los metodistas como una entidad legal, y lo hizo con cien predicadores conocidos como "los cien legalizados", quienes de entre casi doscientos predicadores que él tenía, fueron aparentemente asignados de manera arbitraria a cumplir con la responsabilidad de supervisar las diferentes sociedades y lugares de predicación. Wesley hizo esto por medio de una "declaración notarial" que fue insertada en las actas de la conferencia de ese año. Pero una controversia surgió inmediatamente. Muchos de los predicadores que habían sido excluidos de "los cien legalizados" se sintieron ofendidos, y algunos incluso dejaron el movimiento. Para el colmo, Wesley mismo no se sujetó a esta nueva autoridad, continuando su comportamiento como la verdadera autoridad de la conferencia, e invitando a los que él quería y asignando predicadores según lo veía conveniente.

Después de haber ordenado predicadores para Norteamérica en ese mismo año, Wesley comenzó a comportarse como con oficio de obispo también en su país. El siguiente año, Wesley ordenó a tres predicadores para trabajar en Escocia, una medida que él pudo continuar justificando ya que técnicamente la Iglesia de Inglaterra no estaba establecida en Escocia. Sin embargo, por el año de 1788, también había ordenado predicadores para trabajar en Inglaterra, aunque es interesante que los informes de esas ordenaciones nunca aparecieran en los Diarios publicados de Wesley sino solamente en sus diarios privados.

Vemos esa misma tensión entre permanecer dentro de la Iglesia de Inglaterra y el roce con sus límites, en la actitud de Wesley en cuanto a celebrar las reuniones metodistas al mismo tiempo que los servicios regulares anglicanos. En 1786, Wesley todavía advertía a sus metodistas que no tuvieran servicios que entraran en conflicto con los de las iglesias anglicanas locales. Sin embargo, ya para 1788 estaba haciendo concesiones moderadas a ese fin, aunque insistía en que esto no significaba que los metodistas estuvieran dejando la Iglesia de Inglaterra. Por el mismo tiempo, Wesley escribió al obispo de Londres rogándole que no empujara a los metodistas fuera de la Iglesia de Inglaterra. Ya sea que Wesley estuviera tratando de mantener un muy frágil término medio, o de "querer el oro y el moro", es un asunto de debate. Sin embargo, estas tensiones muestran cuán importantes eran las dos realidades para Wesley: la misión de los metodistas y el lugar de ellos en la Iglesia de Inglaterra.

Dejando a un lado el tema de la separación, para Wesley, la otra preocupación principal acerca de los metodistas al final de su vida eran las riquezas. Para él, esto parecía ser lo otro que podría minar el corazón de un movimiento que había encontrado sus primeros logros verdaderos entre los pobres y oprimidos. Muchos años antes, Wesley había predicado su famoso sermón titulado, "El Uso del Dinero",[14] y él mismo trató de vivir según el siguiente consejo dado en el sermón: "Gana todo lo que puedas; ahorra todo lo que puedas; da todo lo que puedas". Su intención era morir sin riquezas que alguien pudiera heredar, y se le conocía por pedir a sus amigos ricos dinero que pudiera dar a los pobres. Como alguna vez él escribiera a una amiga de nombre Ann Foard: "Tolero a los ricos, pero amo a los pobres; ¡por eso paso casi todo mi tiempo con ellos!"[15]

Wesley, sin embargo, no sentía que esa actitud fuese compartida lo suficiente por sus metodistas. Por esa razón, cerca del final de su vida, tocó el tema en sermones como, "Sobre el Vestido" (1786), "El Peligro de las Riquezas" (1788), "Sobre la Locura de la Mundanalidad" (1790), y "El Peligro de Aumentar las Riquezas" (1790).[16] Animaba a la gente a visitar a los enfermos y a dar dinero a los pobres tanto por su propio bienestar como por el beneficio de aquellos a quienes estaban ayudando. Aun se dijo que él, durante su última conferencia, llegó a hacer comentarios despectivos sobre los innecesarios volantes plegados de la camisa de uno de sus predicadores.[17] Por otro lado, cuando uno de sus metodistas, John Gardner, quiso fundar "La Sociedad de Amigos de los Extranjeros" con el fin de ayudar a aquellos que no tenían medios de supervivencia –aunque no fueran metodistas- Wesley hizo circular una copia de las normas de esta sociedad entre sus otras sociedades, y él mismo contribuyó tres veces más de lo que Gardner le había solicitado inicialmente.[18]

Relacionado a la preocupación de Wesley por los pobres se encontraba su apoyo nuevamente energizado en favor del movimiento abolicionista en contra de la esclavitud. Wesley había sido testigo de los horrores de la esclavitud años atrás cuando vivió en Norteamérica, en 1737. Él nunca se sintió bien con la práctica, pero el problema no ocupó mucho de su atención durante los años medios de su vida. Sin embargo, al final de su vida -quizá alimentado por sus opiniones políticas sobre la Revolución Americana-, se dirigió de nuevo a este problema. En 1774 publicó un ataque escarnecido sobre la esclavitud con el encubiertamente sutil título de, "Pensamientos sobre la Esclavitud", y comentó feliz en su Diario que la guerra americana al menos había detenido el tráfico de esclavos. En los últimos años de su vida incluso predicó un sermón sobre la esclavitud (que fue acompañado, interesantemente, por una gran tormenta),[19] y escribió cartas para alentar a aquellos que se hallaban activamente involucrados con los esfuerzos abolicionistas, incluyendo a Granville Sharp,[20] quien había empezado una sociedad abolicionista, y a William Wilberforce,[21] quien había llevado la causa al Parlamento.

Hubo al menos otros dos avances significativos en el metodismo británico durante estos últimos años de la vida de Wesley, en los que el metodismo desempeñó un rol progresista en comparación con su iglesia madre. Interesantemente, estas no fueron ideas propiamente de Wesley, y -como con otras muchas innovaciones- él las resistió al comienzo. Sin embargo, la práctica otra vez venció al prejuicio, y la promoción de las "misiones foráneas" y la utilización de predicadoras mujeres vinieron a ser características importantes del movimiento que Wesley dejó.

El crédito de empezar el movimiento misionero moderno generalmente se le da a William Carey, y con buenas razones. Pero en la misma época que Carey estaba pensando sobre las obligaciones que los cristianos tenían de extender el evangelio a tierras lejanas, uno de los ministros principales de Wesley, Thomas Coke, estaba pensando lo mismo. Wesley y el resto de sus predicadores resistieron la idea de "malgastar" recursos ministeriales en las misiones foráneas señalando que eran demasiado de necesarios en casa. La conferencia anual de 1778 rechazó la idea de Coke de enviar misioneros a África, y un grupo de predicadores a quienes Wesley consultó en 1784 tuvo una reacción similar en cuanto a misiones a las Indias Orientales. Sin embargo, Coke se mantuvo en su empeño y finalmente Wesley comenzó a ver que la idea tenía mérito. En 1786, Coke publicó una exhortación en favor de las misiones a la que Wesley contribuyó escribiendo su prefacio. Aunque no sería sino hasta después la muerte de Wesley que se pretendería algún otro trabajo misionero más allá del realizado en el Nuevo Mundo, al final de cuentas las misiones extranjeras (y sus derivaciones ecuménicas) nunca dejarían de ser una parte considerablemente importante de la identidad metodista.

El otro avance notable durante este periodo fue la lenta pero real aceptación de las mujeres como predicadoras en las casas de predicación metodistas. Como con el caso de los predicadores laicos a comienzos de los años 1740, fueron las circunstancias las que crearon las condiciones para este cambio. Las mujeres habían sido líderes en las bandas desde el inicio, y en los años 1760 Wesley había dado un endoso limitado a las exhortaciones y testimonios de Sarah Crosby, que eran predicaciones aunque no se las llamara así. Pero el asunto del nombre era importante para Wesley, por lo que pidió a Sarah que aclarara esto a sus oyentes diciéndoles lo siguiente: "Me ponen ante una gran dificultad. Los metodistas no permiten las mujeres predicadores, ni yo asumo ese papel para mí misma. Solo quiero manifiestamente decirles lo que hay en mi corazón".[22]

Sin embargo, en los años 1770, Wesley, animado por Mary Bosanquet (quien más tarde se casaría con John Fletcher), empezó a permitir que la misma justificación que se había usado para los predicadores laicos, fuera también aplicada a las mujeres predicadoras. Ya que parecía obvio que Dios estaba usando este ministerio, Wesley tuvo que afirmar que a ellas se les había dado un "llamado extraordinario", algo que iba más allá de los límites de lo normal y ordinario, pero que debía de todas maneras ser aceptado. Con todo, Wesley mantuvo sensiblemente la naturaleza excepcional de este trabajo, no permitiendo que llegara a ser algo "ordinario". En marzo de 1780 escribió en una carta a George Robinson: "Deseo que el señor Peacock ponga un punto final a la predicación de mujeres en su circuito. Si lo toleramos crecerá, y no sabemos a dónde irá parar".[23]

Pero evidentemente la práctica creció. Al fin y al cabo los frutos de esa labor fueron evidentes para Wesley y el resto de sus metodistas. A pesar de ser una idea controversial, la conferencia de Manchester de 1787 designó oficialmente a Sarah Mallet como la primera mujer predicadora en el circuito de Norwich, añadiendo, "Le damos la diestra del compañerismo, y no tenemos objeción de que sea predicadora en nuestra asociación siempre y cuando predique las doctrinas metodistas y se sujete a nuestra disciplina".[24]

El Final

Durante la mayoría de los años tumultuosos descritos arriba Wesley permaneció con un vigor asombroso para una persona de su edad. Las referencias a sus cumpleaños en su Diario celebraban su buena salud a medida mantenía giras activas de predicación, aun cuando más y más usaría un carruaje en lugar de montar a caballo. Entre los años 1783 y 1786 hizo dos viajes recreacionales a los Países Bajos, pausas cortas en el resto de sus incansables labores.

La edad finalmente le llegó, aun cuando vivió más que sus amigos más cercanos y que todos los miembros de su familia excepto su hermana Martha. John Fletcher murió prematuramente de fiebre justo antes de cumplir cincuenta y seis años, en 1785. Tres años más tarde murió Carlos Wesley. Mientras revisaba los poemas de su hermano fallecido al final de 1788, Wesley comentó en su Diario que la edad se le iba apoderando. Ya con sus ochenta y cinco años de edad, reconoció que su vista se había debilitado considerablemente, aunque se regocijaba en que todavía no era una carga, que todavía podía viajar, y que su memoria y entendimiento no se habían oscurecido, al menos hasta donde él podía dar cuenta.[25] En la referencia a su próximo cumpleaños en 1789, admitió: "Me doy cuenta que estoy viejo", especialmente al notar su falta de fortaleza y de memoria. Su cumpleaños de 1790 fue el último, y Wesley sabía a esas alturas que se encontraba cerca del final.

Wesley asistió a su última conferencia anual en agosto de 1790. En octubre, terminó su última gira de predicación y publicó la última sección de su Diario, pero mantuvo un diario privado hasta una semana antes de su muerte. En noviembre, Elizabeth Ritchie, una de las amigas más jóvenes de Wesley e "hija adoptiva", le ayudó como ama de casa y cuidadora, y así la encontramos nombrada en casi cada día de su diario como leyéndole, ya que no podía hacerlo por sí mismo. Es de manos de ella que tenemos un relato de los últimos días de Wesley.[26]

Hacia fines de febrero de 1791, Wesley predicó su último sermón. Poco después contrajo fiebre, una enfermedad de la que no se recuperaría. Ya para el día primero de marzo sus amigos sabían que Wesley estaba en sus últimos días, por lo que quisieron congregarse en derredor suyo. Wesley pidió papel y pluma para escribir algo pero no pudo. Cuando Elizabeth Rithchie le preguntó qué quería escribir, le dijo, "Nada, solo que Dios está con nosotros". Reunió fuerzas suficientes para cantar un himno, aquel de Isaac Watt titulado, "Alabado Sea Mi Hacedor", uno de sus favoritos; las palabras de ese himno permanecieron en sus labios durante la noche aun cuando ya no tuvo las energías para cantarlas. El siguiente día, 2 de marzo de 1791 a las 10 de la mañana, Wesley exhaló su último aliento. Fue enterrado en los exteriores de la capilla de *City Road* y su ataúd fue llevado a la tumba tal y como lo había pedido, cargado por seis hombres pobres quienes debían recibir cada uno una libra esterlina por su molestia. "Particularmente deseo", había escrito en su testamento, "que no haya coche fúnebre, ni carroza, ni escudete, ni pompa alguna, excepto las lágrimas de aquellos que me amaron y que irán tras mí al seno de Abraham".[27]

Así terminó la vida notable de un hombre notable. Amado por aquellos que sintieron el impacto positivo del movimiento metodista, injuriado por aquellos que se irritaron bajo su liderazgo o quienes se opusieron a su teología, Juan Wesley fue uno de los más exitosos evangelistas y organizadores religiosos que Inglaterra había visto jamás. La suya fue una vida de contradicciones pero también de grandes revelaciones. Así, con estos datos de su vida a la mano, es tiempo de volvernos a aquellos pensamientos que forman su legado teológico.

CAPÍTULO OCHO

El Método Teológico de Wesley

Habiendo completado nuestro breve repaso de la vida de Wesley ahora nos volvemos a su legado teológico. Comenzaremos nuestro viaje al pensamiento de Wesley mirando su orientación hacia la teología misma. Wesley tenía un método teológico distintivo, cierto patrón de pensamiento que alguien pueda usar para decir algo significativo acerca de Dios. El método teológico discute las fuentes que un teólogo usa y la forma en que él o ella genera nuevas conclusiones partiendo de antiguos temas. En cierta forma el método teológico es como la "gramática" del lenguaje de la teología, las reglas por medio de las cuales se disponen las cosas para que hagan sentido. Conocer la forma en que los teólogos hicieron su trabajo nos ayuda a entender aquello que escribieron, por lo que el método teológico nos da un lugar apropiado desde el cual podemos comenzar a explorar su pensamiento. Pero si bien es cierto que el conocimiento del método nos ayuda, también debemos reconocer que es artificial.

No aprendemos nuestro idioma vernáculo estudiando la gramática; lo aprendemos a hablar hablando. La gramática viene más tarde para ayudarnos a entender lo que hacemos cuando hablamos. De la misma manera, Wesley no ideó primero un método teológico para luego comenzar a hacer teología. Como la mayoría de los artesanos, Wesley aprendió el arte de la teología haciéndola. La teología para él nunca fue una disciplina de "torre de marfil" donde uno obtiene todas las respuestas y luego las escribe en un libro. Más bien, Wesley procedió como si la teología sirviera para la faena de vivir la vida cristiana día a día, confusa como es a veces. Cuando se enfrentaba con algún asunto, Wesley se interesaba y comenzaba a hacer teología al respecto, pensando en lo que funcionaba y en lo que no, y lo hacía sobre la marcha. Aunque personalmente le costaba admitir que estaba equivocado, el pensamiento de Wesley evolucionaba de acuerdo a evidencias claras de desarrollo. Ese desarrollo está marcado por un valioso grupo de percepciones y una estructura dinámica y consistente que todavía puede ayudarnos cuando hagamos teología hoy.

El método teológico de Wesley no es significativo porque él ideara algo para hacer teología que nadie más lo había ideado antes. Todo lo que Wesley construyó teológicamente, lo hizo con las mismas herramientas que todos los demás estaban usando. Lo distintivo de Wesley está en la forma en que usaba esas herramientas, y cómo mantenía en equilibrio las varias fuerzas que a menudo empujan a la teología fuera de su trayectoria. Dos de esos elementos de equilibrio son particularmente importantes para quienes quieren seguir los pasos teológicos de Wesley: uno, entre la teología académica y la práctica, y el otro, entre las fuentes y las herramientas que alimentan la reflexión teológica.

A muchas personas, la teología les parece una disciplina académica, algo que está lejos de la vida ordinaria de la fe y de la iglesia, pero esa no es la forma como Wesley la trataba. Como hemos visto, Wesley se formó como un erudito en Oxford pero encontró una forma de hacer teología que combinaba el trabajo académico con una orientación pastoral. Se preocupaba lo suficiente de la buena teología como para escribir páginas y páginas de ella. Sin embargo, se preocupaba más sobre el Dios al cual esa teología se suponía que señalara, un Dios que estaba activamente involucrado en el mundo para salvar gente. Wesley puso su energía teológica en aquellos asuntos que él pensaba que hacían un mayor impacto. Dijo: "Concibo verdades sencillas para gente sencilla".[1] Para Wesley toda buena teología debía ser teología práctica. El rigor académico fue puesto al servicio de la práctica pastoral. Esto nos ayuda a entender por qué encontramos que Wesley se enfoca en ciertos temas -como el pecado y la salvación- pero casi ignora otros.

El equilibrismo de Wesley entre la teología académica y la práctica está conectado con el equilibrismo entre las fuentes y las herramientas para hacer teología. Vamos a explorar este último con mucha más profundidad porque es ahí donde Wesley nos ofrece un modelo para hacer teología que todavía sirve después de más de doscientos años de su muerte. La mayoría de los teólogos reconocen que la Biblia, la tradición, la razón y la experiencia son de alguna manera importantes para hacer teología. Desde los años 1960, los seguidores de Wesley se han referido a menudo a estos cuatro elementos como la "cuadrilátera wesleyana", pero eso es un tanto equívoco puesto que no hay nada novedoso en el hecho de que Wesley los haya usado. Lo que sí es novedoso es la manera en que Wesley los combinó. La forma exacta del uso que Wesley hiciera de estas fuentes y herramientas es algo que los académicos continúan discutiendo, pero la forma general de sus intuiciones es suficientemente clara para que veamos la manera en que podemos beneficiarnos al hacer teología hoy como Wesley la hizo en su propio tiempo. Por eso, pasaremos el resto del capítulo mirando a estos elementos y la forma en que Wesley los juntó.

La Biblia

Sin duda, el elemento más importante en el método teológico de Wesley fue la Biblia, pero hay que recordar que él no nació con una Biblia en las manos. Como cualquier otra persona, se acercó a la Biblia desde su tradición, por lo que exploraremos el significado de esto un poco más abajo. Sin embargo, desde el inicio en 1725 cuando todavía era un joven que buscaba ser ordenado, y luego más fervorosamente en 1730 como becario en Oxford, Wesley decidió que la Biblia tenía que tener primacía en su vida si era que iba a seguir a Dios y su plan de salvación.[2]

Las motivaciones declaradas de Wesley para poner la Biblia en primer lugar muestran algo de sus postulados teológicos, los cuales exploraremos en capítulos posteriores. Como él dice en el prefacio a su primer tomo de sermones:

> Soy una criatura efímera, que pasa por la vida como una flecha que atraviesa el aire... ¡caeré en una eternidad inmutable! Quiero saber una cosa: el camino al cielo, cómo arribar seguro a esa feliz ribera. Dios mismo se ha dignado en enseñarme el camino. Para esto mismo vino desde los cielos. Lo ha escrito en un libro. ¡Oh, denme ese libro! ¡A cualquier precio, denme el libro de Dios! Lo tengo: aquí hay suficiente conocimiento para mí. Déjenme ser *homo unius libri* [hombre de un libro].[3]

La primera preocupación de Wesley aquí es la salvación; él está convencido de que la Biblia contiene la información necesaria para alcanzar esa meta. Aunque Wesley no duda de que la Biblia tenga algo que decir sobre la ciencia y la historia, esa no es la razón por la que él la lee. Su interés en la Biblia provine de su compromiso en seguir el camino de salvación de Dios y nunca se separa de esto. Esta prioridad es importante para entender a Wesley. Wesley no cree en la salvación porque él crea en la Biblia; él cree en la Biblia porque está comprometido en escuchar lo que el Dios que lo salva está diciendo. Podríamos decir que este enfoque mantiene a Wesley "concentrado en su tarea", por lo que no pierde el tiempo en especulaciones bíblicas que no tengan que ver con la forma en que vivimos nuestras vidas delante de Dios.

En la cita de arriba también podemos detectar la creencia de Wesley en un Dios que comunica lo que Él quiere que la gente sepa. Wesley cree que no hay manera en que podamos saber "el camino al cielo" por nosotros mismos si Dios no nos lo muestra. Nuestra razón y experiencia no pueden hacernos conocer a Dios y el mundo de Dios. Dios tiene que revelárnoslo. La Biblia, por lo tanto, es supremamente importante porque es nuestra única fuente para conocer a Dios.

Esta perspectiva de la Biblia como "revelación para la salvación" es el punto de inicio de la teología de Wesley. Todo lo que él descubrió y redescubrió sobre la salvación y la vida cristiana, lo encontró utilizando los lentes de la Biblia. Si alguno usara la Biblia en maneras que estorbe la capacidad de la gente para conectarse con Dios, eso sería un abuso y un mal entendimiento de la Biblia. El enfoque cuidadoso de Wesley sobre el rol salvador de la Biblia por sobre cualquier otro se halla presente en muchas de las declaraciones doctrinales que se han hecho sobre la Biblia en las iglesias que siguen su legado.[4]

El compromiso de Wesley con la Biblia no solo era uno de carácter académico; también era una característica central de toda su vida. En casi cada apunte que escribe en su diario incluye el tiempo que ha dedicado a la lectura de la Biblia. La forma habitual de su discurso público fue el sermón. Su Diario, sus cartas y sus ensayos están llenos de palabras y frases tomadas de la traducción estándar usada en los días de Wesley (la versión inglesa "King James"). Wesley vivió con este libro; este libro lo moldeó como persona, y también moldeó lo que pensó. Si quitáramos la Biblia de la teología de Wesley, casi no quedaría nada.

La Tradición

La Biblia se volvió el elemento más importante para Wesley pero solo debido a que él perteneció a una tradición que lo ayudó a ver su importancia. Podemos pensar en la tradición como todo aquello que la gente que vivió antes de nosotros nos ha pasado como resultado de su lucha con la Biblia y la vida, ya sea en forma personal o por escrito. Esas tradiciones dejan claro que ninguno de nosotros empieza desde cero, aun cuando no todas las tradiciones tengan el mismo valor. Algunas tradiciones son buenas y nos señalan el camino correcto. Algunas tradiciones, sin embargo, nos sirven para recordar dónde se hallan los callejones sin salida. Wesley usó la tradición en forma cuidadosa y matizada, lo que reconoce tanto su valor como sus peligros. En esto nos provee de un modelo factible de lo que podría ser una "fidelidad crítica" a la tradición.

Como hemos visto, la familia de Wesley le dio a él una introducción general a varias de las tradiciones reformadas protestantes. Como buen protestante, Wesley respetó la tradición pero nunca le dio la autoridad final, la cual solo le pertenecía a la Biblia. Si él creía que alguna tradición contradecía la mejor comprensión de la Biblia, entonces celebraba el criticar o rechazar esa tradición. Pero, si no lo hacía, entonces celebraba el aceptarla y usarla. No fue un cautivo de la tradición ni un rebelde contra ella. Para él era una herramienta. Podía servir como un referente para evaluar diferentes interpretaciones de la Biblia y su aplicación a la vida diaria. Le daba un lugar dónde empezar y un lugar al cual dirigirse para no sentir que estaba luchando solo con la Biblia o con el ministerio. La tradición era importante pero no definitiva. Nos ayuda a ver cosas en la Biblia y a aplicarlas a nuestras vidas. Sin ella, no sabríamos dónde comenzar, pero eso no significa que siempre nos diga por dónde ir. Para Wesley, la tradición era una sierva de la Biblia y de la vida cristiana, algo a lo cual recurrir cuando era de ayuda y algo para poner a un lado cuando estorbaba.

La actitud de "fidelidad crítica" de Wesley hacia la tradición puede verse en la forma en que usó varias de las tradiciones de las que tuvo conocimiento. Es cierto que él estaba predispuesto por su tradición anglicana aun cuando no tuvo recato en criticarla siempre que sintió que contravenía la Biblia y no cumplía con su tarea de conectar a la gente con Dios. Pero también apreciaba la tradición del pietismo alemán y su énfasis en la vida espiritual, aunque pensara que algunos de los moravos espiritualizaban en exceso las cosas. Finalmente, Wesley dio atención especial a los primeros padres de la iglesia, particularmente a aquellos que compartieron el mundo romano del Nuevo Testamento. Wesley encontró particularmente importantes las reflexiones de éstos sobre la fe y la Biblia ya que estuvieron cerca de los eventos que narra la Biblia y compartieron la pobreza y la persecución de la iglesia primitiva. Claro que se entendía que, una vez que Constantino llegó al poder en los años 300 y dio rango y riqueza a la iglesia, la tradición se había contaminado, necesitando ser considerada más críticamente. Y al final de su vida fue precisamente esto lo que Wesley temió que le pudiera estar ocurriendo a su tradición metodista.

Aun con esas consideraciones, Wesley dio valor a los escritos y testimonios de toda la historia de la iglesia por encontrarlos útiles para entender la Biblia y para vivir la vida cristiana. Las obras incluidas en su Biblioteca Cristiana muestran que tenía interés en compartir con su gente una amplia gama de la tradición, aunque fue muy cuidadoso en depurar esas fuentes de todo lo que sentía que violentaba la Biblia o la razón, o que podría impedir la experiencia cristiana. Así, pues, encontramos a Wesley siendo fiel a la tradición donde era posible, pero crítico donde debía serlo, dándonos de esa forma un ejemplo valioso y digno de estudio aun para hoy día.

La Razón

La razón tiene un lugar especial junto a la Biblia en el método teológico de Wesley. En efecto, en su definición de lo que consideraba "buena teología" decía que la misma era tanto bíblica como racional. Wesley confió completamente en la razón tal como lo hizo con la Biblia aun cuando no confiara en el uso que todo el mundo hacía de la razón y de la Biblia. Para Wesley, la razón era principalmente una herramienta de proceso, por lo que se requería de algún entrenamiento para aprender a relacionar apropiadamente las verdades conocidas y para usar la razón de tal forma que las personas se abrieran a nuevas verdades. Por ver la razón como una herramienta, Wesley no la usó como una fuente para la teología ya que cualquiera fuera el material con el que la razón trabajara tenía que venir de algún otro lugar. Entender la forma en que Wesley vio la razón y su conexión con la experiencia es importante para entender tanto su método teológico como su teología misma.

Wesley estudió en Oxford en el tiempo en que la influencia de Aristóteles, el antiguo pensador griego, era particularmente fuerte, razón por la cual adoptó el enfoque filosófico aristotélico. Cuando Wesley decía que algo era "racional" lo que generalmente quería decir era que seguía las reglas apropiadas de pensamiento, reglas que Aristóteles identificó como "la lógica". Para Aristóteles y para Wesley, la lógica le daba al pensamiento un conjunto de indicadores objetivos, una manera de determinar la verdad que no dependiera de las intuiciones ni de los sentimientos. La razón era entonces la herramienta que Wesley usaba para mostrar lo que era y lo que no era la verdad, demostrando cómo ésta encajaba o no en otras cosas que se afirmaban como verdad.

La confiabilidad objetiva de la lógica -particularmente como la contraparte de emociones a veces engañosas- fue importante para Wesley y su teología. En sus propios escritos y sermones, Wesley era siempre muy cuidadoso de hacer conexiones lógicas entre sus ideas y no solamente ofrecer ilustraciones metafóricas o jugar con trucos retóricos ingeniosos. Cuando analizaba los escritos de otros, una de sus tareas favoritas era la de poner sus afirmaciones en una estructura lógica para luego demostrar cómo éstas eran construidas sobre presuposiciones falsas, o cómo procedían de un razonamiento defectuoso. Wesley estaba a tal punto comprometido con las reglas del pensamiento apropiado que incluso tradujo del latín al inglés su libro de texto de lógica de la universidad a fin de poder utilizarlo para enseñar a sus predicadores laicos.

Esta manera de ver a la razón como una herramienta de proceso objetiva está conectada con otra característica importante del entendimiento que Wesley tenía sobre la razón, a saber, que todo lo que la razón procesa viene a ella desde fuera. Wesley dijo: "No hay nada en la mente que no esté primero en los sentidos", repitiendo el resumen tan conocido de la propia enseñanza de Aristóteles.[5] Así, la forma en que Wesley veía la razón está íntimamente conectada con su forma de ver la experiencia, y esto es cierto aun para nuestro conocimiento de Dios. En lo que a Wesley concernía, los seres humanos nacíamos ateos, conociendo solamente que debía haber algo allá afuera que no conocíamos.[6] La forma en que Wesley veía la razón calzaba precisamente con la prioridad que él le daba a la Biblia. Puesto que no empezamos con conocimientos previos acerca de Dios, tenemos que aprenderlos. Eso implica que necesitamos una fuente de la cual aprender. Lo que a su vez implica que necesitamos la Biblia. Ninguna cantidad de razonamiento puede enseñarnos algo acerca de Dios; solo la Biblia puede hacerlo.

Al igual que la tradición, la razón sirve a la teología al darnos un lugar desde dónde empezar a mirar la Biblia y la obra de Dios en el mundo. Por un lado, reconocemos una nueva verdad cuando calza con otras verdades que ya conocemos. Por otro lado, dudamos de viejas creencias cuando ya no calzan en otras nuevas que encajan perfectamente entre sí. Claro que para que la razón funcione tiene que tener material con qué trabajar. Si se empieza con un error, incluso el buen razonamiento solo puede conducir a más errores. La razón solo es útil cuando tiene el material adecuado con el cual trabajar. En lo que tiene que ver con la teología, la razón obtiene su "material espiritual" de la Biblia, obteniendo todo lo demás de nuestra experiencia.

La Experiencia

Ahora llegamos a la contribución más distintiva de Wesley al método teológico, pero también la más controversial. Los colegas anglicanos de Wesley y sus superiores habrían afirmado de buena gana la importancia de la Biblia, de la razón y de la tradición, sin embargo habrían de ponerse considerablemente nerviosos al pensar en la posibilidad de que se le permitiera a la experiencia hablar sobre los asuntos de Dios. Claro está, había tradiciones que hacían de la experiencia la categoría más fundamental para hacer teología, como eran los cuáqueros y aquellos a quienes Wesley llamaría los "místicos". La gente podía imaginar toda clase de doctrinas y prácticas y luego justificarlas diciendo, "Dios me dijo", una afirmación que sería casi imposible de probar o de investigar. La gente de la época de Wesley le llamaba a esto "fanatismo", algo que traía temor a los corazones de los anglicanos aquietados y respetables. El obispo Butler hablaba a nombre de muchos anglicanos cuando le dijo a Wesley: "Señor Wesley, la pretensión de revelaciones extraordinarias y dones del Espíritu Santo es una cosa horrenda, muy horrenda".[7]

Wesley se dio cuenta de los problemas creados por las declaraciones subjetivas dichas como verdades divinas y por esa razón compartía este temor con sus colegas. Él mismo escribió en contra del problema del "fanatismo", y se lamentaba del problema como lo hacía el obispo Butler.[8] La visión de Wesley sobre la Biblia y la razón implicaba que la experiencia no tenía la autoridad para hablar "por sí misma". Las afirmaciones subjetivas debían ser probadas por las autoridades objetivas. A pesar de esto Wesley creía que rechazar la experiencia personal implicaba renunciar al cristianismo. Wesley pensaba que Dios, en efecto, actuaba en las vidas individuales en formas en que los individuos pudieran entender, y que de alguna manera esa era una de las principales metas del cristianismo. En el prefacio a sus sermones dijo que él quería "describir la religión verdadera, bíblica y experiencial", lo que más tarde llamó la "religión del corazón".[9] En la perspectiva de Wesley, un cristianismo que no podía ser experimentado era un cristianismo diferente al de la Biblia.

Ahora bien, lo que Wesley pensaba sobre la experiencia se extiende más allá de las cosas que normalmente etiquetamos como una experiencia religiosa interior o personal. Su teología hablaba de un Dios que marcaba una diferencia en el mundo físico y habitual en el que nos desenvolvemos. Por ello, era siempre importante para él probar sus interpretaciones de la Biblia en el mundo de nuestra experiencia sensorial para ver si funcionaban. Si no lo hacían, Wesley estaba dispuesto a abandonarlas. Hablando de la entera santificación, Wesley escribió,

> Si estuviera convencido de que nadie en Inglaterra hubiera alcanzado lo que tan clara y enérgicamente ha sido predicado por tantos predicadores, en tantos lugares, y por tanto tiempo, yo debería estar claramente convencido de que todos nos hemos equivocado en el significado de esos pasajes bíblicos. Y por lo tanto, en adelante, yo también debería enseñar que "el pecado permanecerá hasta la muerte".[10]

La experiencia, en el método teológico de Wesley, era en cierto sentido la meta de la teología. Pero también era la arena en la cual uno podía ver si todo este hablar caprichoso acerca de Dios hacía alguna diferencia verdadera. Wesley creyó que la experiencia no le podía enseñar nada a nadie acerca de Dios aparte de la Biblia; no obstante la gente no iba a saber si había entendido correctamente la Biblia hasta que ésta hubiera hecho una diferencia en el mundo. Como lo hemos notado arriba, la teología de Wesley fue práctica y enfocada en la obra salvadora de Dios en el mundo. La forma en que él maneja la experiencia en su teología apuntala esta perspectiva.

Estos son, entonces, los elementos básicos del método teológico de Wesley. La Biblia sirve como la fuente de todo lo que podemos conocer sobre un Dios que trasciende este mundo y que revela el propio ser de Dios en el mundo. La tradición nos ayuda por introducirnos a la historia del pensamiento acerca de Dios y por mostrarnos buenos y malos ejemplos de ese proceso. La razón nos enseña a pensar cuidadosa y objetivamente y a asegurarnos de que todo lo que decimos encaje con todo lo demás que decimos. Finalmente, la experiencia nos provee tanto de una meta para nuestra tarea teológica como de una manera de probar si lo que decimos tiene valor práctico. Al equilibrar estos cuatro elementos, Wesley encontró una manera de hacer teología que funcionó bien en su mundo, y que podría hacerlo de igual manera en el nuestro. Pero a pesar de lo dicho, Wesley nunca se propuso escribir un manual de teología. Se propuso predicar el evangelio. Aun así, y siendo que ya tenemos una introducción al "cómo" de su teología, nos parece que podemos hablar del "qué". Enfoquémonos, pues, ahora en la substancia de su teología.

CAPÍTULO NUEVE

Su Pensamiento sobre Dios

Las creencias de Wesley sobre Dios están estrechamente conectadas a sus creencias sobre la salvación. En verdad, él raramente escribe solo sobre Dios. Aun cuando discute ideas abstractas como la omnipresencia o la eternidad, Wesley usualmente las conecta con la función que desempeñan en la obra salvadora de Dios en nosotros. Con todo, al comenzar nosotros a exponer el pensamiento de Wesley, resulta útil que reunamos sus ideas básicas sobre Dios como separadas de los contextos que hablan de la salvación y que las pongamos sobre la mesa en forma independiente. El verlas de esa manera nos ayuda a entender mejor otros elementos de su pensamiento, porque son las ideas que vienen primero lógicamente hablando. La salvación es lo que es -al menos en lo que a Wesley se refiere- porque Dios es lo que es.

La Trascendencia de Dios

Quizá la suposición más básica que Wesley tiene sobre Dios es la otredad de Dios, o su "trascendencia", para usar la palabra teológica más común. La mayoría de lo que él dice acerca de Dios se basa en la intuición de que Dios no es como nosotros. Aunque Dios está activo en el mundo, Dios no es parte del mundo. Lo primero que esto significa para Wesley es que Dios solo puede ser conocido en la medida en que Dios se revele a sí mismo, algo que ya tocamos en el capítulo anterior. Wesley también señala la otredad de Dios al discutir la naturaleza espiritual de Dios, la naturaleza eterna de Dios, y el hecho de que Dios está presente en todas partes ("omnipresente"), lo conoce todo ("omnisciente") y que es todo poderoso ("omnipotente"). Casi todas esas ideas son comunes a la gran mayoría de los teólogos, sin embargo, las ideas de Wesley sobre el poder de

Dios son diferentes a las del punto de vista común del protestantismo reformado. Vamos a ver cada una de estas características divinas de manera sucesiva.

Dios como Incognoscible

Comenzamos con la implicación de que la trascendencia de Dios hace a Dios incognoscible porque lo que entendamos de esa intuición influirá en todo lo demás que podamos afirmar sobre "conocer" a Dios. En su corta lista de atributos divinos en el sermón, "Sobre la Unidad del Ser Divino", Wesley comienza con la idea de que Dios no puede ser conocido excepto en la medida en que Dios se revele a sí mismo. La creencia de Wesley en la trascendencia de Dios lo llevó a tener una opinión poco halagüeña de nuestra capacidad de conocer lo que Dios es, si solo tenemos al alcance nuestros propios recursos. Puesto que Wesley cree que nacemos sin ningún conocimiento de Dios, aun la idea de que el mundo espiritual exista, en sus propias palabras, "no pasa de ser una conjetura débil",[1] si la misma está basada solo en nuestras capacidades. Nosotros los seres humanos solo podemos conocer lo que Dios es porque Dios nos lo ha mostrado en la Biblia.

Esta convicción teológica nos ayuda a ver por qué la Biblia fue tan importante para Wesley y por qué él nunca quiso alejarse demasiado de ella cuando hablaba de Dios. Él ni siquiera insistía en el uso frecuente del término "Trinidad" para describir a Dios -aun cuando lo creía- precisamente porque "Trinidad" no es una palabra bíblica.[2] Esto hace a Wesley más un teólogo bíblico que uno sistemático. Wesley se preocupa de juntar las diferentes confesiones que hace la Biblia sobre Dios de tal manera que tengan sentido, pero se preocupa más en ser fiel a la Biblia antes que en ser coherente. Cuando las piezas no encajan, él tiende a afirmar su fe en los misterios que la Biblia revela antes que especular sobre la forma en que éstas armonizan. Esto es especialmente cierto cuando tales especulaciones se basan más en la filosofía que en la revelación bíblica.

Para los lectores de Wesley esto significa que tenemos que aceptar la ambigüedad en sus confesiones sobre Dios. Donde los lectores modernos podrían percibir una tensión, digamos, entre la forma en que Wesley entiende la omnisciencia de Dios y la forma en que entiende la libertad humana, Wesley simplemente las afirma a ambas porque percibe que la Biblia también las afirma. Él ofrece una visión tradicional "arminiana" sobre la omnisciencia (ver abajo), pero no la examina a profundidad. Pero aunque estas cosas deban preocuparnos cuando apliquemos el pensamiento de Wesley a nuestro día, no necesitan preocuparnos cuando exploremos su pensamiento "en aquel tiempo". Por ahora solo describiremos la perspectiva de Wesley, aunque lo hacemos sabiendo que esto deja el trabajo de ser un buen "wesleyano" solo a mitad de camino.

Dios como Espíritu

Una de las maneras importantes en las que Wesley entiende la otredad de Dios es por medio de la confesión de que "Dios es Espíritu" (Juan 4:24). Wesley se refiere a ese pasaje bíblico en muchos sermones, y siempre lo usa para crear una distinción entre Dios y la creación de Dios, pero especialmente entre la adoración que es digna de Dios y la adoración que es material o solamente "externa". En efecto, para Wesley, la "espiritualidad pura" es una característica divina única. Parece que él piensa que aun los ángeles tienen un tipo de cuerpo material (esto es, naturaleza creada), por más refinada que pueda ser.[3]

La idea de Wesley sobre la naturaleza espiritual de Dios también está ligada a las afirmaciones clásicas de la simplicidad de Dios. Esto significa que Dios no se compone de partes tal como sucede siempre con los cuerpos materiales. Lo que quiera que Dios sea, no puede descomponerse en algo más básico que la "Deidad". También significa que Dios no está, por naturaleza, sujeto a las influencias del mundo material. Los seres humanos están sujetos a "pasiones", a reacciones biológicamente involuntarias al mundo material que los rodea. No es así con Dios. Wesley afirmaba la interpretación clásica del primero de los Treinta y Nueve Artículos de la Iglesia de Inglaterra, que declara que Dios "no tiene cuerpo, partes o pasiones". Por su puesto, para Wesley esto no significa que Dios no nos ame, ¡todo lo contrario! Solo significa que el amor de Dios, espiritual, simple, voluntario, no es lo mismo que el sentimiento de pasión física compleja e involuntaria que los seres humanos experimentan.

Dios como Eterno

La naturaleza espiritual de Dios significa que Dios no ocupa un espacio material en la forma en que las criaturas de Dios lo hacen. Asimismo, la naturaleza eterna de Dios significa que Dios no habita en el tiempo en la misma forma en que nosotros lo hacemos. En su sermón titulado, "Sobre la Eternidad", Wesley define la misma como una "duración ilimitada", una sucesión de momentos que se extienden infinitamente desde el presente hacia el pasado y hacia el futuro. Dios es la única realidad que habita en todos estos momentos. Aunque Dios otorgue a la creación una "duración ilimitada" en el futuro, solo Dios no tiene comienzo. Esta es otra característica que define la otredad de Dios como Wesley la ve. Si algo más alguna vez existió siempre, eso también tendría que ser Dios.

Esta es la razón por la cual Wesley rechaza la idea de que la materia haya existido siempre.[4]

Sin embargo, hay otra idea sobre eternidad que va a aparecer en los escritos de Wesley, y es la idea de que la eternidad de Dios significa que Dios permanece completamente fuera del tiempo y que ve todo el tiempo -el pasado, el presente, y el futuro- como un todo unificado. Esta idea está más íntimamente conectada con la filosofía griega, pero Wesley la usa específicamente para tratar la cuestión de la predestinación.[5] Como veremos, Wesley quiere afirmar que Dios conoce el futuro sin afirmar que Dios lo causa. El colocar a Dios fuera del tiempo le permite a Wesley hacer tal cosa. Por lo tanto, hablar sobre "presciencia" es una forma humana de hablar, porque para Dios no hay un antes o un después, solo un "ahora".

No supone mucho esfuerzo darse cuenta de que estos dos conceptos de eternidad no calzan juntos, por lo que hay algo de debate académico sobre cuál concepto es más importante para Wesley. Dada la preocupación de Wesley de ser bíblico, al menos como él lo ve, él no va a tratar de reconciliar estas interpretaciones rivales de la relación de Dios con el tiempo. Sin embargo, lo que es común a ambas es que, a diferencia de nosotros, Dios no está sujeto al tiempo, ya sea porque Dios lo habita completamente o porque Dios permanece fuera de él. Lo que es importante, de nuevo, es la otredad de Dios. Donde nosotros estamos limitados por el tiempo Dios no lo está.

Las "Doctrinas Omni"

La relación "sin límites" de Dios con el tiempo y el espacio nos dirige naturalmente al entendimiento de Wesley de lo que a veces se conoce como las "doctrinas omni": la omnipresencia, la omnisciencia y la omnipotencia de Dios. Uno podría tratar estas ideas en forma separada, pero en Wesley parece que están muy ligadas. Estas afirmaciones interconectadas expresan la otredad de Dios pero también implican algo de la forma en que Dios obra en y a través del mundo; en otras palabras, la inmanencia de Dios. Empezaremos con el entendimiento de Wesley sobre la omnipresencia, por ser ésta la menos controversial, antes de movernos a sus ideas sobre la omnisciencia y la omnipotencia de Dios. Estás últimas muestran el distanciamiento teológico de Wesley de la mayoría de las opiniones del protestantismo reformado, aunque se alinean con las fuerzas arminianas que se encuentran dentro de su propia tradición anglicana.

La omnipresencia. Esta es la única "doctrina omni" que Wesley trata con atención enfocada, predicando un sermón completo sobre el tema cerca del final de su vida (1788).[6] En este sermón, que representa la percepción que Wesley mantuvo durante toda su vida, Wesley define la idea de omnipresencia como simplemente "una presencia sin límites", en analogía a la eternidad de Dios y su omnipotencia (como "poder sin límites"). Partiendo de Jeremías 23 y del salmo 139, Wesley simplemente afirma que Dios está en este lugar (donde quiera que sea) y en cada lugar, aun en aquellos "lugares" que se encuentran más allá de los límites de la creación. Wesley usa la idea para enfatizar la relación sin igual entre Dios y la creación de Dios, reforzando una vez más la independencia y la otredad de Dios. Aunque Dios sobrepasa a la creación y puede existir sin ella, la creación se colapsaría en la nada si Dios quitara su presencia sustentadora.

En ese sermón Wesley también ata la omnipotencia a la omnipresencia, declarando que Dios no puede actuar donde no está presente. En otros lugares Wesley unirá la omnisciencia con la omnipresencia, afirmando que Dios conoce todas las cosas porque Dios está presente en todas las cosas.[7] Sin embargo, Wesley no está contento con estas especulaciones formales. Lo importante de hablar sobre la omnipresencia para Wesley son sus consecuencias para nuestra manera de vivir. Si Dios está en todos lados, entonces ello debería inducirnos a comportarnos en forma que le agrade a Dios. Si nos comportamos agradando a Dios, Dios nos respaldará dondequiera que estemos.

La omnisciencia. Como la mayoría de los cristianos de su día, Wesley afirmaba la idea de que Dios "lo conoce todo". Wesley no podía concebir la idea de que Dios pudiera ignorar algo. Al menos en ese punto, Wesley y sus oponentes calvinistas podían concordar. Sin embargo, no estaban de acuerdo en la fuente del conocimiento de Dios, y ese desacuerdo es importante. La mayoría de los calvinistas pensaba que el conocimiento de Dios se derivaba del poder de Dios y de su actividad. Para ellos, el que Dios fuera todo poderoso significaba que Dios era la última causa de todas las cosas, y naturalmente Dios sabe lo que él ha causado. Dios conoce las cosas porque de antemano Dios las decidió y las trajo a existencia. En un sentido, ellas existen porque Dios las conoce. Esta cadena de razonamiento hace que Dios sea la fuente última del conocimiento de Dios. Pero como ya hemos visto, Wesley ancla el conocimiento de Dios en su omnipresencia, no en su omnipotencia, y esto hace una gran diferencia.

Para Wesley, Dios conoce cada parte de la creación de Dios porque Dios está presente en ella, no porque Dios causó que fuera como es. Así, Dios "ve y conoce".[8] La diferencia notable aquí es que la creación -no Dios- es la fuente del conocimiento de Dios. Wesley lo pone de esta manera en su sermón, "Sobre la Predestinación": "No debemos pensar que existen porque Él las conozca. No, Él

103

las conoce porque existen".[9] Aunque la diferencia es pequeña, su significado es radical, y comienza a establecer el tipo de relación que este Dios-Quien-es-Otro tiene con el mundo que Dios creó. La razón de este cambio está en que Wesley cree que Dios creó al ser humano con libertad, algo que exploraremos más profundamente en el siguiente capítulo. Ya que los seres humanos tienen libertad, también pueden "causar" que las cosas sucedan. Dios conoce estas cosas porque Dios ve lo que los seres humanos han causado. Por su puesto, la omnisciencia de Dios sigue siendo una característica de la otredad de Dios, ya que ninguna otra criatura de Dios la posee, ni tampoco podemos entenderla completamente. Sin embargo, al atar el conocimiento de Dios a la creación de Dios, Wesley ha sugerido una relación entre Dios y la creación que es de dos vías (entre Dios y el mundo) y no solo de una vía (desde Dios hacia el mundo). Esto ya nos prepara para considerar el rol importante que las relaciones jugarán en el resto de la teología de Wesley.

La omnipotencia. La relación bilateral que se implica del entendimiento de Wesley sobre la omnisciencia de Dios se halla completamente expresada en su entendimiento sobre la omnipotencia de Dios. Wesley tuvo que tratar con el concepto de la omnipotencia más frecuentemente de lo que hizo con las otras "doctrinas omni", y ello debido a sus debates con los calvinistas y la manera de ellos entender el rol del poder de Dios en la salvación. Volveremos más tarde a estas ideas sobre la salvación, pero por ahora es importante ver que el entendimiento de Wesley sobre el todopoderoso poder de Dios fue moldeado por su entendimiento de lo que Dios hacía con ese poder. En otras palabras, Dios solamente usa su poder para propósitos específicos. Una vez que Dios ha decidido lo que quiere, Dios solamente usará el poder en forma consistente con ese propósito. Por lo tanto, aunque Wesley afirma que Dios es "todo poderoso", también afirmará que hay cosas que Dios no puede hacer.

Wesley explora esta idea en su sermón, "Sobre la Providencia Divina". Ahí, Wesley hace dos cosas que demuestran que él entiende el poder de Dios en forma diferente a sus oponentes calvinistas. En primer lugar, Wesley vincula el poder de Dios a la sabiduría y bondad de Dios. Dios es bueno, por lo que solo hará cosas buenas. También, Dios es sabio, y por lo tanto sabe lo que es mejor para su creación. Las especulaciones teóricas sobre lo que Dios pudo hacer no tienen lugar en el mundo de Wesley. La Biblia nos dice lo que Dios ha hecho y nos da expectativas de lo que Dios hará, y todo ello señala a un Dios cuyo poder nunca está separado de su sabiduría y bondad.

Lo segundo que Wesley hace para "limitar" la omnipotencia de Dios es argüir enérgicamente a favor de la "autoconsistencia" de Dios. Lo que Dios hace en una ocasión será consistente con lo que haga en otra ocasión. Los medios que Dios use serán consistentes con los fines que él quiera. Wesley lo dice así: "Solo Aquél que puede hacer todas las cosas no podrá negarse a sí mismo; no podrá contrarrestarse u oponerse a su propia obra".[10] Esta es la razón por la que Dios no destruye el pecado ni el mal. Aunque tiene el poder para hacerlo, "no puede", porque eso sería contradecir su obra anterior de crear a los seres humanos con libertad. El argumento de Wesley sobre este asunto es digno de citarlo completamente, porque es la expresión más clara de la diferencia entre su concepto de la omnipotencia y el de sus oponentes calvinistas.

> Así [Dios] creó al hombre a su propia imagen; un espíritu como Él mismo; un espíritu dotado con entendimiento, con voluntad, o afectos, y libertad, sin la cual ni su entendimiento ni sus afectos podrían tener algún uso, ni tampoco podríamos ser capaz de la virtud o del vicio... Quítenles su libertad y los hombres serían tan incapaces de lo virtuoso como lo son las piedras. Por lo tanto (hablando con reverencia) el Todopoderoso mismo tampoco puede hacer esto. No puede contradecirse a sí mismo, o deshacer lo que ha hecho. No puede destruir en el alma del hombre aquella imagen de sí mismo en la cual lo creó.[11]

Regresaremos a este tema de la libertad humana más tarde, pero por ahora podemos ver que la visión de Wesley sobre el poder de Dios no es la de un tirano arbitrario. Por su puesto, los límites del poder de Dios son aquellos que Dios permite, o aquellos dentro de los cuales Dios escoge operar. Así que la independencia, la libertad y la otredad de Dios siguen siendo importantes. Ninguna de las criaturas de Dios puede restringir la actividad de Dios, pero parece que Dios puede hacerlo.

La Santidad, la Bondad y el Amor

Quizá la palabra que capta mejor la preocupación de Wesley por la otredad de Dios o su trascendencia es la palabra "santo". La idea de que "Dios es santo" significa que Dios no es como nosotros, que está sobre nosotros y nos rebasa, que está separado. Sin embargo, para Wesley la santidad de Dios siempre tiene una cualidad moral. Uno podría imaginar a un Dios que está separado al punto de que no tenga nada que ver con la moralidad, y Wesley siente como que algunos calvinistas lo imaginan a veces así.[12] Sin embargo, para Wesley, la otredad de Dios, la santidad de Dios, no puede ser separada de la bondad de Dios. Esta es la razón por la que Wesley usa con mayor frecuencia la palabra "santo" para contrastar a Dios con el estado pecaminoso y caído del mundo. Esta también es la razón por la que él se resiste a hablar de la "gloria de Dios" como ligada meramente a las grandes demostraciones del poder de Dios. La forma en que Wesley entiende la gloria de Dios siempre está conectada a la manifestación de su bondad, o mejor, para ponerlo en términos de Wesley, al amor de Dios.[13]

Con esa idea hemos cerrado el círculo. El punto desde el cual parte Wesley en sus pensamientos sobre Dios es la otredad de Dios, la trascendencia de Dios, el distanciamiento entre Dios y nosotros. El punto de cierre, sin embargo, es la cercanía de Dios, su inmanencia, el amor de Dios. Un Dios que solo es santo, omnipotente, omnisciente, omnipresente, eterno, un Otro espiritual, sería completamente desconocido para nosotros. La única razón por la que conocemos algo acerca de este Dios es porque este Dios es también un Dios de amor, un Dios que no permanece en el "gran más allá", sino que se involucra con el mundo, primero creándolo, luego siempre sosteniéndolo, gobernándolo, y redimiéndolo.

En cierto sentido, es la idea misma que Wesley tiene de Dios lo que es el mensaje del evangelio. El Dios que nos trasciende es un Dios de amor. Wesley dice: "El amor existió desde la eternidad, en Dios, el gran océano de amor".[14] En efecto, en lo que a Wesley se refiere, el amor es el "atributo reinante de Dios, el atributo que derrama una afable gloria sobre todas sus otras perfecciones".[15] Dios es todo poderoso, pero hay que considerar que el poder de Dios se expresa en amor. Dios es justo, pero hay que considerar que la justicia de Dios se fundamenta en el amor. Dios es santo, pero hay que considerar que nuestra experiencia de la santidad de Dios es una experiencia de una santidad amorosa.

Dios y el Mundo

Es a partir de esta síntesis dinámica de la separación y la cercanía de Dios, de la trascendencia y la inmanencia de Dios, que Wesley reflexiona sobre la relación entre Dios y el mundo. Es por eso que Wesley va a preferir la metáfora familiar de Dios como Padre antes que la metáfora política de Dios como Rey. Él nunca quiere separar la actividad poderosa de Dios en el mundo del cuidado amoroso de Dios por el mundo. Ese cuidado amoroso se expresa de tres maneras fundamentales. Primero, Dios crea el mundo y éste siempre permanece dependiente del poder sostenedor de Dios. En segundo lugar, Dios gobierna el mundo siempre interactuando con él y vigilando su operación. Esto es lo que Wesley entiende como la providencia de Dios. En tercer lugar, Dios siempre está involucrado en redimir a su creación caída. Ya que la mayoría del pensamiento de Wesley -y el resto de este libro- se dedica a esa tercera idea, nos limitaremos aquí a solo explorar brevemente las dos primeras.

El Padre Dios como Creador/Sustentador

Pocos en el siglo XVIII de Wesley habrían dudado de que Dios fuera el creador de todas las cosas. La mayoría daba por un hecho que Dios había creado el mundo, y que el relato del Génesis ofrecía un registro histórico de ese proceso de seis días. Como un firme creyente en la Biblia, Wesley no cuestionó tal cosa. Las preguntas científicas sobre el origen del mundo todavía no se habían levantado. Por tanto, cuando se trata de la ciencia y de la creación, simplemente no sabemos cómo Wesley hubiera balanceado su fe en la Biblia con su creencia de que la Biblia debía ser probada en nuestra experiencia. Sin embargo, dejando los asuntos de la ciencia a un lado, Wesley hace algunas afirmaciones sobre Dios en sus reflexiones sobre Dios como creador que son importantes, independientemente de cómo uno lea el libro del Génesis.

Primero que todo, Wesley dice que la relación de Dios como creador del mundo es estrictamente una relación de una vía, con todas las cosas dependiendo de Él. "El Dios eterno, todopoderoso, todo sabio, lleno de toda gracia, es el creador del cielo y la tierra. Él llamó de la nada a todo el universo por su palabra todopoderosa; a todo lo que existe".[16] Wesley sostiene la clásica idea de la creación a partir de la nada (*creatio ex nihilo*), la que preserva la prioridad última de Dios sobre el mundo y en independencia del mundo. Dios tiene libertad completa en la creación. En el comentario de Wesley sobre el Génesis, esto es una de las cosas que atrajo su atención:

> De modo que Dios hizo el mundo en seis días. No queremos pensar que Dios no pudo haber hecho el mundo en un instante: pero lo hizo en seis días, para mostrarse como un agente libre, que hace su obra a su manera y a su tiempo, a fin de que su sabiduría, poder y bondad nos parezcan y sean objeto de nuestra meditación más claramente.[17]

En lo que a Wesley se refiere, Dios no está obligado a crear, ni su acto de creación de ninguna manera fluye espontáneamente de la naturaleza de Dios. El acto de la creación es una expresión del amor de Dios, pero es un acto deliberado, realizado de manera que nos demuestre la completa libertad de su actor. Como veremos, la libertad de Dios es importante para Wesley como el pilar fundamental de nuestra libertad humana.

En segundo lugar, Wesley ve desde el principio a la creación como un espacio de amor, un lugar donde Dios puede mostrar su amor y empoderar a la creación

-particularmente a la humanidad- para que lo ame en respuesta. Los propósitos de Dios para la creación no pueden ser separados, entonces, del amor de Dios; de ahí que Wesley unirá el don de Dios de la existencia con el don de Dios de la habilidad de amar. Wesley dice en algún lugar: "El amor tuvo un lugar en todos los hijos de Dios, desde el momento de su creación. Ellos recibieron de su bondadoso Creador a la misma vez el existir y el amar".[18] En otro lugar dice, usando la analogía del sol:

> Así como la luz y el calor no fueron subsecuentes a la creación del sol, sino que empezaron a existir con él, de tal forma que desde el momento en que existió también brilló, así la luz y el calor espiritual, el conocimiento y el amor, no fueron subsecuentes a la creación del hombre sino que comenzaron a existir juntamente con él. El momento en que el hombre existió, conoció y amó.[19]

Hablaremos más sobre esta capacidad de responder, esta "habilidad de respuesta", cuando tratemos sobre la creación y la humanidad en el siguiente capítulo, pero es importante notarlo aquí por lo que dice sobre Dios. Dios es todopoderoso, por lo que pudo haber creado un mundo en el que cada evento hubiera sido ordenado por Dios. Pero, de acuerdo con Wesley, no fue eso lo que Dios hizo. Antes, Dios creó un mundo que es capaz de responder, un mundo con el que Dios elige interactuar antes que simplemente controlar.

Parte de lo que esto significó para Wesley es que la obra del Creador no terminó con el acto de la creación. Algunos de la época de Wesley habrían argüido a favor de un Dios que creó el mundo tal como lo hace un gran relojero. Dios lo hizo, le dio cuerda, y luego lo dejó para que funcionara por sí mismo. Tal visión de la actividad creadora de Dios de una vez y para siempre generalmente se conoce como el "deísmo", e implica que el mundo fue más o menos independiente de Dios una vez que fue creado. Para Wesley, eso fue llevar la independencia del mundo demasiado lejos. Dios le dio al mundo la "habilidad de respuesta", la habilidad de responder a Dios, lo que es diferente de la habilidad de hacer lo que el mundo quisiera. Wesley rechazó la visión deísta e insistió en que el mundo siempre permanece en dependencia del sustento continuo de Dios para su propia existencia.

> Él [Dios] "sustenta", conserva, sostiene "todas las cosas" creadas "con la palabra de su poder" [Hebreos 1:3], por la misma palabra de poder que las trajo a existencia de la nada. Así como esto fue absolutamente necesario para el comienzo de su existencia, igualmente lo es para su continuación; si su poderosa influencia fuera quitada, ellas no podrían subsistir por un solo momento más... Si Él quitara su mano por un momento, la creación caería en la nada.[20]

Así como Dios es la única fuente de existencia, así también Dios es la única fuente del "movimiento" o la acción, la única razón por la que las cosas pueden "suceder". Toda otra actividad o poder en el mundo se deriva de Dios. Por ejemplo, cuando Wesley habla sobre la procreación humana, él nota:

> 'Dios es el hacedor de todo hombre que viene al mundo'. Porque es solamente Dios quien le da al hombre el poder de propagar su especie. O más bien, es Dios mismo quien hace la obra, con el hombre como un instrumento... en verdad Dios es quien produce a cada hombre, cada animal, cada vegetal en el mundo, puesto que él es el verdadero *primum mobile,* la fuente de todo lo que se mueve en el universo.[21]

Es la acción continua de Dios lo que hace posible toda la acción de las criaturas, pero de nuevo, debemos recordar que lo que Dios hace posible es la respuesta. Wesley incluso usa la idea de la acción constante de Dios en el mundo para contrarrestar la afirmación de que todo en el mundo -aun la actividad humana- es dictado por las fuerzas deterministas de la naturaleza. Él piensa que Dios puede intervenir en el cuerpo y en el cerebro humano para crear nuestra libertad y no dejarnos sujetos a tales fuerzas.[22] Así, para Wesley, aun podría ser verdad en un sentido tanto físico como espiritual, que sin la acción de Dios nuestra respuesta libre sería imposible.

Ahora, como Wesley argüirá inmediatamente, esto no significa que Dios "causa" todas las cosas. Para usar una distinción de la atesorada lógica de Wesley, la acción de Dios es *necesaria* para que cualquier cosa suceda, pero no es *suficiente.* La agencia de Dios hace posible otros agentes, pero ellos deben realizar por sí mismos las posibilidades que Dios les da. Cuando lo hacen, asumen la responsabilidad por lo que hacen con el poder que Dios les da. Lo que Dios hace con los otros agentes activos en el mundo nos aleja del rol unilateral de Dios como creador y sustentador, y nos acerca a su rol relacional como gobernador.

La Providencia y el Dios Padre como Gobernador

El poder creador y sustentador de Dios le provee a la creación la posibilidad de responder a Dios. La providencia de Dios, entonces, demuestra la forma en que Dios responde a las respuestas de la creación. Parece que Wesley separa naturalmente en dos clases la obra providencial o gobernadora de Dios: la forma en que Dios trata al mundo inanimado, y cómo lo hace con el mundo animado, especialmente con los seres humanos. Aunque estamos más interesados en la última, la primera todavía nos ayuda a redondear la forma en que Wesley ve a Dios.

Wesley ve la interacción de Dios con el mundo inanimado de las piedras, el fuego, el agua y lo demás, como siendo de un control directo. Él no especula mucho sobre esto, pero en su mente parece que lo que se tiene en llamar "mundo natural", tiene poca independencia de la voluntad divina. Como vimos antes, Wesley creía que Dios estaba actuando constantemente en el mundo; por eso él no tiende a hacer distinción entre los "eventos naturales" y los que Dios causa. Para Wesley, no había mucha tensión entre las causas divinas y las naturales, porque lo que nosotros llamamos "naturaleza" es simplemente nuestra observación del patrón normal del actuar de Dios en el mundo. Wesley escribe: "¿Qué es la naturaleza en sí misma sino el arte de Dios, o el método de actuar de Dios en el mundo material?"[23] Aunque esta conexión tan cercana levanta preguntas sobre el "mal natural", parece que Wesley no se preocupa por eso. Lo que le interesa es enfatizar en la libertad de Dios sobre el mundo. Aunque él comparte las suposiciones científicas de su cultura acerca de la regularidad del mundo, va a insistir en que Dios es siempre libre de interrumpir su patrón normal de actividades. Por eso Wesley afirmó la idea de que había milagros, aquellas situaciones en las que la actividad de Dios se hacía obvia. No obstante, dado su enfoque en la salvación, Wesley prefería hablar de "milagros de la gracia" -como las conversiones y las vidas transformadas- más que sobre sanidades milagrosas o eventos inexplicables. Con todo, él sí afirmaba esas situaciones y las comentaba en su Diario cuando se encontraba con ellas.

La forma en que Wesley ve la interacción de Dios con los seres humanos es mucho más significativa que su forma de ver el actuar de Dios por medio de la naturaleza. Aquí Wesley enfatiza el respeto de Dios por la libertad humana a medida que Dios lleva el mundo hacia el diseño último de Él. Para Wesley, el rasgo que articula mejor dicho equilibrismo es la sabiduría divina. Si Dios fuera sencillamente a imponer su voluntad en el mundo,

> No implicaría sabiduría alguna, sino meramente un golpe de omnipotencia. Pero lo de consideración aquí es que toda la multiforme sabiduría de Dios (así como todo su poder y bondad) se muestra al gobernar al hombre como hombre, no como un tronco o una piedra, sino como a un espíritu libre e inteligente, capaz de escoger entre el bien y el mal. ¡Es ahí que aparece la profundidad de la sabiduría de Dios en su adorable providencia![25]

Dios siempre está obrando en la creación para proveer a la humanidad con "toda ayuda posible", de manera que los humanos puedan escoger el bien y alejarse del mal. El Dios de amor está en constante actividad para asegurar lo mejor para aquellas criaturas que creó a su imagen. Pero Dios, al menos en la visión de

Wesley, está comprometido en obrar únicamente con la libertad que Dios creó, y no en anularla. El hecho de que Dios puede hacer esto, y todavía alcanzar los propósitos finales que Dios desea, nos da una mayor razón para glorificar a Dios que el meramente verlo demostrar su poder.

Siendo que Dios responde a los seres humanos así como ellos responden a Dios, Wesley va a promover la idea de "círculos" o niveles de la providencia divina (una idea que él obtuvo del puritano del siglo XVII, Thomas Crane).[26] En su sermón, "Sobre la Providencia Divina", Wesley articula tres de estos círculos. El primero es el que contiene a toda la humanidad. Dios ama a todos porque, como Wesley nota, "Su amor no está confinado".[27] Dicho esto, Wesley todavía cree que Dios tiene un cuidado más cercano de aquellos que son cristianos, ya que son los que han respondido a Dios más completamente. Finalmente, se halla el círculo de máximo cuidado de Dios, el círculo de aquellos que se han entregado a sí mismos de todo corazón a Dios y a la obra de Dios, quienes adoran a Dios "en espíritu y en verdad", y quienes viven como Cristo mismo vivió. Wesley no explica lo que esto significa en detalle, pero la idea es consistente con la imagen que él pinta de Dios a través de todos sus escritos. Si Dios responde a las respuestas de sus criaturas, hace sentido que Dios responda más profundamente a las respuestas más profundas de ellas. Y por supuesto, Wesley usa este punto para animar a sus oyentes y lectores a responder lo más profundamente a Dios a fin de que Dios pueda responder lo más profundamente a ellos.

La Trinidad

Antes que dejemos los pensamientos de Wesley sobre Dios, tenemos que cubrir otra doctrina tradicional que conecta las cuestiones de la trascendencia de Dios, la inmanencia de Dios, y la interacción de Dios con el mundo. Nos referimos a la doctrina de la Trinidad. El entendimiento de Wesley, y el uso que él hace de la doctrina de la Trinidad, es asunto de algún debate académico. Algunas personas afirman que para Wesley la doctrina de Dios es completamente trinitaria, mientras que otros dicen que esta doctrina como concepto no fue tan importante para él. No nos toca aquí a nosotros resolver ese debate sino más bien mostrar las tensiones que lo originaron a partir del uso que Wesley hace de la Trinidad.

Por un lado, Wesley claramente reconoce y confiesa la doctrina. A veces explícitamente se refiere al Dios cristiano como el Dios Tres-en-Uno, y predica explícitamente los textos trinitarios. Aunque él solo publicó un sermón sobre el tema, en ese sermón claramente estableció que la creencia en la Trinidad era una de las más importantes de la fe cristiana.[28] Además, Wesley tiene una idea bien desarrollada sobre el Espíritu Santo, algo que sería imposible sin el fundamento que provee la doctrina de la Trinidad. Estos datos sugerirían que la Trinidad era importante para Wesley.

Por otro lado, una vez que nos movemos más allá de la fuerte afirmación que Wesley hace de la doctrina, hay poco de qué hablar. Wesley rehúye el explorar la idea teológicamente, aun al punto de condenar los intentos de entenderla. No aparece como un tema en sus escritos, y ese único sermón que publicó fue impreso en 1775, más bien tarde en su carrera. Aun ahí, en ese sermón dedicado a la Trinidad, Wesley no hace ningún intento en explicar lo que la Trinidad significa o cómo se conecta a la vida de fe. Más bien, quiere ayudar a sus oyentes a ver que en verdad se puede creer algo que uno no comprenda, y les indica que todo lo que Dios requiere de ellos es que admitan la doctrina de la Trinidad como un hecho, no que expliquen cómo funciona la naturaleza de Dios.

Una manera de mantener esta rara combinación de afirmación y negación es ver a la doctrina de la Trinidad como desempeñando un rol importante pero implícito en el pensamiento de Wesley, un rol que él mismo podría no haber apreciado completamente. Como dice Albert Outler, "Para Wesley, como para los pietistas en general, las doctrinas oscuras [difíciles de entender] se las debe creer devotamente, antes que analizarlas racionalmente".[29] Aunque Wesley no usa explícitamente la doctrina del Dios que es Tres-en-Uno como un concepto teológico significativo, el pensamiento de Wesley encaja mejor si se reconoce su fundamento trinitario implícito. Esto es particularmente verdadero cuando se considera la prioridad que Wesley le da al amor en su concepto de Dios, puesto que la Trinidad (especialmente como la entendieron los primeros padres orientales) muestra cómo Dios puede ser amor; cómo el vocablo Dios se refiere, en un sentido, a una comunidad amorosa del Padre, el Hijo y el Espíritu Santo. Nuevamente, aquí debemos recordar que Wesley fue un teólogo práctico. Correcta o incorrectamente, él vio pocas implicaciones prácticas en la doctrina de la Trinidad y por eso le dio poca atención. Sin embargo, tomando en consideración todo lo demás que Wesley dice sobre Dios, la doctrina de la Trinidad todavía pudo servir al propósito práctico de juntar varios cabos de su pensamiento.

Este es entonces un resumen de los puntos mayores del pensamiento de Wesley sobre Dios. Como ya hemos enfatizado, la primera preocupación de Wesley fue el gran drama de la salvación e incuestionablemente Dios es el Actor principal en ese drama. Pero antes de que nos metamos en el drama de la salvación directamente, primero debemos explorar algunas pocas ideas básicas de Wesley sobre la creación como el escenario en el cual ese drama se desarrolla y sobre los seres humanos como actores secundarios pero importantes. A esa exploración nos dirigimos ahora.

CAPÍTULO DIEZ

Su Pensamiento sobre la Creación y la Humanidad

La forma en que Wesley entiende la creación y el estado original de la humanidad fundamenta su entendimiento sobre el pecado y la salvación en forma especial. Él entendía la salvación como un tipo de restauración, una "nueva creación" que vuelve el orden creador de Dios a su lugar después que el pecado lo descarrilara. Por lo tanto, necesitamos saber cómo eran las cosas al inicio antes de que el pecado echara todo a perder. Como la mayoría de los cristianos de su día, Wesley concebía a los seres humanos como el objetivo principal de la obra salvadora de Dios, pero a diferencia de muchos de esos cristianos, él fue claro en que la salvación también cubría a todo lo demás. El mirar cómo Wesley entendió el estado original de la creación nos ayuda a apreciar lo que Dios hace cuando Dios salva, redime y restaura.

En este capítulo, entonces, daremos una mirada rápida a dos percepciones básicas de Wesley sobre la creación en general antes de que enfoquemos más nuestra atención en su visión de la "humanidad en su origen". Wesley vio a la creación como buena, y en una forma relacional y dinámica. También creyó que la creación consistía de dos partes, que se hallan separadas en principio, pero siempre integradas en la práctica: la espiritual y la física. Después de explorar estas percepciones miraremos los pensamientos de Wesley sobre la humanidad en su origen. Wesley entiende nuestra naturaleza original como enraizada en la idea de que fuimos creados a la imagen de Dios, pero él también ve en esa naturaleza una combinación única de fuerzas físicas y espirituales que él siente que gobiernan toda la creación. Estos vistazos a la creación original y a la humanidad en su origen nos darán el trasfondo que necesitamos para apreciar la visión de Wesley de qué es lo que sale mal cuando la fuerza corruptora del pecado entra en el mundo.

La Creación

Wesley tuvo una visión muy elevada de la creación, probablemente más elevada que la mayoría de los cristianos de su día. Muchos veían a este mundo caído y quebrantado como algo de lo que los seres humanos necesitaban ser librados. Wesley, por otro lado, veía al mundo en su totalidad -no solo a los seres humanos- como el foco de la actividad redentora de Dios. Para Wesley, Dios no está interesado en ayudar a la gente a escapar del mundo sino que quiere que la gente participe en su redención. Hay dos ideas que él tiene sobre la creación que nos ayudan a dar sentido a su entendimiento de la salvación: la idea de la bondad de la creación como dinámica y relacional, y la idea de que la creación tiene dos facetas distintas pero al mismo tiempo entrelazadas. Veremos un poco más a fondo cada una de estas ideas.

La Creación como Dinámicamente Buena

Quizá la idea más importante que Wesley tiene sobre la creación es que es buena, y que el hecho de que sea buena se entiende como una realidad dinámica y relacional. En este sentido vemos claramente la prioridad que la Biblia tiene como fuente de los pensamientos de Wesley sobre la experiencia. Algunos son tentados a dudar de la bondad de Dios -si no de su verdadera existencia- porque ven un mundo menos que perfecto alrededor de ellos. Aunque Wesley no negaba que el mundo en el cual vivimos contiene mucha maldad, sentía que era un error evaluar a la creación comenzando con nuestra experiencia presente de ella. Esa experiencia está contaminada por el pecado. Si queremos entender la creación, debemos ir a la Biblia, y la Biblia -al menos a los ojos de Wesley- une la bondad de la creación con la bondad de su Creador.

> Todas las cosas, entonces, sin excepción, eran muy buenas. ¿Y cómo podrían ser de otra manera? No había defecto alguno en el poder de Dios, como no lo había en su bondad o sabiduría... "En cuanto a Dios, perfecto es su camino" [2 Samuel 22:31], y así fueron originalmente todas sus obras. Y así serán de nuevo, cuando "el Hijo de Dios" haya deshecho "las obras del diablo" [1 Juan 3:8].[1]

La creencia de Wesley en el hecho de que la creación original era buena es, así, cimentada tanto en el testimonio bíblico (desde Génesis 1) como en el vínculo teológico entre el carácter de Dios y el carácter de la obra creativa de Dios. Nótese también que Wesley usa el hecho de que la creación original fue buena para señalar lo bueno que será cuando Dios termine su obra redentora.

Este vínculo era importante porque muchas personas sentían que la caída había borrado completamente todo lo bueno que originalmente tuvo la creación. Según ese punto de vista, la salvación significa que Dios tuvo que comenzar todo de nuevo puesto que realmente no hay nada bueno que haya quedado en la creación que sea digno de salvar. Los seres humanos –y hasta el propio mundo físico- han llegado a ser tan malos que solo merecen el castigo y la destrucción. La salvación puede darse a unas pocas personas a quienes Dios mostrará su gracia, pero el resto de la creación está condenada, y merecidamente.

Wesley no pensaba de esa forma. Él creyó que la salvación implicaba una nueva creación, pero vio esa nueva creación como construida sobre la creación original. La caída dañó la creación, y lo hizo al extremo de que ya no funciona como Dios la creó para que funcionara, sin embargo, eso no es lo mismo que hablar de una irreversible pérdida de todo lo bueno que tuvo. Para Wesley, la obra redentora de Dios se parece más a una sanidad que restaura la salud; la redención no es un escogimiento arbitrario para exceptuar a una pequeña parte de la creación de su justo castigo.

Wesley puede tener esta forma de pensar porque su idea de lo bueno no es la idea de "algo" que pueda perderse. Más bien lo bueno de la creación se halla en la interrelación dinámica entre todas las cosas que Dios hizo, y en la relación que toda la creación tiene con Dios. Wesley presenta su pensamiento al respecto en el sermón sobre Génesis 1:31, llamado, "La Aprobación de Dios sobre sus Obras". Allí Wesley escribe:

> Todo lo que fue creado fue bueno según su especie, apropiado para el propósito por el cual fue diseñado, adaptado para promover el bien de la totalidad y para la gloria del gran Creador. Este dictamen le agradó a Dios emitirlo en lo que se refiere a cada criatura en particular. Pero hay una variación notable cuando se habla de todas las partes del universo en su conexión entre ellas, constituyendo un sistema: "Y vio Dios todo lo que había hecho, y he aquí que era bueno en gran manera".[2]

Lo bueno, entonces, es una idea relacional para Wesley. Como los órganos en un cuerpo o los engranajes en una máquina, una buena pieza es aquella que contribuye al funcionamiento apropiado del todo. Y el todo es bueno cuando cumple el propósito para el cuál fue diseñado, que para la creación consiste en dar gloria a Dios. Esa es la razón por la que toda la creación puede ser "buena en gran manera", aun mejor que cualquiera de sus partes. Esto tendría poco sentido si el hecho de ser bueno fuera la característica estática de una cosa, pero tiene total sentido si lo bueno es una característica dinámica que se encuentra en las relaciones. Por lo tanto, aunque el funcionamiento apropiado y completo de la creación fue comprometido por el pecado, Dios no está interesado en deshacerse de ella y comenzar todo de nuevo. Más bien Él quiere volver a juntar las piezas originales para que de nuevo funcionen apropiadamente.

Esta idea dinámica de lo bueno crea una tensión en el pensamiento de Wesley al llegar a la idea de la perfección o bondad última, que es una idea importante para su entendimiento sobre la salvación. Es cierto que Wesley a veces describe a la creación original de Dios como perfecta en forma tal que parece estática. Esto se resalta especialmente en la forma en que Wesley contrasta el mundo original perfecto de Dios con el mundo imperfecto en que vivimos hoy.[3] Sin embargo, hay otras veces en las cuales Wesley describe el mundo original perfecto de Dios diseñado con la posibilidad de llegar a ser aún mejor. Por ejemplo, Wesley afirmaba que Dios había hecho a los animales con la capacidad de mejorarse por sí mismos, queriendo decir que su estado original bueno podía ser aún mejor.[4] Más interesantemente aun, él entendía que el árbol de la tentación en el Jardín del Edén había sido diseñado por Dios para dar a la humanidad mayores beneficios (pero que los humanos lo usaron para dañar las cosas).

> 'Pero si Adán fue originalmente perfecto en santidad'(es decir perfectamente santo, hecho a la imagen moral de Dios), ¿qué motivo había para una prueba adicional? Pues para que hubiera espacio para más santidad y felicidad. La entera santificación no excluye el crecimiento. Tampoco la condición correcta de todas sus facultades lo hacía acreedor de aquella completa recompensa que le hubiera seguido al uso correcto de ellas.[5]

Así que, la creación era perfectamente buena, pero parece que esto significa que era perfectamente capaz de ser aún mejor. La idea de Wesley sobre la perfección, así como su idea de lo bueno, se entiende mejor en una forma dinámica, y es por eso que Wesley admitía que la perfección tenía diferentes grados.[6] El hecho de que algo sea tan bueno como lo es ahora no significa que Dios no lo pueda hacer aún mejor en el futuro. Es esta capacidad de crecer y llegar a ser mejores lo que se perdió con la caída, y eso es lo que Dios busca restaurar en la salvación. Una vez restaurada, la creación continuará mejorando de tal manera que la bondad de la salvación final de Dios llegue a ser aun mejor que lo "perfectamente" bueno que fue la creación original de Dios. Wesley especula sobre este estado final de armonía en su sermón acerca de "La Nueva Creación". Ahí él dice que "la tierra será un paraíso mucho más hermoso que aquel que vio jamás Adán",[7] y que los seres humanos disfrutarán "una condición de santidad y felicidad muy superior a la que Adán experimentó en el paraíso".[8]

Esta idea de la creación como algo diseñado por Dios para crecer, y para un bien relacional, moldea de manera profunda la forma en que Wesley entiende la salvación. Primero que todo, nos recuerda que toda la creación encaja en todas sus partes, y que el plan de redención de Dios la incluye a toda, y no solo a los seres humanos. En segundo lugar, presenta una visión positiva del mundo antes que una negativa o desconfiada. Todo lo que el pecado y la maldad pueden hacer es retrasar los planes de Dios, pero no frustrarlos de manera definitiva. El mundo bajo el mando de Dios se moverá en la dirección que Dios quiere. Esto hace que la teología de Wesley sea una teología de esperanza desde el comienzo. Finalmente, esta forma de ver la creación apuntala la preocupación de Wesley por la salvación como una realidad para el aquí y el ahora, no como algo que tengamos que esperar en un mundo futuro. Ciertamente habrá más en ese futuro de lo que hay ahora. Pero lo que sea que Dios haga entonces estará íntimamente conectado con lo que Dios está haciendo en estos momentos.

La Creación Es Física y Espiritual

Hay otra fuerte intuición que Wesley tiene sobre la creación la cual también moldea sus ideas sobre la salvación. Se trata de la idea de que la creación consiste de dos partes distintas, la física y la espiritual. Cada faceta de la creación tiene sus propias características aunque siempre trabajen juntas. Exploraremos un poco más abajo el significado particular de esta idea para lo que Wesley piensa sobre los seres humanos, por lo que por ahora simplemente trataremos sobre su significado en general.

Para Wesley, el mundo físico es el mundo de nuestros sentidos, el mundo determinado por las leyes estrictas de la ciencia. Es el mundo de la materia la que es esencialmente pasiva. El mundo espiritual consiste de aquella parte de la creación que no es accesible a nuestros sentidos. Es el mundo de los ángeles y los demonios y el alma humana. Este es el mundo de la actividad y de la libertad, aunque también tiene sus limitaciones. Como vimos en el capítulo anterior, solo la naturaleza de Dios está libre de todo límite externo, por lo que aun la creación espiritual tiene límites.

Ya hemos encontrado una implicación importante de esta división cuando veíamos la importancia de la revelación para nuestro conocimiento del mundo espiritual. Dada la clara distinción entre lo físico y lo espiritual, nuestra forma común de conocer las cosas (esto es, por medio de nuestros sentidos) no puede ayudarnos con las realidades espirituales. Esas limitaciones son importantes para Wesley, y él escribe dos sermones separados sobre ellas.[9] Así, aunque Wesley tiene una alta estima por aquello que podemos aprender a partir de la lógica y de nuestra experiencia, él dirá que éstas solo sirven para conocer al mundo físico. Para acceder al mundo espiritual necesitamos "fe", la cual Wesley con frecuencia trata como un sentido que nos da acceso al mundo espiritual; más a menudo por medio de la Biblia. Sin la fe y sin la Biblia, ni siquiera sabríamos que tal mundo espiritual existe.

Sin embargo, aunque la fe es necesaria para que quienes habitamos el mundo físico podamos conocer el mundo espiritual, los dos mundos no están desconectados uno del otro, todo lo contrario. La fe simplemente nos permite ver la verdad, esto es, que el mundo físico depende de lo espiritual y que lo espiritual está mediado en y a través de lo físico. Ya hemos visto esto en la forma que Wesley entiende la providencia y la naturaleza como el "arte de Dios", Dios obrando por medio de causas naturales. De hecho, Wesley atribuirá en última instancia todo movimiento en el mundo físico a causas espirituales -ya sea por Dios, por los ángeles, por los demonios o por las almas de los seres humanos. Nada sucede en el mundo físico a menos que sea obrado por lo espiritual. De hecho, él dice que el principio de automovimiento, de la acción originadora, es "la apropiada y distintiva diferencia entre el espíritu y la materia, la que es total y esencialmente pasiva e inerte, tal como aparece en miles de experimentos".[10]

Entonces, Wesley no comparte la sospecha de algunos de que los mundos físico y espiritual se suponen como antagonistas uno del otro, o que el mundo físico es malo en tanto que solo el mundo espiritual es bueno. En la mente de Wesley, ambos mundos son dos partes de un todo bueno e integrado. De seguro, el mundo espiritual es el más importante y la parte más duradera, pero el mundo físico -al menos cuando es usado como Dios lo propuso- está diseñado para promover los mismos ideales que el mundo espiritual, a saber, la relación con Dios y las relaciones entre sus criaturas. El pecado daña esta interacción pero no la destruye. Cuando se ve con los ojos de la fe, el mundo físico testifica de la existencia del espiritual. De hecho, para Wesley, esa parece ser una de sus primeras funciones.

Una de los escritos de mayor peso de Wesley fue el titulado, *Wisdom of God in Creation, or A Compendium of Natural Philosophy* (Investigación sobre la sabiduría de Dios en la creación, o un compendio de filosofía natural). El orden del título y del subtítulo aquí es significativo, pues muestra la aproximación general de Wesley a la creación. Las cosas físicas pueden ser interesantes en sí mismas, y aprender sobre ellas puede ser útil, pero su mayor utilidad es señalar hacia el Dios que las hizo. En esta obra, la que Wesley adaptó en gran medida de una fuente latina, él estudia las maravillas de la creación, desde el cuerpo humano hasta los animales, las plantas, los fósiles, la tierra, y los cielos. Cada sección contiene descripciones detalladas de las partes de la creación, pero están relacionadas en formas diseñadas para apuntar a Dios. Al leer este escrito, uno se queda con el sentir de que Wesley percibió el mundo como algo asombroso y maravilloso, pero que el Creador del mundo era más asombroso todavía. El mundo es bueno, pero lo bueno del mundo señala a lo infinitamente bueno del Dios que está detrás de él y que lo trasciende. Como dice Wesley:

> En resumen, el mundo que nos rodea es el tratado poderoso en el que Dios se revela a sí mismo. Las lenguas y las grafías humanas son diferentes en diferentes naciones. Las de una nación no son entendidas por las demás. Pero el libro de la naturaleza está escrito con grafías universales que todo hombre puede leer en su propio idioma. No consiste de palabras, sino de cosas que pintan las perfecciones divinas... cada parte de la naturaleza nos dirige a la naturaleza de Dios.[11]

En otra parte Wesley modera la apreciación de lo que a menudo se llama la "revelación general" con aquella otra consideración que ya hemos notado antes: que solo la "revelación especial" o la Biblia puede expresar algo acerca de Dios. La combinación resultante significa que aun los así llamados "paganos" que no tengan acceso a la Biblia tendrán suficiente información y gracia para saber que Dios existe. Sin embargo, sin la Biblia, no tienen manera de conocer cómo es verdaderamente este Dios.

La interconexión entre los mundos físico y espiritual tendrá implicaciones para muchas otras áreas del pensamiento de Wesley, tales como la salvación, la que es una realidad tanto física como espiritual, y el trabajo de la iglesia, donde cosas como los sacramentos son formas físicas que comunican gracia espiritual. Sin embargo, esto se ve más claro en esa parte especial de la creación que Dios hizo para que sea el puente principal entre los dos mundos, por lo tanto es a las ideas de Wesley sobre la humanidad a las que nos volvemos ahora.

La Humanidad y la Imagen de Dios

La concreción favorita de Wesley para hablar sobre la naturaleza esencial de los seres humanos -lo que sea que hace a un ser humano verdaderamente "humano"- era la frase bíblica, "imagen de Dios". Wesley toma esta frase de Génesis 1:27, pero para él cubre mucho más de lo que se dice en ese versículo. Él la usa para incluir muchas cosas que la Biblia revela a la humanidad sobre la humanidad misma. La más importante de ellas, ciertamente, es que los seres humanos fueron creados para relacionarse con Dios.

La "Imagen Relacional"

En su sermón, "La Aprobación de Dios Sobre Sus Obras", Wesley vuelve a contar toda la historia de la creación culminando con la creación de los seres humanos. Este es el punto más alto de la creación de Dios porque hay algo especial acerca de la humanidad, algo que la separa, que incluso la pone sobre el resto de la ya buena creación de Dios. Los seres humanos son "creados a imagen de Dios, y diseñados para conocer, amar y disfrutar de su Creador por toda la eternidad".[12] Para Wesley, éstas no son dos afirmaciones separadas sobre la humanidad, sino dos formas de decir la misma cosa. Los seres humanos llevan la imagen de Dios y eso significa que fueron diseñados para relacionarse con Dios y hallar la felicidad en Dios, y en Dios solamente.

Solo los seres humanos de entre todas las criaturas de Dios -todas ellas buenas- son lo suficientemente parecidos a Dios como para ser "capaces de Dios",[13] como Wesley lo señala en otro sermón. Solo ellos son "personas" en la forma en que el Dios Tres-en-Uno es un Dios de tres Personas. Esta capacidad para relacionarse es antes que nada toda la razón por la que Dios creó a los seres humanos.

> Habiendo preparado todas las cosas para él, Él [Dios] "creó al hombre a su imagen, a su semejanza". Y ¿cuál fue el propósito de su creación? Fue este y no otro: que él pudiera conocer, amar, disfrutar y servir a su gran Creador por toda la eternidad.[14]

Vez tras vez, Wesley une la idea de ser creado a la imagen de Dios con la idea de ser creado para relacionarse con Dios. En otro sermón, lo dice en una forma aun más simple: "Ustedes fueron hechos para ser felices en Dios".[15]

A veces a Wesley se le identifica como eudemonista, una palabra refinada para referirse a la persona que cree que el principal propósito de la existencia humana es la felicidad. Pero para Wesley, la felicidad para la cual los seres humanos fueron creados solo puede ser hallada en una relación apropiada con Dios. A menudo se busca la felicidad en las partes de la creación antes que en el Creador, pero esa es una búsqueda vana. Esto es tan esencial a nuestra naturaleza humana que Wesley aun dirá que aquellos que no viven la "imagen de Dios" -quienes rehúsan conocer, amar y disfrutar de Dios y hallar su felicidad en Dios solamente- han abandonado su verdadera humanidad y se han degradado al nivel de meros animales.[16]

Este es un punto sencillo pero supremamente importante para el pensamiento de Wesley. En su fondo, la naturaleza humana es relacional como la entiende Wesley. Mientras que algunas tradiciones podrían hablar de los seres humanos como instrumentos –y hasta como herramientas- que Dios usa para traer gloria a sí mismo, Wesley iguala el "dar gloria a Dios" con "ser feliz en Dios".[17] La imagen de Dios estampada en la naturaleza humana hace que nuestra felicidad en Dios sea tanto posible como necesaria. Nuestra verdadera humanidad se halla cuando encontramos a Dios y se pierde cuando perdemos contacto con Dios. Esta imagen como relación ha sido dañada por la caída, por lo que es esta imagen como relación la que Dios renueva en la salvación.

Ahora bien, Wesley no va a estar contento con solo afirmar que los seres humanos son "capaces de Dios". Él está interesado en la forma en que esto es posible. ¿Cuáles son aquellas características de la naturaleza de Dios que Dios comparte con la humanidad y que permiten a la humanidad relacionarse con Dios? Tomando prestadas algunas ideas de Isaac Watts,[18] Wesley divide la idea de la "imagen de Dios" en tres facetas: la "imagen natural", la "imagen política", y la "imagen moral". Daremos un vistazo breve a cada una de ellas.

La "Imagen Natural"

Para Wesley, la "imagen natural" de Dios en la humanidad consiste de aquellas capacidades que hacen posibles las relaciones personales, y son tres: el entendimiento, la voluntad y la libertad. Estas no son necesariamente únicas de los seres humanos: los animales las poseen en algún grado, y también los ángeles y los demonios.[20] Pero son indispensables para conducir nuestra relación con Dios y con los demás. Sin ellas, esas relaciones no serían posibles.

En su sermón, "¿Qué es el Hombre?", Wesley reflexiona un poco sobre la naturaleza encarnada de la humanidad -un punto al que regresaremos después-, para luego comenzar a explorar el lado espiritual de la humanidad con estas palabras:

> Pero al lado de esta extraña composición de cuatro elementos: tierra, agua, aire y fuego, encuentro algo en mí de una naturaleza muy diferente, nada parecida a ninguno de estos. Encuentro algo en mí que piensa... Algo que ve, oye, huele, saborea y siente; todos estos son modos de pensamiento. Pero ese algo va más lejos: habiendo percibido los objetos por cualquiera de esos sentidos, internamente forma ideas de ellos. Los juzga... Razona sobre ellos... Reflexiona sobre la manera de funcionar de ellos. Está dotado de imaginación y memoria.[21]

Esto es lo que Wesley piensa sobre el "entendimiento", algo que virtualmente se equipara con la visión de Aristóteles sobre la razón, como nos dimos cuenta antes. El mismo es una cualidad espiritual, no física (la materia no piensa según Wesley), y por ser así está definitivamente conectada con la naturaleza de Dios. Para Wesley, la capacidad de conocer es una de las cosas que hace posible las relaciones personales. Es lo que marca la diferencia entre involucrarse con algo que se encuentra fuera de nosotros mismos, o solo reaccionar a ello. Todas las criaturas reaccionan frente a su ambiente, pero Dios ha dado a los seres humanos la capacidad de entender. Esto permite que los encuentros con otros y con Dios se conviertan en relaciones. De hecho, parece que Wesley piensa que el entendimiento por el entendimiento mismo -fuera del contexto de relacionarse bien con Dios y con otros-, fácilmente puede convertirse en "idolatría espiritual" y terminar haciendo más mal que bien.[22]

Después de unas pocas especulaciones sobre la parte del cuerpo en la que podría residir esta característica espiritual del pensamiento, Wesley continúa su reflexión como sigue:

> Este principio interior... es capaz no solo del pensamiento, sino también del amor, del odio, del gozo, de la tristeza, del deseo, del temor, de la esperanza, etc., y de todo un tren de otras emociones internas que comúnmente se conocen como "pasiones" o "afectos". Son calificadas con la denominación general de "la voluntad", y pueden ser mezcladas y diversificadas de mil formas. Y parecen ser la única fuente de acción de ese principio interno que yo llamo "el alma".[23]

La "voluntad" para Wesley es lo que nos hace hacer cosas o que queramos hacer cosas. Aunque en los seres humanos estas emociones o deseos siempre están integradas físicamente, Wesley percibe el hecho del deseo como una herencia espiritual, parte de la imagen de Dios. Aquí es donde Wesley ubica la posibilidad de amor en la vida humana, y ya hemos visto que esa idea es central en la concepción que Wesley tiene de Dios. Desde la caída, por supuesto, otros deseos han surgido que llevan a la humanidad lejos de una correcta relación con Dios y con otras personas, pero esto debe ser visto como la corrupción de nuestra naturaleza humana, no como una expresión de ella. A los seres humanos se les dio la capacidad de desear para que pudieran amar a Dios y a su prójimo. Enmendar esa capacidad, como lo veremos, es una gran parte de lo que Wesley cree que es la obra santificadora de Dios.

La tercera característica de la naturaleza humana que se deriva de la naturaleza de Dios es aquella que hace a los seres humanos personas responsables (capaces de responder). Esta es la propiedad de la libertad. En cierto sentido, este es el eje central de la antropología teológica de Wesley, el pivote sobre el que gira toda su teología. Wesley dice que si la humanidad no tuviera libertad, "todo lo demás hubiera sido en vano, y el ser humano no hubiera sido más capaz de servir a su Creador que cualquier pedazo de tierra o mármol".[24] Continuando en el sermón, "¿Qué es el Hombre?", Wesley lo describe de esta manera:

> Estoy consciente de otra propiedad mía, comúnmente llamada libertad. Se le confunde frecuentemente con la voluntad, pero corresponde a una naturaleza muy diferente... Es un poder de autodeterminación... Estoy tan completamente cierto de esto como de mi propia existencia, que soy libre con respecto a hablar o no hacerlo, a actuar o no hacerlo, a hacer tal cosa o lo contrario... Y aunque no tengo un poder absoluto sobre mi propia mente a causa de la corrupción de mi propia naturaleza, aun así, por la gracia de Dios que me asiste, tengo el poder de escoger y hacer lo bueno así como lo malo. Soy libre de escoger a quién servir; y si escojo la mejor parte, de continuar haciéndolo aun hasta la muerte.[25]

Como hemos notado ya, Wesley creía que la materia era inerte, y que solo el espíritu era capaz de iniciar una acción. La libertad, entonces, es esa cualidad que hace que esto suceda. El entendimiento nos permite saber lo que se encuentra allá afuera, y nos motiva para acercarnos o alejarnos de lo que conocemos, pero es la libertad la que ejerce el escogimiento de actuar.

Wesley es sensible al hecho de que muchas personas confunden la libertad con la voluntad porque la gente tiende a escoger lo que desea. Sin embargo, Wesley obliga la distinción entre ellas, una distinción que es importante para su manera de ver la renovación de la imagen de Dios en la salvación. La libertad es influenciada por el entendimiento y por la voluntad, pero no es dominada por ellas. Como dice en la cita, él es libre de escoger el bien o el mal. Conocer el bien no siempre lleva a hacer lo bueno; la gente puede conocer lo bueno y aun así hacer lo malo porque Dios los ha hecho libres. Sin embargo, así como somos libres de seguir nuestros deseos, también somos libres de impedirlos. Por eso, la libertad no significa hacer todo lo que queramos; esa es exactamente la confusión que Wesley quiere evitar. A veces, especialmente en nuestro estado caído, queremos las cosas equivocadas. Wesley compara la libertad de hacer lo que queramos con la libertad de los demonios en el infierno,[26] no con la libertad de aquellos que fueron creados a la imagen de Dios.

Otra faceta del entendimiento de Wesley sobre la libertad es que la libertad está siempre atada a la rendición de cuentas, lo que sería de esperar si la libertad fue diseñada para funcionar en las relaciones. Es la libertad lo que nos hace capaces de responder, y por lo tanto de ser responsables. Ejercemos nuestra libertad humana dentro del marco de las consecuencias, en parte establecidas por Dios y en parte por otros seres humanos. Así, por ejemplo, Wesley abogará por la libertad religiosa en la sociedad, ya que cada persona rendirá cuentas a Dios y a Dios solamente por la forma en que adora.[27] Sin embargo, la gente debe obedecer las leyes racionales que han sido establecidas por la sociedad humana, ya que el ejercer escogimientos propios fuera de esos límites no es libertad sino "libertinaje".[28] Esta idea también moldeará la forma en que Wesley entiende cómo nuestra plena humanidad -nuestra imagen de Dios- nos es restaurada en la obra de Dios de la entera santificación.

Una última faceta de la conexión de la libertad con la imagen natural de Dios en la humanidad tiene que ver con el balance entre los escogimientos humano y divino en el proceso de la salvación. Wesley y sus seguidores han sido siempre acusados por sus oponentes calvinistas de lo que se conoce como "la herejía pelagiana". Esta es la creencia de que los seres humanos tienen suficiente libertad como para escoger o rechazar a Dios sin la ayuda de Dios. Especialmente en el protestantismo, esta posición parece contradecir el mensaje del evangelio de que nada podemos hacer como seres humanos para salvarnos a nosotros mismos. Todo lo que sucede en la salvación sucede por gracia y solamente por gracia. Muchos temían que la atención que Wesley le daba a la libertad humana comprometiera la obra de Dios y convirtiera a la salvación en un asunto de obras humanas.

Wesley peleó esa batalla durante toda su vida. Vamos a volver a este tema cuando veamos sus ideas sobre la gracia, pero por ahora podemos señalar la distinción que hace Wesley entre la imagen natural como la tuvo por primera vez Adán, y la imagen natural que podemos recuperar hoy. De acuerdo a Wesley, Adán era básicamente un pelagiano. Se le dio suficiente gracia en su misma creación para seguir su perfecto entendimiento y su perfecta voluntad para el perfecto y obediente uso de su libertad delante de Dios. Sin embargo, él no procedió así, y como consecuencia ya no tenemos su libertad original. Si alguna libertad nos es restaurada, es solo por medio de la gracia. Por eso Wesley mencionó la cita sobre la libertad a la que ya se ha aludido: "la gracia de Dios que me ayuda". La diferencia entre Calvino y Wesley no es una diferencia entre la gracia como la obra de Dios y la libertad como la obra nuestra. La diferencia está en saber si la gracia de Dios logra la salvación por sí sola, o si nos restaura suficiente libertad para que cooperemos. Como lo hemos notado antes, la libertad que originalmente Dios dio a Adán, y la libertad que Cristo nos restaura, está diseñada para funcionar en pro de un fin particular, a saber, el de una adecuada relación con Dios que resulte en adecuadas relaciones con otros seres humanos y con el resto del orden creado por Dios.

La Imagen Política

Wesley le da menos atención a la idea de que los seres humanos sean creados a la imagen política de Dios de lo que le da a la imagen natural y moral, y de ahí que un número de intérpretes de Wesley hayan notado varios problemas que podrían haber surgido por ese descuido.[29] Sin embargo, Wesley sí la menciona, y ello tiene varias implicaciones importantes para la forma en que los humanos se relacionan con Dios y con el resto de la creación de Dios.

Wesley usa la frase "imagen política" para indicar el rol de la humanidad como "gobernadora de este mundo inferior, teniendo 'dominio sobre los peces del mar, y sobre las aves de los cielos, sobre el ganado, y sobre toda la tierra".[30] En otro lugar Wesley resume su discusión de la imagen de Dios en la humanidad señalando que Dios decidió gobernar el orden creado por medio de la humanidad, "Por lo que el hombre era el representante de Dios en la tierra, el príncipe y gobernador de este mundo inferior, y todas las bendiciones de Dios fluían por medio de él a las criaturas inferiores. El hombre era el canal de transmisión entre su Creador y toda la creación no racional".[31] La imagen política, entonces, se refiere a la forma en que los seres humanos ejercen el poder, y cómo ellos median las bendiciones del gobierno espiritual de Dios hacia el resto de la creación física de Dios.

Una implicación de esto es que Dios tiene la intención de que los seres humanos usen su poder en la forma en que Dios lo hace. Hay una diferencia entre "dominio" y "dominación". Así como Dios siempre actúa buscando el bien de todo lo que está bajo su poder, así también los seres humanos fueron creados para usar su poder para el bienestar de ese "mundo inferior" del cual fueron hechos gobernantes. En la creación original y buena de Dios, el poder debía ser usado en formas amorosas, antes que egoístas. Sin embargo, Wesley plantea este punto solo como contraste, ya que el mundo en el que vivimos sufre por el mal uso que la humanidad hace del poder que se le ha confiado. Debido a que toda la creación está interrelacionada, toda la creación ha quedado dañada por el fracaso de la humanidad en desempeñar su imagen política de Dios. En particular, el pecado de los seres humanos ha hecho que ya ellos no puedan mediar las bendiciones de Dios para el resto de la creación, lo que hace que toda la creación sufra. Por ahora, la creación está sujeta a los deseos egoístas (la "dominación") de los seres humanos, y no a los beneficios de su cuidado amoroso (su "dominio"). Por eso "toda la creación gime" (Romanos 8:22). Sin embargo, Dios incluso arreglará todo esto en la redención final de todas las cosas; por lo tanto, la creación también espera.[32]

Así también, la idea de Wesley sobre la imagen política de Dios está conectada a su concepto de mayordomía. Wesley describe el tipo de "poder" que los seres humanos tienen "prestado" de Dios, como el poder de un "mayordomo". Todo en este mundo material ha sido confiado a la humanidad por un tiempo a fin de que los seres humanos puedan guiarlo hacia los propósitos de Dios, no hacia los suyos. Wesley explora este tema en detalle en su sermón, "El Buen Mayordomo",[33] pero también lo maneja cuando aborda los temas del ministerio y de la paternidad.[34] Dios comparte su poder con la humanidad no para que hagan lo que quieran, sino para que tengan la oportunidad de imitar a Dios y obrar para el beneficio de aquellos que se hallan bajo su poder. Ya que todo poder en última instancia lo tiene Dios, Dios juzgará todos los usos de poder, recompensando a aquellos que lo usen bien y castigando a aquellos que lo usen mal.

Aunque Wesley no une explícitamente su preocupación por la imagen política de Dios en los seres humanos con el orden político humano, los dos calzan bien juntos. Wesley tiene una visión opaca de las formas democráticas y republicanas de gobierno, de aquí que explícitamente respalde la idea de una monarquía limitada. Parte de la razón para esto es que la mayordomía del poder es más fácil de articular en el segundo caso antes que en el primero. Una aproximación wesleyana a la política parecería decir que uno debería gobernar a los seres humanos como Dios lo hace, usando el poder solo para el beneficio de aquellos que a uno le han sido confiados.

La Imagen Moral

Para Wesley, la tercera faceta de la imagen de Dios es la imagen moral. En cierto sentido, esta es la más importante para Wesley. Entre tanto que la imagen natural de Dios tiene que ver con las capacidades humanas como reflejo de Dios, y la imagen política de Dios tiene que ver con el funcionamiento de la humanidad, la imagen moral tiene que ver con el carácter de la humanidad, el cual fue diseñado para que fuera también como el de Dios. En efecto, la imagen moral es la que le da una orientación adecuada a las otras dos.[35] La articulación de Wesley sobre esta imagen es digna de citarse en detalle.

'Entonces dijo Dios:' el tres-uno Dios, 'Hagamos al hombre a nuestra imagen, conforme a nuestra semejanza. ... Y creó Dios al hombre a su imagen, a imagen de Dios lo creó' [Génesis 1:26-27]. No simplemente a su imagen natural... no meramente a su imagen política... sino principalmente a su imagen moral, la cual, de acuerdo al Apóstol, es 'en la justicia y santidad de la verdad' [Efesios 4:24]. El hombre fue hecho a esta imagen de Dios. 'Dios es amor', por lo mismo el hombre al momento de su creación fue lleno de amor, lo que fue el único principio de su naturaleza, pensamientos, palabras y acciones. Dios está lleno de justicia, misericordia y verdad: y así fue el hombre cuando salió de las manos de su creador. Dios es inmaculadamente puro: y así, el hombre al comienzo fue puro de toda mancha de pecado. De otra manera, Dios no habría podido decir de él así como del resto de la obra de sus manos, 'bueno en gran manera' [Génesis 1:31].[36]

Esta cita viene del comienzo de uno de los sermones más famosos de Wesley sobre la salvación, y muestra el punto de partida de Wesley para abordar ese tema. Como lo hemos visto, Wesley no comienza con la idea de cuán pecaminosa es la humanidad ahora; él comienza con las gloriosas criaturas que Dios quiso que fueran. Por su puesto, el propósito del sermón es mostrar cómo regresamos ahí ahora que hemos perdido esa identidad por causa de la caída y por el pecado, pero esa diferencia en el punto de partida es muy importante.

Una y otra vez en sus sermones, Wesley explica su visión sobre la salvación y la redención como la restauración o renovación de la imagen de Dios en los seres humanos. Lo que Dios hace en la salvación está íntimamente relacionado con lo que Dios hizo en la creación. Como veremos en el siguiente capítulo, la tragedia del pecado para Wesley va más allá de la amenaza de un futuro castigo porque hayamos quebrantado la ley de Dios. La tragedia es que hemos perdido nuestra verdadera identidad, despilfarrando, por así decirlo, nuestra herencia.[37] Las buenas noticias son, sin embargo, que Dios nos quiere ayudar a recuperarla.

Exploraremos las ideas de Wesley sobre la salvación en más detalle en capítulos próximos, pero aquí será de utilidad mostrar cómo éstas se hallan enraizadas en sus percepciones sobre la humanidad. Mucha gente piensa que cosas como "la justicia y la santidad" son ajenas a la naturaleza humana, que son disposiciones extrañas que tendrán que ser importadas (o imputadas) de alguna fuente externa, esto es, de Dios. La naturaleza humana, desde esta perspectiva, es una naturaleza humana caída. Lo que haya sido Adán es irrelevante para nosotros. Sin embargo, Wesley tiene otro punto de vista. Para él, la esencia de la humanidad se halla en el hecho de haber sido creada a la imagen de Dios. Ello significa que es "natural" para los seres humanos reflejar la justicia y santidad de Dios, su bondad moral, su misericordia, su justicia y así por el estilo. Estas cualidades no son extrañas a la naturaleza humana; son exactamente lo que la naturaleza humana se suponía que fuera. El pecado es lo no natural. No pecamos porque seamos humanos. Más bien pecamos -como nuestros primeros padres lo hicieron- porque escogemos ser menos que seres humanos. La insistencia de Wesley sobre la imagen moral de Dios estampada en la naturaleza humana establece una visión de la salvación mucho más amplia que la de simplemente declarar inocente a alguien que era culpable, por importante que esto sea como punto de partida. La salvación es nada menos que la recuperación de toda nuestra completa humanidad de tal forma que podamos vivir como Dios lo diseñó, "conociendo, amando, disfrutando y sirviendo" a nuestro Creador.[38]

Entonces, esta es la manera en que Wesley ve a la humanidad como creada a la imagen de Dios. Fuimos creados para vivir en la debida relación con Dios, con los demás, y con el resto de la creación de Dios. Para que eso sucediera, Dios nos dio entendimiento, voluntad y libertad (la imagen natural), Dios compartió su poder con nosotros y nos invitó a ser mayordomos sobre todo lo que Dios hizo (la imagen política), y Dios estampó su mismísimo carácter de amor, justicia y santidad (la imagen moral) en nosotros. La tragedia del pecado consiste en que los seres humanos degradaron su imagen haciendo las cosas a su manera. La gloria de la salvación es que Dios quiere restaurar esta imagen para que florezca de nuevo.

La Humanidad como "Espíritus Encarnados"

Aunque Wesley explica la mayoría de sus ideas clave sobre lo que significa ser humanos por medio de su concepto de la imagen de Dios, hay otra idea que Wesley trata en forma separada. Nos referimos a la idea de que los seres humanos son una combinación única de aquellas dos partes de la creación que ya hemos examinado, la espiritual y la física. Wesley dice que somos "espíritus encarnados". Antes de que dejemos la visión de Wesley sobre los seres humanos, será necesario explorar lo que esto significa para nuestra naturaleza humana.

La idea de que tenemos un alma, o que somos un alma, parecía evidente para Wesley. Después de todo, somos capaces de autodeterminarnos y de automovilizarnos, algo que las cosas puramente materiales no pueden hacer. Esta alma es el asiento de la identidad humana -lo que sea que nos hace únicos como individuos[39]- y Dios le ha dado al alma inmortalidad, por lo que existirá hasta la eternidad.[40] Estas eran creencias comunes en los días de Wesley, por tanto él no nos ofrece muchos más argumentos en su favor. La parte interesante de la comprensión de Wesley es la manera en que él ve a las almas como siempre "encarnadas", y qué implicaciones esto tiene para la salvación y la "vida espiritual".

Wesley vio nuestra encarnación humana simplemente como una característica de la forma en que Dios nos creó. Puesto que Wesley sabía que todo en el mundo material era bueno, sabía que nuestros cuerpos físicos también lo eran.[41] Wesley no fue tentado a pensar que nuestros cuerpos fueran de alguna manera malos, o que somos seres físicos porque estamos caídos. Libremente reconoció que nuestra condición caída a menudo hace que nuestra naturaleza física sea una carga, pero para Wesley ese es un problema que proviene del pecado, no de nuestra encarnación. Wesley creía que seremos espíritus encarnados aun en la nueva creación que durará por siempre. Wesley escribe: "En verdad, al presente este cuerpo está tan íntimamente conectado con el alma, que parece que yo soy ambos. En mi presente estado de existencia, indudablemente estoy compuesto de un alma y un cuerpo. Y así seré después de la resurrección por toda la eternidad".[42]

Esta interconexión significa que experimentamos de manera conjunta la faceta física y la espiritual de nuestra existencia. Las causas físicas pueden tener efectos espirituales, y las causas espirituales pueden tener efectos físicos, una situación que moldea la forma en que entendemos tanto la vida física como la espiritual. Por un lado, nuestra naturaleza caída impacta la forma en que nuestra imagen de Dios pueda expresarse. Por mucho que deseemos que esto sea de otra forma, simplemente es una característica de la naturaleza compuesta de nuestra existencia.

> Y por la experiencia tristemente encontramos que este "cuerpo corrompido presiona sobre el alma". Muy frecuentemente estorba el funcionamiento del alma, y en el mejor de los casos le sirve imperfectamente. Pero el alma no puede prescindir de su servicio, imperfecto como es, porque un espíritu encarnado no puede forjar ni siquiera un pensamiento sin la mediación de sus órganos corporales. Y es que el pensamiento no es, como muchos suponen, el acto de un espíritu puro, sino el acto de un espíritu conectado con un cuerpo, que actúa sobre un conjunto de elementos materiales.[43]

Por otro lado, Dios también usa nuestra naturaleza física en formas tales que empoderen nuestra naturaleza espiritual. Wesley predica todo un sermón sobre, "El Deber de Comulgar Constantemente", en el que anima a sus oyentes a recibir la Santa Cena -una expresión de adoración verdaderamente física- tan a menudo como puedan porque, en sus palabras, "Así como nuestros cuerpos se fortalecen por medio del pan y el vino, así también lo hacen nuestras almas por medio de estos símbolos del cuerpo y la sangre de Cristo".[44] Para Wesley, el acto físico de tomar la comunión es inseparable de los beneficios espirituales que esta confiere.

Por supuesto, esta interconexión puede funcionar en el otro sentido también, desde lo espiritual hacia lo físico. Wesley afirmará que muchas aflicciones físicas tienen causas espirituales. De acuerdo a Wesley, las pasiones desordenadas que provienen de nuestra voluntad corrompida pueden causar enfermedades,[45] y también cree que hay muchas enfermedades -especialmente las enfermedades mentales- que son causadas directamente por fuerzas demoníacas.[46] Por esta razón Wesley cree que, "Ningún hombre puede ser un médico completo si no es un cristiano experimentado".[47]

Sin embargo, también es posible que lo positivo fluya del espíritu hacia el cuerpo. Wesley piensa que tener una vida espiritual saludable contribuye tanto como cualquier otra cosa a la preservación del bienestar físico. Como él nota al final de su introducción a su guía de remedios caseros:

> El amor de Dios, como el remedio soberano de todas las miserias, en particular previene eficazmente todos los desórdenes corporales que causan las pasiones, manteniendo a las pasiones mismas en sus debidos límites. Y por el indescriptible gozo, calma perfecta, serenidad y tranquilidad que le da a la mente, se convierte en el más poderoso de todos los medios para la salud y una larga vida.[48]

Si los seres humanos son espíritus encarnados, y Dios los va a salvar como son, entonces la salvación tendrá efectos tanto físicos como espirituales. Algunas tradiciones cristianas se enfocan solamente en los efectos espirituales de la obra de Dios. Esto a menudo implica una visión de la salvación como un "ir al cielo cuando mueras", con poca consecuencia para la vida diaria. Otras tradiciones cristianas se enfocan a tal punto en los asuntos físicos para el aquí y el ahora -quizá enfatizando cosas como la justicia social o cómo vivir una vida feliz- que los asuntos espirituales resultan de poca importancia. La visión que Wesley tiene de los seres humanos, por el contrario, ofrece una visión balanceada que evita estos extremos. Así, por ejemplo, una dieta apropiada y el ejercicio van mano a mano con la adoración y los ejercicios espirituales diarios como parte del vivir como espíritus encarnados. Cuando alguien está enfermo, uno ora por su sanidad pero también lo lleva al médico. En la experiencia humana, lo espiritual y lo físico, lo sagrado y lo "secular", son realidades diferentes, pero siempre las encontramos juntas. Siempre vivimos con un pie en cada uno de ambos mundos.

Pues bien, estos son los contornos básicos de las percepciones bíblicamente fundamentadas de Wesley sobre lo que significa ser una persona humana, o al menos lo que Dios quería que fuera cuando creó a la humanidad. Pero algo, no obstante, salió mal, y encontramos que ya no estamos viviendo hoy en la situación dichosa que nos muestra aquel cuadro de la naturaleza humana. Ese "algo" es el pecado. Lo que es el pecado, y cómo ha dañado nuestra naturaleza humana dada por Dios, es el tema del siguiente capítulo.

CAPÍTULO ONCE

Su Pensamiento sobre el Pecado

La última pieza que necesitamos poner sobre el tablero antes de ocuparnos en el pensamiento de Wesley sobre la salvación -pieza central de su teología- es la idea del pecado. Considerando la visión tan elevada que Wesley tiene de lo buena que fue la creación original de Dios, podemos ver que el pecado no fue parte del plan original de Dios. Si el pecado no hubiera ocurrido, tampoco habría sido necesaria la salvación. Sin embargo, sí ocurrió, por lo que el mundo en el que vivimos no es el mundo como fue creado originalmente. En muchos de los sermones evangelísticos de Wesley, él comienza bosquejando el problema antes de ofrecer la solución de Dios para el problema, por lo que comenzar la historia del drama de la salvación con el pecado es simplemente seguir la propia aproximación de Wesley.

Empezaremos a examinar los pensamientos de Wesley sobre el pecado mirando lo que él entiende por la caída, que es donde el pecado empezó, y por el "pecado original", la forma en que la caída nos ha sido transmitida hasta nosotros hoy. Luego trataremos sobre el pecado mismo, resaltando su naturaleza como corrupción de la imagen de Dios en nosotros. Esa corrupción se muestra en nuestros actos de rebelión pero procede de una fuente más profunda. Con el entendimiento de Wesley sobre nuestra condición caída, entonces, estaremos finalmente preparados para escuchar las buenas nuevas como Wesley desea proclamarlas.

La Caída

Hasta este punto hemos permitido que Wesley pinte un cuadro muy positivo de la bondad relacional del Dios eterno, de la creación y de los seres humanos creados a la imagen de Dios. Sin embargo, ese cuadro no concuerda con nuestra experiencia. Nuestro mundo parece estar lleno de maldad. A menos que Wesley esté describiendo un mundo de fantasía muy alejado del nuestro, algo debe haber ocurrido para que este mundo que Dios hizo se haya alejado tanto de su camino: un mundo bueno designado para llegar a ser aun mejor. Para Wesley, lo que ocurrió fue la caída.

En la lectura que Wesley hace de la Biblia, la caída es incuestionablemente un evento histórico, el evento que explica el por qué el mundo de hoy no es el mundo que debería ser. Explica por qué nuestra experiencia está contaminada y no puede ser totalmente confiable sin que medie la corrección que la Biblia nos da. Explica por qué hay muerte y dolor y distanciamiento de Dios, no solo entre los seres humanos sino en todo el orden creado. Nos presenta los obstáculos fundamentales que la obra salvadora de Dios debe superar para restaurar en los seres humanos, y en el resto de la creación de Dios, su bondad original y llevarla aún más lejos.

Lo sucedido en la caída parece ser muy simple a los ojos de Wesley, aunque, aun así, no deja de ser trágica. Adán y Eva fueron creados completamente buenos, reflejando "perfectamente" la imagen de Dios en todas sus facetas: la natural, la política y la moral. Al comienzo, vivieron esta imagen perfectamente, por lo que tuvieron relaciones perfectas: con Dios, entre ellos, y con el resto del orden creado por Dios. Sin embargo, parte de su perfección fue el don de la libertad o de la autodeterminación. Este don fue diseñado para que el hombre y la mujer lo practicaran en el marco del amor, esa orientación original con la que Dios los creó y en la cual iban a vivir y ser felices. El hecho de que hubieran sido creados para amar, suponía que se orientarían hacia afuera: hacia Dios, hacia el otro, y hacia la creación que ellos debían administrar. Si ellos hubieran mantenido esta orientación y ejercido su libertad apropiadamente, todo habría funcionado en la forma en que Dios lo planeó originalmente. Pero para que la libertad fuera verdaderamente libertad, tenía que ser probada.

> La libertad del hombre necesariamente requería que él tuviera alguna prueba; de no haber sido así no hubiera tenido la oportunidad de escoger si permanecía o no, esto es, no hubiera tenido libertad alguna. Para esta prueba necesaria, Dios le dijo, "De todo árbol del huerto podrás comer; mas del árbol de la ciencia del bien y del mal, no comerás".[1]

Así, el pleno funcionamiento de la libertad demandaba poner delante de Adán un escogimiento, y ese escogimiento fue articulado por medio de una ley, un límite que circunscribía la relación que él mantenía con Dios. Por lo tanto, el amor de Dios por Adán se expresó al darle la libertad de responder en amor a

Dios. A tenor con ese límite, Adán podía decidir el mantener la relación intacta o romperla. Es importante notar que, para Wesley, era la relación antes que el fruto lo que estaba de por medio en este mandato.

Por supuesto, todos sabemos lo que sucedió después. Inexplicablemente, Adán y Eva usaron su don de la libertad para alejarse de Dios y enfocarse en ellos mismos. Este alejamiento de Dios rompió la relación de ellos con Dios, y en su momento les llevó a romper la ley de Dios. Para Wesley, la violación relacional vino primero y el quebrantamiento de la ley después.[2] Este acto fue el evento que alejó a la creación de la condición buena en la que fue creada y la llevó al estado de propensión al mal que experimentamos. Para Wesley, todo dolor, maldad, pecado y muerte tienen su raíz en este mal uso de la libertad. Dios dio la libertad a los seres humanos para que fueran capaces de amar; de ahí que fueran completamente capaces de ejercer su libertad en formas perfectamente amorosas.[3] Pero el regalo de la libertad llevaba consigo el riesgo de la maldad. Y ese fue un riesgo que Dios evidentemente estuvo dispuesto a tomar.

Cuando Adán y Eva escogieron ser egoístas antes que amorosos, rompieron su relación con Dios, el uno con el otro, y con el mundo de tal forma que no la pudieron reparar. Todas las demás consecuencias de su pecado, tanto para ellos como para sus descendientes, emanarían de este rompimiento. De ese modo perdieron la buena relación que tenían con Dios (Wesley la llama "el favor de Dios"), y la imagen de Dios que hacía posible esa relación.[4] Sin embargo, antes de que veamos las maneras en las que nuestra condición presente se deriva de esos eventos, tenemos que mencionar algo sobre la manera en que Wesley entendía la caída en el gran esquema de la redención.

Wesley está consciente de la acusación de que Dios es de alguna forma culpable por el mal que resultó de la caída, puesto que Dios conocía lo que iba a suceder y podía haberlo evitado. Wesley reconoce esto como cierto, pero dice que Dios escogió permitir la caída porque planeó traer un bien eterno mayor a partir de estos males menores y temporales. Porque Dios permitió la caída, tenemos la demostración del amor de Dios por nosotros en Cristo, algo que no hubiéramos tenido sin ella. También tenemos la promesa de Dios de que las cosas finalmente serán mejores que la "perfección" creada originalmente por Dios (como lo hemos notado en el capítulo anterior). Parece, pues, que Wesley es un proponente de la idea de la caída denominada con frecuencia *felix culpa* ("feliz culpa" en latín). Esta tradición entiende que la caída misma no es algo bueno, sino que es algo que Dios transforma retroactivamente en algo bueno, por así decirlo, considerando el bien que Dios sacará de ello al final.

El Pecado Original

Wesley cree que, por causa de la caída, los seres humanos hemos heredado hoy las condiciones de relaciones rotas que Adán y Eva generaron. Siguiendo su tradición anglicana, él le llamó a esta condición heredada de ruptura, "pecado original". Aunque describió la naturaleza del pecado original y sus efectos de diferentes maneras en diferentes tiempos de su vida, el hecho mismo de esta condición fue siempre importante para él; tan importante que uno no podría concebir el cristianismo sin ella.

El cristianismo tradicional estaba bajo el ataque creciente del clima intelectual de la Inglaterra del siglo XVIII, aun cuando la gente común respondía por multitudes al mensaje de Wesley. Una de las puntas principales de ese ataque intelectual era la afirmación de la bondad y capacidad humanas. Algunos intelectuales empezaron a decir que, si la sociedad pudiera educar a la gente suficientemente bien, una buena sociedad emergería naturalmente. Una vez que la gente supiera el bien que debería hacer, lo haría naturalmente. En este caso, los seres humanos llegarían a ser los dueños de su destino y no habría mucho sentido en hablar sobre la "necesidad de ser salvos". Incluso había unos pocos que pensaban que la idea de un Dios que castiga a la gente por hacer lo malo, y que los recompensa por hacer lo bueno, era una forma "primitiva" de moralidad que necesitaba desaparecer a fin de dar paso al florecimiento del verdadero ser humano.

Sin embargo, la lectura que Wesley hacía de la Biblia no le daba mayor razón para aceptar ese análisis. De hecho, lo animó a creer lo opuesto. La presentación más sucinta de esa realidad fue su sermón, "El Pecado Original",[5] que servía como un marco explicativo de Génesis 6:5: "Y vio Jehová que la maldad de los hombres era mucha en la tierra, y que todo designio de los pensamientos del corazón de ellos era de continuo solamente el mal". Wesley interpretaba que este versículo quería decir dos cosas. Primero, que la condición caída que heredamos de nuestros primero padres nos afectó a todos, sin excepción. No hay "gente buena", por lo que no hay uno solo que no necesite la salvación que Dios provee en Cristo.[6] Segundo, no solo que el pecado original afecta a todas las personas, sino que afecta a todo lo que se relaciona con ellas. Ninguna parte de la vida humana está libre de esta enfermedad, puesto que alcanza la raíz misma de nuestras acciones y actitudes. En las palabras de Wesley:

> Ahora Dios "vio… que todo" esto, la totalidad, era malo, contrario a la rectitud moral; contrario a la naturaleza de Dios, la que necesariamente incluye todo lo bueno; contrario a la voluntad divina, la medida eterna de lo bueno y lo malo;

contrario a la pura y santa imagen de Dios, en la cual el hombre fue originalmente creado... contrario a la justicia, la misericordia y la verdad, y a las relaciones esenciales que cada hombre sostenía con su Creador y sus semejantes.[7]

Puesto que Dios es la única fuente de bondad, y ya que la raza humana se ha desprendido de Dios, los seres humanos no pueden mostrar ninguna bondad por sí mismos. Creer de otra manera, para el pensar de Wesley, sería negar toda la religión cristiana. Su lógica era simple. Si la gente es capaz de salvarse a sí misma entonces la obra de Cristo en la cruz no fue necesaria. Sin embargo, si la obra de Cristo en la cruz fue en verdad necesaria, entonces no hay forma en que la gente pueda jamás salvarse a sí misma. La afirmación de la obra de Cristo estaba unida a la necesidad humana de esa obra. La idea del "pecado original", en un sentido, fue el punto lógico de inicio de todas las ideas sobre la salvación cristiana que Wesley pensó que eran importantes. Como él dice más adelante en la conclusión de ese sermón:

> De aquí podemos aprender una gran diferencia fundamental entre el cristianismo, considerado como un sistema de doctrinas, y el paganismo más refinado... ¿Está el hombre por naturaleza lleno de toda forma de maldad? ¿Está vacío de toda bondad? ¿Está totalmente caído?... Afirme esto y será hasta ahí un cristiano. Niéguelo, y todavía será un pagano.[8]

Así, aunque Wesley creía que los seres humanos habían sido creados originalmente por Dios para ser buenos, su bondad ya no se manifiesta apropiadamente. Aunque algo de la imagen de Dios permanece (en términos de su entendimiento, o voluntad o libertad), los seres humanos ya no la usan para relacionarse en amor con Dios, con los demás, y con el resto del orden creado por Dios (que son las "relaciones esenciales", como él las llamó anteriormente). Los seres humanos han sido dejados en un estado que Wesley llama ambiguamente "natural", con lo cual él quiere decir que los seres humanos están por su cuenta - apartados de Dios y espiritualmente muertos.[9] La idea es una abstracción para Wesley, puesto que él creía que Dios no dejaba a nadie solo, sin embargo es una abstracción importante. Es en nuestra muerte espiritual donde nuestra experiencia "natural" comienza, y por lo tanto es donde Dios comienza la aplicación de la salvación a nuestras vidas individuales.

Durante sus años en Oxford, Wesley explicaba la muerte que se hereda en términos marcadamente biológicos, aun intentando describir cómo el acto físico de comer la manzana dio paso a condiciones físicas que pudieron ser pasadas de Adán y Eva a sus hijos.[10] Durante los primeros años del avivamiento, Wesley cambió su énfasis hacia una idea más legal, tomando a Adán como un representante de la humanidad cuyas acciones tienen consecuencias que sus hijos heredan. En esta visión típicamente protestante, los seres humanos hoy nacen "muertos para Dios" como parte del castigo por el pecado de Adán. Eventualmente, sin embargo, Wesley decidió que esta visión comprometía la justicia de Dios, puesto que significaba que éramos responsables por algo que no hicimos. Esto lo llevó al final de su vida a regresar a la idea de la transmisión del pecado original con bases biológicas. Pero como quiera que nos llegue, el pecado original implica que ahora estamos inclinados a actuar en la misma forma que Adán actuó, incurriendo en la misma culpa y castigo que él. Y así, es a la naturaleza del pecado presente a la que nos volvemos ahora.

El Pecado y la Corrupción de la Imagen de Dios

El hecho de que Wesley cambiara su entendimiento de la forma en que trabaja el pecado original muestra que esas ideas estuvieron presentes y rondando en su mente. Wesley no estuvo contento simplemente con afirmar el hecho de nuestra muerte espiritual heredada; él la analizó. Aquí, las ideas de Wesley sobre el pecado se alinean muy bien con su percepción de la naturaleza humana, la que articula bajo el concepto de la "imagen de Dios", y es este concepto el que usaremos como nuestra guía. Wesley mismo hace esta conexión al describir el pecado usando las palabras que usó para describir esa imagen. Sus varias preocupaciones sobre el pecado tienen más sentido cuando se las ve a la luz de su idea de que el pecado esencialmente es una corrupción de la imagen de Dios en la cual los seres humanos fueron creados.

El Pecado y la Imagen Relacional

Como lo hemos notado en el capítulo anterior, la idea básica de la imagen de Dios para Wesley era que ésta permitía que los seres humanos fueran "capaces de Dios". Podían relacionarse con Dios en formas amorosas y personales mejor que cualquier otra parte de la creación material. Cuando Adán y Eva mal usaron su libertad y se apartaron de Dios perdieron esta capacidad relacional. Los seres humanos llegaron a ser "incapaces de Dios". Por su desobediencia, rompieron la relación, y -puesto que su capacidad de relacionarse con Dios fue un producto de la relación de Dios con ellos- perdieron la capacidad para relacionarse, junto a la relación misma. Fue como si hubieran puesto un cerrojo y hubieran arrojado las llaves para que Dios quedara fuera de sus vidas. La relación se perdió, y también toda posibilidad de reparación por parte de ellos.

En este sentido, la imagen plena de Dios en la humanidad quedó perdida. Piezas de la imagen permanecen, como lo veremos más adelante, pero ya no pueden funcionar como una vez lo hicieron, para mantener a los seres humanos en relación con Dios. De hecho, los fragmentos de la imagen de Dios en nosotros tienden ahora a funcionar solamente para alejar a la gente más y más de Dios y de los demás. Los seres humanos en su condición "natural" -solos sin la ayuda de Dios- son absolutamente incapaces de arreglar este problema.

Originalmente, Dios había estipulado en términos de una ley esa línea de demarcación que dio a la humanidad la libertad para amar o rechazar a Dios. Por lo tanto, el vacío relacional que Adán y Eva crearon al violar esa línea de demarcación puede ser pensado en términos de culpa legal. Esta idea del pecado forma la espina dorsal de la mayor parte de la teología del pecado en Occidente y Wesley comparte esa herencia, aunque él prefiere usar conceptos legales para señalar hacia algo más profundo como es "la ley del amor". En un contexto legal, la idea de la culpa no se refiere a sentimientos asociados con hacer lo malo sino más bien al hecho objetivo del mal. Cuando violamos un límite relacional o rompemos una ley, somos culpables sin considerar cómo nos sentimos acerca de ello. Hasta que esa culpa objetiva sea tratada, no podremos relacionarnos con la persona a la que hemos hecho mal, o relacionarnos bien en la sociedad cuyas leyes hemos infringido.

Por su puesto, la forma normal de tratar la culpa es el castigo. Una vez que el ofensor paga la multa o cumple tiempo en prisión, la "deuda con la sociedad" queda pagada, la "culpa" es expiada y las relaciones pueden reanudarse. Pero si el castigo por la ofensa es la muerte -tal como se les explicó claramente a Adán y Eva- entonces no podían simplemente recibir el castigo y seguir adelante. Tanto la culpa como el castigo quitan la posibilidad de la relación con Dios; por consiguiente, los seres humanos están atrapados. Esta idea es importante para Wesley, puesto que fundamenta toda la historia de la salvación por la gracia. Dios hace algo por nosotros que nosotros nunca podemos hacer por nosotros mismos.

La culpa, por supuesto, no aparece mágicamente en una persona. Se produce por acciones, las acciones que comúnmente llamamos "pecados". Para entender esas acciones, sin embargo, debemos movernos más allá de la pérdida general de la imagen de Dios en la humanidad, hacia formas específicas en las cuales la imagen natural de Dios en la humanidad (la capacidad de entendimiento, voluntad y libertad), y la imagen moral (la orientación hacia lo bueno), se han corrompido en formas antirrelacionales.

El Pecado y la Imagen Natural y Moral

Una de las ideas más conocidas de Wesley es su definición del pecado como "una transgresión voluntaria [o intencional] de una ley conocida de Dios".[11] Aunque no es exclusiva de Wesley, la frase une su entendimiento del pecado con su concepto de la imagen de Dios. Wesley explica la imagen natural de Dios en términos de entendimiento, voluntad y libertad. El pecado, entonces, es un ejercicio de la libertad -un escogimiento- que involucra tanto la voluntad (con todos sus deseos, ánimos y afectos) como el entendimiento. Tal escogimiento resulta de la corrupción profunda de nuestra naturaleza. Entonces, así como la culpa es el resultado de los actos de pecado, así los actos de pecado son el resultado de algo más profundo.

El pecado actual. Wesley insiste en que las únicas acciones que pueden ser calificadas como pecados son aquellas que son capaces de quebrantar relaciones, y que involucren a la libertad, a la voluntad y al entendimiento. Él escribe: "Nada es pecado, estrictamente hablando, sino la transgresión voluntaria de una ley conocida de Dios. Por lo tanto, toda violación voluntaria a la ley del amor es pecado; y nada más, si hablamos apropiadamente".[12] Para Wesley, esta es una definición verdadera, y no meramente una descripción. Todas las transgresiones voluntarias son pecado y solo las transgresiones voluntarias son pecado. Esto hace que su concepto de pecado sea tan amplio como para incluir cualquier cosa que a sabiendas quebrante las relaciones (la "ley del amor", como Wesley la llama), aun cuando la Biblia no diga nada al respecto. Pero también limita la definición solo a aquellas acciones que surjan de nuestra naturaleza corrompida. Solo cualifican como pecado aquellas acciones consideradas como rebelión. La razón para insistir en esto es doble.

Primero que nada, Wesley entiende que las leyes de Dios pueden ser quebrantadas en formas que no involucren al entendimiento o a la voluntad. La gente comete errores por ignorancia, causando interrupciones de forma accidental o no intencionada en sus relaciones. Tales errores también requieren el perdón, y cuando son cometidos en contra de Dios, necesitan ser cubiertos por el sacrificio expiatorio de Cristo. Sin embargo, Wesley insiste en que las acciones involuntarias o por ignorancia no pueden ser calificadas propiamente como pecados. Surgen de nuestra naturaleza física limitada y, por tanto, debemos tratar con ellas, pero no nos hacen "culpables".

Si tratáramos estas violaciones como si fueran pecados, de acuerdo a Wesley haríamos que el problema del pecado fuera irresoluble. Wesley acusa a los calvinistas de este error,[13] señalando que agotaría cualquier motivación que pudiéramos tener para tratar seriamente con el pecado. Después de todo, si echamos a perder nuestras relaciones porque somos finitos y mortales, y no podemos hacer nada para remediarlo, ¿por qué molestarse en tratar de hacerlo? Es verdad que necesitamos el perdón constante de Dios y de otros por las formas accidentales con las que dañamos nuestras relaciones. Sin embargo, los actos que son rupturas deliberadas y con conocimiento, indican un problema más profundo que la sola finitud. Después de todo, hay una diferencia entre haber roto nuestra relación con alguien por haber pisado su dedo accidentalmente, y el hacerlo aplastando nuestro talón en su pie para lastimarlo. Esto nos lleva a la segunda razón por la que Wesley quiere reservar la etiqueta de "pecado" para los actos voluntarios y con conocimiento.

Wesley no está solo interesado en el hecho de que nosotros quebrantamos las leyes de Dios; él quiere saber cuál es la fuente de esas acciones. ¿Qué clase de persona es aquella que deliberadamente y con conocimiento aplasta su talón en el pie de otra? ¿Qué clase de personas voluntariamente y con conocimiento rechazan los límites marcados por Dios, y tratan de establecerse como dioses en el lugar de Dios? Eso parecería una osadía, pero los seres humanos lo hacen de todas formas. ¿Por qué? ¿Qué está mal en ellos? La definición de Wesley sobre el pecado señala a problemas más profundos en nuestra naturaleza que solo el hecho de una actuación inadecuada. Al definir el pecado en términos de rebelión, Wesley resalta una corrupción de nuestro entendimiento y voluntad que lleva a un comportamiento de ruptura relacional en primer lugar. También indica que todo nuestro sentido de lo bueno (la imagen moral) debe estar igualmente en mal estado. La definición que Wesley le da al acto de pecado nos muestra que el pecado es más que solo un acto. Algo lo está impulsando. El pecado no es solo un asunto de actos externos; también es una disposición interna.

El pecado innato. Wesley tiene varios nombres para la fuente de nuestras acciones pecaminosas, pero todos ellos se refieren a algo interno, en oposición a las manifestaciones externas del pecado que son nuestras transgresiones. A veces él le llama "el pecado que mora en nosotros",[14] a veces "pecado innato",[15] y a veces un "principio".[16] Como sea que Wesley lo llame, la intención es la misma. En algún lugar del centro de nuestra personalidad se halla hospedada una inclinación de la que provienen todas nuestras acciones externas. Ese principio o fuente fue creado originalmente para ser y actuar como Dios, pero ha sido completamente corrompido. Para usar uno de los versículos favoritos de Wesley, ahora es un "árbol malo" del que solo pueden provenir "malos frutos" (Mateo 7:18; Lucas 6:43).

Esta corrupción es corrupción de la imagen natural y de la imagen moral de Dios en la humanidad. Para comenzar, es una corrupción de nuestro entendimiento. En un sentido, es falta de entendimiento. Wesley con frecuencia usará la metáfora de la ceguera para resaltar esta parte de nuestra condición humana debilitada. Estamos ciegos a la verdad, ciegos de nuestra propia naturaleza, ciegos a cualquier cosa buena que nos aproxime a Dios. Puesto que no tenemos entendimiento de Dios, nuestra voluntad no puede querer o desear a Dios, por lo que no podemos amar a Dios o relacionarnos con Él.[17] Sin embargo, el problema es más profundo que la ignorancia. No solo nos falta conocimiento (pensamos que sabemos cosas que en realidad no las sabemos), sino que nuestro entendimiento nos lleva a pensar de cosas como buenas cuando en realidad son malas.[18] Así, nuestro entendimiento nos lleva a actuar en forma completamente opuesta a cómo fuimos creados para actuar.

Así como nuestro entendimiento se ha vuelto insensato, nuestra voluntad se ha vuelto egoísta. Como vimos en el capítulo anterior, la voluntad humana fue creada para querer lo bueno, para amar y desear lo que Dios quería. La voluntad caída, sin embargo, ahora solo quiere sus propios deseos y rehúsa reorientarlos hacia lo que Dios quiere. Nuestros afectos "naturalmente" (esto es, impíamente) ahora se inclinan hacia las cosas de este mundo material antes que hacia las cosas de Dios. Aun nuestros hábitos deliberados de deseo -Wesley los llama nuestros "temperamentos"- han sido entrenados hacia cosas que incrementan nuestra infelicidad en lugar de nuestra felicidad, nuestra destrucción en lugar de nuestra salvación.[19] A los ojos de Wesley, los seres humanos apartados de Dios han ido tan lejos que ni siquiera quieren ser salvos. Finalmente, frente a un entendimiento corrupto y una voluntad egoísta, cualquiera sea la libertad que permanezca en los seres humanos no tendrá poder para escoger a Dios, haciéndose esclava de la ignorancia, de lo sin sentido y del pecado.

La corrupción de nuestro entendimiento y voluntad, y la pérdida de libertad, van de la mano con la pérdida de nuestra imagen moral de Dios. Los seres humanos ya no tienen una inclinación hacia lo bueno o hacia Dios. Aunque fueron creados por Dios para la santidad y la justicia, ahora solo buscan el pecado. Aunque Dios los creó para amar a Dios y a sus semejantes, solo buscan sus propios deseos egoístas. Lo que entienden y desean como "bueno" es en realidad lo malo, y no lo saben y no les importa. Por tanto, la humanidad está verdadera y totalmente perdida.

Si los seres humanos han sido profundamente corrompidos de esa forma, entonces necesitamos más que únicamente el perdón por las cosas malas que hemos hecho. Somos culpables, sin duda, pero hay una enfermedad más profunda que está alimentando esa culpa. Algo debe estar radicalmente mal en nosotros al querer hacer las mismas cosas que nos hacen culpables. Pero así de profundo como es el problema del pecado según lo entiende Wesley -y es difícil pensar cómo podría ser más profundo-, él ve la solución de Dios al problema del pecado como aun más profunda. En aquellos lugares en los que Wesley enfatiza las profundidades de la caída, él se asegura de enfatizar aún más las profundidades mayores de la gracia.[20] Y es precisamente hacia esa gracia que nos volvemos ahora.

CAPÍTULO DOCE

Su Pensamiento sobre la Salvación, Parte I

Por fin llegamos a los pensamientos de Wesley sobre la salvación, que es, como hemos dicho, la pieza central de su teología. Como Wesley dijo en el prefacio a su primer volumen de sermones, "Quiero saber una cosa: el camino al cielo".[1] Para Wesley, "el camino al cielo" se hallaba en la renovación de la imagen de Dios, lo cual llamó de varias maneras: la búsqueda de la santidad, la santificación, o la perfección cristiana. El Dios quien es amor creó un mundo que podría servir como el entorno para relaciones de amor y a personas a imagen de Dios que poseyeran la capacidad necesaria para tenerlas. Debido al pecado perdieron esta capacidad, pero Dios todavía quiere esa relación. Por eso, la obra de salvación de Dios es una obra de nueva creación, que restaura lo que se perdió de tal manera que el amor pueda florecer tal como originalmente se diseñó.

Visto en esta luz, el entendimiento de Wesley sobre la salvación es distintivo, una combinación bien pensada de varias tradiciones cristianas estampadas con su propio énfasis y punto de vista. Claro que poco de lo que discutiremos en este capítulo debería ser sorpresa. Si entendemos las ideas fundamentales y las creencias de Wesley sobre Dios, sobre la creación y los seres humanos, y sobre el problema del pecado, entonces hallaremos que su entendimiento de la salvación es relativamente fácil de predecir. Una vez que vemos los puntos, ellos casi se conectan solos. En este capítulo veremos las piezas básicas que Wesley junta para formar su doctrina de la salvación. En el siguiente capítulo miraremos en detalle la forma en que esas piezas funcionan en el drama de la salvación.

Nos aproximaremos a los pensamientos de Wesley sobre la salvación en forma similar a la aproximación que hicimos a sus pensamientos sobre el pecado, esto es, con los eventos históricos que preparan el escenario para lo que sigue. Para Wesley, estos son la vida, muerte y resurrección de Jesucristo y la llegada del Espíritu Santo en el Pentecostés. De ahí, miraremos al entendimiento básico de Wesley sobre la gracia y la fe, que son los dos tipos de "respuesta" -una del lado de Dios y otra del nuestro- que se podría decir dan forma a todo lo que sucede en el proceso de la salvación. La sección final de este capítulo se dedicará a una visión de conjunto del "orden de la salvación" (o el *ordo salutis,* en latín), la cual formará el marco para nuestra mirada más detallada del proceso de la salvación contenida en el siguiente capítulo.

La Salvación: los Pilares Históricos

Como notamos en el último capítulo, Wesley vio la caída como un hecho histórico con consecuencias históricas. En la misma forma, Wesley entendía que los hechos salvadores de Dios también fueron acontecimientos históricos, y que éstos a su vez tienen consecuencias constantes en el mundo real. La obra de Dios por medio de Cristo y del Espíritu Santo empezó en el momento en que Adán y Eva pecaron, y continúa a través de la historia.[2] Sin embargo, los hechos salvadores de Dios alcanzaron nueva prominencia y un nuevo nivel de efectividad cuando Cristo nació en el mundo y el Espíritu Santo fue dado a los seguidores de Cristo en Pentecostés.

Cristo

Wesley no posee una reflexión altamente desarrollada o matizada sobre la persona y la obra de Cristo. Si acaso, sus reflexiones sobre Cristo pueden ser la parte más débil de su sistema teológico. La mayoría de los intérpretes de Wesley han reconocido que él simplemente asume el entendimiento básico protestante sobre Cristo y, partiendo de ahí, pasa a hablar del rol de Cristo en la salvación. Wesley predicó solo un sermón sobre un aspecto explícito de la identidad de Cristo, y en ese sermón enfatizó la divinidad de Cristo tan marcadamente que su humanidad parece eclipsarse.[3] Este es un problema, pero todavía sirve para subrayar que los eventos que aseguran nuestra salvación tienen un carácter histórico y que son iniciados por Dios.

El fuerte énfasis de Wesley sobre la divinidad de Cristo resalta el hecho de que es Dios y Dios solamente quien inicia y consigue la salvación humana. Es Dios quien concibe el plan para salvar a la humanidad por medio de la muerte de Cristo en la cruz, y es Cristo como Dios quien consiente con ese plan, y es su obediencia la que permite que se logre. De esa forma, la salvación como una "nueva creación" es como la primera creación. Ambos son actos que solo Dios puede cumplir, y Dios los realiza sin precondicionamientos, por su propia decisión amorosa. La divinidad de Cristo también subraya la importancia de su enseñanza -ésta sería vista como enseñanza directa de la boca de Dios-, y es así como Wesley va a predicar una serie de trece sermones sobre el Sermón del Monte, los mismos que publica en su primera edición de sermones.[4]

Aunque Wesley se enfoca mayormente en la divinidad de Cristo, su humanidad también juega un rol en la salvación. Cristo es la única expresión perfecta de la imagen de Dios en la vida humana, por lo que Él ejemplifica nuestra verdadera naturaleza humana de una forma en la que ningún otro lo ha hecho o pudo hacerlo. Su naturaleza humana perfecta se expresó en obediencia perfecta a Dios, y su sumisión a la voluntad de Dios da a Dios una razón para extender de nuevo su favor a la humanidad.[5] Hay que recordar que los seres humanos perdieron en la caída tanto el favor (la buena relación) como la imagen de Dios. De igual manera, Cristo potencia en dos formas el proceso que revierte la caída. Primero, Él se convierte en el vehículo por medio del cual Dios extiende de nuevo su relación con la humanidad. Segundo, Él es el ejemplo de cómo se vería la imagen de Dios vivida en relación con Dios.

La obra de Dios de la "nueva creación" en Cristo, así como la obra de la primera creación, es algo que Dios hace a fin de obtener una respuesta de aquellas criaturas que Dios ha creado. De ahí que, aunque Cristo haya logrado el hecho de la salvación, ese hecho todavía necesita ser aplicado a las vidas individuales y a las comunidades. Esta aplicación se realiza por la obra de la tercera persona de la Trinidad, el Espíritu Santo.

El Espíritu Santo

Siendo que los eventos de la crucifixión y la resurrección sucedieron hace mucho tiempo, Wesley reconoció que debía haber alguna forma para que la obra de Cristo se conectara con las vidas de aquellos que no estuvieron cerca cuando esos eventos sucedieron. Se necesitaba que hubiera una forma de aplicar la obra histórica de Cristo a otras épocas de la historia. Para Wesley, esto se logró por medio de la obra del Espíritu Santo, cuya venida también está anclada en la historia por los eventos de Pentecostés.

Wesley no enfatiza el evento de Pentecostés con la frecuencia con la que enfatiza los eventos de la pasión de Cristo, sin embargo, su importancia como evento histórico está clara en su pensamiento. Los eventos de la muerte y resurrección de Cristo serían remotos e ineficaces si no hubieran sido aplicados a las vidas de los creyentes por medio de la venida del Espíritu Santo. Wesley iguala el "ser cristiano" con el "ser lleno con el Espíritu Santo",[6] y él es explícito sobre el hecho de que el alcance completo de la gracias salvadora de Dios solo estuvo disponible después de que Cristo había ascendido a los cielos y que el Espíritu Santo había sido enviado para aplicar su obra.[7] Entonces, es sobre el día de Pentecostés y el nacimiento de la iglesia -no sobre el día de la resurrección de Cristo- que Wesley canta loas al decir:

> Este fue el amanecer del día del evangelio propiamente dicho. Esta fue la iglesia cristiana propiamente dicha. Fue ahí que "el Sol de justicia" nació sobre la tierra, trayendo salvación "en sus alas". Ahora Él salvó "a su pueblo de sus pecados": Él "sanó" todas "sus enfermedades". Él no solo enseñó esa religión que es la verdadera "sanidad para el alma", sino que la plantó eficazmente en la tierra; llenando las almas de todos los que creyeron en Él con justicia, gratitud hacia Dios, y buena voluntad para con los hombres, les dio una paz que sobrepasó todo entendimiento, y gozo inefable y lleno de gloria.[8]

Claro está, para Wesley, el Espíritu Santo es el Espíritu de Cristo, y esta es una afirmación que surge igualmente de su énfasis sobre la divinidad de Cristo y del Espíritu Santo, puesto que su naturaleza divina es lo que los une. Sin embargo, la obra de Cristo en su muerte y resurrección y la obra del Espíritu Santo en Pentecostés no son lo mismo, y la diferencia es importante. Una forma de ver esa diferencia es esta: Cristo viene para posibilitar el potencial de la salvación, pero el Espíritu Santo hace que ese potencial se vuelva real. Es el Espíritu Santo el que empodera a los creyentes a vivir su vida de salvación, el que los santifica, el que renueva en ellos la imagen de Dios, y el que les asegura el favor recién restaurado de Dios para ellos.[10] Hay que notar, sin embargo, que la aplicación de la salvación no se realiza meramente por imposición o imputación. Sucede cuando Dios actúa y los seres humanos responden. Los términos en que se dan esa acción y esa respuesta se hallan en el entendimiento de Wesley sobre la gracia y la fe.

La Gracia y la Fe

Las palabras "gracia" y "fe" son términos teológicos comunes, pero esto no significa que su significado siempre es evidente. Wesley usa estos términos para referirse a la acción de Dios y a nuestra respuesta en la aplicación de la obra salvadora de Cristo a nuestras vidas hoy. Tomados juntos, para Wesley estos términos ilustran la dinámica fundamental que impulsa el proceso de salvación.

La Gracia

Como lo vimos cuando tratamos acerca de sus pensamientos sobre Dios, Wesley tiene percepciones "clásicas" sobre la completa otredad de Dios y su separación del mundo. En materia de la obra salvadora de Dios, esto significa que todas las acciones de Dios son libre y no obligadas. Dios no tiene que hacer nada en materia de salvación; si Dios hace algo, lo hace por su libre escogimiento. Estas percepciones también significan que cualquier interacción entre Dios y el mundo sucede definitivamente por la iniciativa de Dios. Así, Dios siempre hace el primer movimiento, y todo movimiento es el resultado de los escogimientos amorosos de Dios y nada más. Wesley llama "gracia" a estos "primeros movimientos" de amor de Dios.

Una y otra vez, Wesley enfatiza que la gracia de Dios es libre. La humanidad está completamente caída y distante de Dios, por lo que no hay nada que un humano pueda hacer para ganar el favor de Dios o para forzar la acción de Dios. La obra de Dios no necesita precondicionamientos, ni tampoco es una respuesta a algo que los seres humanos hubieran hecho antes. Puesto que Wesley con frecuencia fue acusado de predicar una justicia por obras, su énfasis en este punto es digno de citar en algún detalle.

> La gracia o el amor de Dios, de donde viene nuestra salvación, es libre en todo y libre para todos. Primero, es gratuita en todo para aquellos a quienes es dada. No depende en ningún poder o mérito del hombre; no, en ningún grado, ni en su totalidad, ni en parte alguna. En ningún modo depende de las buenas obras o de la justicia del receptor; ni en algo que éste haya hecho, o algo que éste sea. No depende de sus esfuerzos. No depende de su buen temperamento, o buenos deseos, o buenos propósitos e intenciones; porque todos estos fluyen de la libre gracia de Dios. Apenas son los arroyos, no la fuente. Son los frutos de la gracia gratuita, y no la raíz. No son la causa sino los efectos de ella. Cualquier cosa buena que haya en el hombre, o que sea hecha por el hombre, Dios es su autor y hacedor. Así, su gracia es otorgada libremente en todo, es decir, que no depende en ningún poder o mérito humano sino en Dios solamente, quien libremente dio a su propio Hijo, y "con él" nos ha dado libremente "todas las cosas".[11]

Aquí Wesley es claro: Dios es el único iniciador del proceso de salvación, y esa salvación es por gracia solamente. Sin embargo, esta cita también indica que el efecto de la gracia, quizá aun el mismo propósito de ella, es el de permitir la respuesta humana. En otras palabras, Wesley entiende la obra de la gracia no únicamente como algo que Dios hace para los seres humanos, aun cuando ese sea ciertamente el caso. Él específicamente añade que es algo que Dios hace en los seres humanos, algo que Dios hace con el fin de que los seres humanos puedan hacer algo como respuesta.

La otra afirmación que Wesley encuentra importante hacer sobre la gracia es que es "libre para todos", lo que significa que Dios extiende su acción amorosa a cada miembro de la raza humana. A diferencia de aquellos que predicaban la salvación como algo exclusivo para unos pocos elegidos a quienes Dios había escogido, Wesley declaraba que la gracia salvadora de Dios no excluía a nadie. Esto enfatiza aún más el carácter empoderante de la gracia, puesto que no a todos a quienes se les extiende la gracia terminan siendo salvos. Los calvinistas ven la gracia como una obra irresistible o arrolladora de Dios, lo que significa que siempre cumple su objetivo. Para ellos, la lógica es clara. Si hay gracia, entonces hay salvación. Esto también quiere decir que si no hay salvación entonces no hay gracia. Esta falta de gracia entre aquellos que no son salvos se explica por el hecho de que no fueron escogidos por Dios para la salvación y por eso han sido dejados a su propia suerte. Y el inevitable resultado de esto es el infierno.

Wesley encontró que tal conclusión era aborrecible, por lo que enfatizó la idea de la gracia como una obra habilitante o empoderadora. La gracia es algo que restituye la posibilidad de regresar a Dios y relacionarse con Él, lo cual la humanidad había perdido por el pecado y la caída. Claro que esto también significa que puede haber algunos -completamente en contra de la voluntad y el deseo expreso de Dios (2 Pedro 3:9)- que rechacen la oferta de gracia de Dios. "'El poder del Señor está presente para sanarlos'", escribe Wesley, "pero no serán sanados. 'Rechazan el consejo', el misericordioso consejo 'de Dios, actuando en contra de sí mismos', como lo hicieron sus padres, de dura cerviz. Y por eso no tienen excusa, porque aunque Dios los salvaría, ellos rehúsan ser salvos".[12]

La salvación de Dios tiene que ver precisamente con la restauración de la imagen de Dios en los seres humanos, y parte de esa imagen es la idea de la libertad. Entonces, la gracia en parte restaura esa libertad para que nuevamente la gente sea libre de escoger a Dios. Pero esa libertad puede ser usada - como Adán mismo la usó originalmente- para escoger el mal. Tal escogimiento es esencialmente un rechazo de la gracia creadora y recreadora de Dios.

La Fe

La gracia es el amor activo de Dios extendido a los seres humanos, y en cierta forma destinada a empoderarlos para que amen a Dios de nuevo. Como Wesley notó en la larga cita de arriba, la gracia permite todo tipo de respuestas, pero la respuesta fundamental, la que cimienta a todas las demás, es la que Wesley llama "fe".

Muy temprano en su vida, Wesley sostuvo una visión de la fe más bien tradicional, como meramente el asentimiento a la verdad de alguna declaración. La fe era afirmar que uno creía que algo era verdad. Sin embargo, su madre Susana le ayudó a pasar de esta idea meramente intelectual de la fe a algo más relacional, algo que incluía la confianza. Como él anota en su sermón, "Salvación por la Fe". "No es [la fe] solo algo racionalmente especulativo, un asentimiento frío, sin vida, un tren de ideas en la cabeza, sino también una disposición del corazón".[13] Esto no significa que la fe no tenga un lado intelectual en Wesley sino que la fe cristiana completa también necesita ser algo más. La fe meramente racional, sin un componente relacional, es algo que Wesley provocativamente llama la "fe de un demonio".

El componente intelectual de la fe, para Wesley, estaba anclado en su forma de entender Hebreos 11:1. En ese versículo, él resaltaba la idea de la fe como una "convicción" o "seguridad", incluso usando la palabra original del griego en sus sermones.[14] La fe es lo que nos permite conocer el mundo espiritual en forma similar a cómo nuestros sentidos físicos nos permiten conocer el mundo físico. Esta idea de la fe como un "sentido espiritual", un medio por el cual obtenemos conocimiento, era una idea importante de Wesley, aunque un tanto polémica. Los eruditos debaten qué tan rigurosamente filosófica es esta idea, aunque la orientación de la idea es clara. Si hay un mundo espiritual, nuestros sentidos físicos afectados por la caída no tienen acceso a él, según ya hemos explorado. Sin embargo, Dios nos da este acceso, porque sin el conocimiento de Dios y de este mundo espiritual sería imposible para nosotros relacionarnos con Dios.

Esto nos trae a la segunda y más importante parte de la fe, a saber, que la fe-como-conocimiento está diseñada para que sirva a la fe-como-confianza. La forma favorita de Wesley para hablar sobre esta parte de la fe es usando la definición provista por su tradición anglicana, una definición que usa en todos sus sermones y cartas cuando quiere enfatizar el lado relacional de la fe.

> 'La fe cristiana correcta y verdadera' (para conformarnos a las palabras de nuestra propia Iglesia) 'es no solo creer que la Santa Escritura y los artículos de

nuestra fe son verdaderos, sino también tener la firme seguridad y confianza de ser salvos de la condenación eterna por Cristo' -es una 'firme seguridad y confianza' que el hombre tiene en Dios de 'que por los méritos de Cristo sus pecados son perdonados, y que él es reconciliado al favor de Dios'– 'de lo cual surge un corazón amoroso para obedecer sus mandamientos'.[16]

Para Wesley, es esta clase de fe la que hace a uno "no casi, sino completamente cristiano".[17]

Entonces, la fe incluye un aspecto intelectual del entendimiento como también un aspecto afectivo de la voluntad, y por lo tanto representa la renovación de dos fases de la imagen de Dios en nosotros. Una vez que reconocemos que la fe auténtica es siempre "la fe que obra por el amor" (Gálatas 5:6), entonces el tercer componente también aparece. La fe nos da entendimiento del mundo desde la perspectiva de Dios, alinea nuestra voluntad con la voluntad de Dios por medio de la confianza y la obediencia, y dirige nuestra libertad hacia escogimientos de amor. Más todavía: Wesley fue explícito sobre el hecho de que esta fe solo podía venir como resultado de la gracia. Era "regalo de Dios", no algo que uno pudiera producir por sí mismo.[18]

Estas son entonces las dinámicas gemelas que conducen la soteriología de Wesley. Del lado de Dios, hay gracia, la obra empoderante de Dios que permite a seres humanos muertos en sus pecados, volverse a Dios y vivir de nuevo. La aceptación de esta gracia es un acto de fe, un saber y "una firme seguridad y confianza". Ahora veremos brevemente las formas específicas en las cuales la gracia de Dios obra a fin de potenciar la respuesta de fe para que los seres humanos puedan vivir en relación amorosa con Dios, con los demás, y con el resto del orden creado por Dios.

El Ordo Salutis

Como parte de su herencia de la tradición protestante, Wesley tendió a ver la salvación de Dios como que ésta sigue un patrón básico. Ese patrón es generalmente designado en latín como el *ordo salutis,* el orden de la salvación. Wesley establece este patrón básico en varios lugares (uno de los cuales exploraremos más tarde), y lo hace siempre en forma consistente. En tanto que Dios obra y la gente responde, ciertas cosas tienden a suceder en cierto orden. Algunas veces Dios está haciendo múltiples cosas a la misma vez, pero dilucidarlas por separado nos ayuda a tener un mejor sentido de la realidad más amplia de la salvación. Para Wesley, esto significa la restauración y renovación de la imagen de Dios en los seres humanos.

Aunque Wesley entiende los patrones típicos de la obra de Dios, también reconoce que hablar sobre estos patrones es para nuestro beneficio. Éstos no atan a Dios en ninguna forma. Dios sigue siendo independiente y tiene completa libertad para actuar como Él quiere. Wesley, en su correspondencia con alguien, señaló: "Los tratos de Dios con el hombre son infinitamente variados, y no pueden confinarse a ninguna regla general; tanto la justificación como la santificación a menudo Él las realiza en una forma que no podemos explicar".[19]

Así, el *ordo salutis* en Wesley no es una camisa de fuerza para Dios, ni una hoja de ruta infalible. Más bien, es un conjunto de expectativas que podemos usar a medida que cooperamos con Dios ahora y esperamos por lo que Dios va a hacer en el futuro. Debemos sostener estas expectativas con flexibilidad, confiando en que los caminos de Dios son mejores. Como Wesley comparte con otra persona con quien mantiene correspondencia: "A veces le place a nuestro Señor hacer una gran liberación como ésta en un instante. A veces Él da la victoria gradualmente. Y creo que esto es lo más común. Espérala, y espera toda buena dádiva de parte de Él. ¡Cuán sabios y llenos de gracia son todos sus caminos!"[20]

Wesley nos da una visión breve de cómo él ve el proceso de salvación, el *ordo salutis,* en su sermón, "Ocupémonos de Nuestra Salvación". Dejaremos que éste sea nuestro marco general antes de entrar a explorar el tema en forma más amplia y profunda en el siguiente capítulo. Wesley escribe:

> La salvación comienza con lo que comúnmente se llama (y muy apropiadamente) "gracia preventiva [preveniente]"; lo que incluye el primer deseo de agradar a Dios, el primer rayo de luz concerniente a su voluntad, y la primera leve y transitoria convicción de haber pecado contra Él. Todo esto implica alguna tendencia hacia la vida, algún grado de salvación, el comienzo de la liberación de un corazón ciego y duro, demasiado insensible hacia Dios y las cosas de Dios. La salvación continúa con la "gracia convincente", generalmente conocida en la Escritura como "arrepentimiento", lo que trae una más amplia medida de conocimiento personal, y una liberación mayor del corazón de piedra. Después experimentamos la salvación cristiana propiamente dicha, donde "por gracia" somos "salvos por medio de la fe", y que consiste de dos grandes ramales, la justificación y la santificación. Por la justificación somos salvos de la culpa del pecado, y restaurados al favor de Dios: por la santificación somos salvos del poder y la raíz de pecado, y restaurados a la imagen de Dios. Toda la experiencia, al igual que la Escritura, muestra que esta salvación es tanto instantánea como gradual. Comienza en el momento en que somos justificados, en el santo, humilde, gentil y paciente amor para Dios y el hombre. Gradualmente aumenta a partir de ese momento, como un "grano de mostaza, que al comienzo es la más pequeña de todas las semillas, pero" que gradualmente

"echa grandes ramas", y se convierte en un gran árbol; hasta que en otro momento el corazón es limpiado de todo pecado y lleno con puro amor para Dios y el hombre. Pero aun ese amor crece más y más, hasta que "crezcamos en todo en aquel que es la cabeza", "hasta que todos lleguemos a la medida de la estatura de la plenitud de Cristo".[21]

La obra salvadora de Dios es la respuesta de Dios al rechazo de la humanidad de aquel ofrecimiento de una relación original hecho en la creación. A causa de la caída y del pecado original, fue fácil -aun inevitable- que cada ser humano después de Adán siguiera los pasos de Adán. Toda la humanidad se ha alejado de Dios, y de hecho ha perdido la relación con Dios y hasta la capacidad misma de relacionarse con Dios. Dios debe entonces empezar con una criatura deshecha que no tiene entendimiento verdadero, que tiene una voluntad enfocada en sí misma, y sin capacidad real de escoger lo bueno. Además, esta criatura ha perdido su orientación hacia lo que en verdad es bondadoso –lo bondadoso de Dios-, ya que tiene una brújula moral confusa. Por esto, la imagen natural de Dios (entendimiento, voluntad y libertad), y la imagen moral de Dios (orientación hacia lo bueno), se han perdido, y sin éstas la humanidad no puede relacionarse con Dios. Y así, es en este punto en el que Dios comienza a restaurar esa relación.

Puesto que los seres humanos caídos no tienen consciencia del mundo espiritual, Dios debe actuar primero independientemente de ellos y sin el conocimiento de ellos. Esta es la gracia que debe "venir antes" de cualquier posibilidad de respuesta (ya que la respuesta solo es hecha posible por su gracia), y es por eso que la llamamos "gracia preveniente". Así como la imagen de Dios es triple, así también la gracia preveniente. Su primera tarea es despertar el entendimiento para que los seres humanos lleguen a ser conscientes de Dios y de lo que Dios quiere para ellos. Esto también trae la consciencia de su condición caída y quebrantada, y de lo alejados que están de lo que Dios quiere que sean. A esta obra de despertamiento Wesley suele llamarla "convicción", y su instrumento principal es la ley. La ley es una explicación clara de la línea demarcatoria que circunda la relación de la humanidad con Dios y muestra exactamente la forma en que los seres humanos han transgredido esa relación. Si los seres humanos aceptan este conocimiento nuevo de Dios, de ellos mismos, y de lo que hace falta para tener una relación con Dios, será un conocimiento que alimentará la voluntad. Liberada de un enfoque en sí mismo, la voluntad puede ahora desear algo fuera de sí misma, esto es, a Dios y lo que Dios quiere. Este entendimiento y deseo renovados preparan un acto de libertad que permitirá el inicio de una relación correcta con Dios.

La decisión de alejarse de la vida anterior de uno para acercarse a la nueva vida con Dios es un acto de fe conocido como el arrepentimiento. Al comienzo - dado el rol de la ley para traer convicción- esta nueva vida con Dios generalmente se halla orientada por un deseo de conocer y de hacer la voluntad de Dios en obediencia. Wesley le llama a este nivel de fe la "fe de un siervo". Este es un paso adecuado hacia Dios y Dios lo acepta, pero tal orientación "externa" todavía no es la meta final. La mayor preocupación de Wesley son las relaciones, por lo que él entiende que el paso más maduro de fe es el que nos permite entrar en una verdadera relación personal con Dios, o lo que Wesley llama la "fe de un hijo". Este, propiamente hablando según Wesley, es el momento de la conversión completa, el momento salvador. Por el poder del Espíritu Santo, y sobre las bases de la expiación de Cristo, somos devueltos al favor de Dios en la justificación y comenzamos una nueva vida con Dios en la regeneración, el nuevo nacimiento y la santificación inicial.

En muchas tradiciones protestantes, aun en las evangélicas, éste es el clímax de la historia de la salvación, el momento cuando el pecador se vuelve a Dios y se le da la promesa de una vida nueva y del cielo. Sin embargo, para Wesley este es solo el comienzo. Lo mejor está todavía por venir. Los pecadores convertidos apenas están comenzando a relacionarse bien con Dios y con los demás, apenas están empezando a vivir la ley del amor y a mostrar la imagen de Dios que debían mostrar cuando fueron creados. El entendimiento todavía no ha sido completamente "restaurado", ya que hay acciones y actitudes que obstaculizan las relaciones en sus propias vidas de las cuales todavía no están conscientes. La voluntad de ellos ha sido liberada de la esclavitud del yo, pero todavía encuentran deseos egoístas que se levantan y los incitan a actuar en forma muy poco amorosa. Y aunque la culpa del pecado ha sido removida, todavía hay muchas áreas en las que saben que su humanidad puede no estar a la altura del modelo ofrecido Cristo, áreas en las que necesitan más amor, más gozo, más paz, más paciencia, más de todos los dones que son evidencia de la obra del Espíritu Santo en una vida humana. El proceso por medio del cual se muere al yo y se llega a ser más como Dios, Wesley lo llama "santificación". Aquí es donde se da la restauración y renovación completa de la imagen de Dios. Wesley tiene la audacia de creer que Dios puede verdaderamente efectuar esa obra en una vida humana, que la gracia santificadora de Dios puede llevar a un ser humano a una vida llena solo de amor, una vida de entera santificación. Esa es la meta final de la gracia de Dios que obra en el ser humano.

Aunque esto no es más que un breve resumen del entendimiento de Wesley de la forma en que la salvación tiende a suceder la mayoría de las veces, creemos que todas las piezas esenciales han sido incluidas en nuestro resumen. Ahora nos toca explorar más completamente este *ordo salutis,* lo que haremos en el siguiente capítulo.

CAPÍTULO TRECE

Su Pensamiento sobre la Salvación, Parte II

Ahora que hemos hecho una revisión panorámica del pensamiento de Wesley sobre la salvación en general, podemos dar una mirada más profunda a varias partes de ese proceso. Ver el esquema de la salvación como Wesley lo ve, es útil en tanto y en cuanto evitemos hacer del esquema un tipo de ley, como si cada parte fuera siempre necesaria, o como si esa fuera la forma en que se "supone que suceda" en todas las personas. Wesley mismo siempre quiere reconocer la libertad de Dios para actuar como Él lo considere mejor. Así es que, estudiaremos este esquema para cooperar de una mejor manera con Dios, no para decirle a Dios lo que "se supone que haga".

Empezaremos con los elementos de la "preconversión" del *ordo salutis* de Wesley. Estos elementos son las cosas que Dios hace para conseguir nuestra atención y ayudarnos a volvernos de nuevo de nosotros a Dios. Esta obra de Dios la agruparemos bajo el título de, "gracia preveniente".

En la segunda sección, miraremos la relación con Dios a la que llamamos "salvación". Esto incluye, primero, la idea de la "plena conversión", la maduración de la fe desde una orientación objetiva o externa hacia una realidad relacional e interna. Wesley llama a esto el tener la "fe de un hijo", en oposición a tener meramente la "fe de un siervo". En segundo lugar, está el acto por el cual Dios nos restaura a su favor al perdonarnos de aquellas violaciones a los límites relacionales de Dios, las cuales llamamos "pecados". La "justificación" es el término legal acostumbrado que Wesley usa aquí. En tercer lugar, está el reequipamiento de Dios para que podamos buscar profundamente nuestra relación con Él al restaurar esa plena imagen moral de Dios con la cual fuimos creados. El "nuevo nacimiento", la "regeneración", y la "santificación inicial" son todas frases que Wesley usa para referirse a este proceso.

En la sección final miraremos la meta de esta obra salvadora para los individuos, lo que Wesley comúnmente llama "perfección cristiana", a la que también se le puede denominar "entera santificación". Este es el estado de amor perfecto en el cual Dios desea que cada ser humano viva. Al explorar este asunto veremos la habilidad de Wesley para equilibrar inquietudes que con frecuencia se hallan en tensión en la vida cristiana. Toda la salvación -y la santificación no es una excepción- es obra de Dios. No es algo que los seres humanos hacen por sí mismos, por lo que todo depende de la gracia. Sin embargo, la función de esta gracia es la de potenciar la actividad humana, no la de reemplazarla. En el funcionamiento de esta gracia Wesley muestra un profundo optimismo por lo que Dios puede hacer, pero también una visión realista de los obstáculos que nosotros los humanos enfrentamos en cooperar con la obra de Dios. Finalmente, Wesley ve la obra de Dios como conteniendo tanto elementos de proceso (cosas que toman tiempo), como elementos que son instantáneos (cosas que suceden en un momento). Todo esto nos da una visión balanceada de la salvación y nos permite cooperar mejor con Dios y animar a otros en su cooperación con Dios.

La Gracia Preveniente: una Invitación a la Renovación

A causa de la caída, la condición "natural" de los seres humanos –sin todavía tener en cuenta obra alguna de parte de Dios- es una de incapacidad. Somos culpables, lo que significa que no tenemos el favor de Dios, y que estamos muertos espiritualmente, insensibles a la esfera de Dios. Viviendo por nuestra cuenta, solo conocemos y nos preocupamos por el mundo físico, y tendemos a actuar en formas que nos mantienen muertos espiritualmente y que aceleran nuestra muerte física. Puesto que la imagen natural y moral de Dios en nosotros está perdida o es ineficaz, nosotros los seres humanos carecemos de una brújula moral. No tenemos entendimiento de Dios, ni la voluntad o el deseo por Dios, y por lo tanto, tampoco tenemos libertad para escoger las cosas buenas de Dios.

La Gracia Preveniente como Favor Inicial

El diagnóstico de Wesley sobre nuestra condición caída coincide con el que daba Juan Calvino y los otros reformadores protestantes. A la pregunta de, "¿No está la verdad del evangelio cerca tanto del calvinismo como del antinomianismo?", la célebre respuesta de Wesley fue, "En verdad lo está; se halla, por así decirlo, a un pelo de distancia".[1] Lo que distingue a la visión de Wesley sobre la salvación es lo que Dios hace con esa condición de quebrantamiento. El concepto de Wesley sobre la gracia preveniente es el primer paso crucial en un camino muy diferente del que tomó Calvino.

Para los reformadores, Dios comienza el proceso de la salvación con dos acciones. En primer lugar, Dios decide que a algunos de aquellos que se hallan muertos espiritualmente se les dará vida espiritual; estos son los elegidos que Dios predestina para la salvación. En segundo lugar, Dios aplica una gracia de tipo dominante e irresistible a sus vidas, de forma tal que su culpa -pero solo la suya- sea expiada en Cristo, y sus corazones sean convencidos de pecado, lo que inevitablemente les hará volverse a Dios. Así, Dios muestra misericordia a los elegidos, pero a los demás Dios les muestra justicia. Dios dará al resto de la humanidad una "gracia común" que mantendrá bajo control mucho de la tendencia natural de la depravación humana, pero esta no es una gracia salvadora, ni tampoco hace diferencia en el destino eterno de nadie.[2]

En marcado contraste con esto, Wesley sostiene la idea de la gracia "preventiva" o "preveniente".[3] Al igual que la tradición reformada de la "gracia común", la "gracia preveniente" es un favor inmerecido de Dios que Él ofrece a toda la raza humana. Sin embargo, a diferencia de la "gracia común", la "gracia preveniente" de Wesley está diseñada para conducir a la "gracia salvadora". Es gracia que se da para empezar el proceso de restaurar la relación de la humanidad con Dios, y para restaurar lo suficiente la imagen de Dios como para que eso sea posible. Como lo notamos en el último capítulo, Wesley piensa que Dios quiere salvar a todas las personas. Puesto que nadie es capaz de hacer algo para acercarse a Dios sin su ayuda, Dios tendría que ofrecer su gracia a todos si verdaderamente quisiera que todos fueran salvos. Y Wesley piensa que eso fue justamente lo que Dios hizo.

Ya que los seres humanos en su condición natural "deberían" ser vistos como culpables delante de Dios, la primera parte de la gracia preveniente es el reconocimiento de que Dios quiere restaurar a toda la humanidad al favor de Dios. Así, la gracia preveniente cancela cualquier culpa asociada con el "pecado original". Aunque Adán fue el representante legal de la humanidad, y aunque su culpa debería pasar a su descendencia, Dios decide no "presentar cargos", por así decirlo. Ninguna persona hoy es condenada por el pecado que cometió Adán en el principio. Ante la pregunta de, "¿En qué sentido la justicia de Cristo es imputada a toda la humanidad, o al creyente?", Wesley responde citando Romanos 5:19 y afirmando, "Por los méritos de Cristo todos los hombres son limpiados de la culpa del pecado actual de Adán".[4] Si somos condenados es solo porque nosotros también hemos pecado como Adán lo hizo, lo que, por supuesto, Wesley cree que nosotros hemos hecho.

Para Wesley, la venida misma de Cristo fue una señal del favor de Dios para toda la humanidad, aun cuando no fuera suficiente para salvarla. Wesley entiende que la salvación se centra en las relaciones, y las relaciones involucran dos lados. Por tanto, el acto independiente de Dios no puede crear una relación mutua entre Dios y la humanidad. Por supuesto que los seres humanos caídos y separados de Dios no son más capaces de relacionarse con Dios que lo que son las piedras o los árboles. Por tanto, la segunda parte de la gracia preveniente de Dios nos restaura cierta capacidad para relacionarnos con Dios, algo de la imagen de Dios, en términos de Wesley. Esa imagen es triple (el entendimiento, la voluntad y la libertad), y por lo tanto la gracia preveniente de Dios también lo es.

La Gracia Preveniente como Renovación Inicial

El entendimiento. Como una primera señal del favor de Dios, y una primera acción dirigida a empoderarnos para relacionarnos de nuevo con Dios, la gracia preveniente habrá de comenzar a renovar nuestro entendimiento. Los seres humanos caídos no pueden conocer a Dios y están ciegos a su propia condición caída. Wesley provee una descripción elocuente y extensa de esta condición en la primera parte de su sermón, "Despiértate, Tú que Duermes", describiendo al pecador en los siguientes términos:

> Aunque está lleno de enfermedades, él se imagina a sí mismo con perfecta salud. Atado a cadenas de hierro y miseria, sueña que es feliz y que tiene libertad... Se ha encendido un fuego a su alrededor, pero él no lo sabe; sí, lo quema, pero a él no le importa... un pecador satisfecho en sus pecados, contento de permanecer en su estado caído, viviendo y muriendo sin la imagen de Dios; uno que ignora tanto la enfermedad como el único remedio para ella.[5]

Así que, la gracia preveniente viene a despertarnos y a crear en nosotros consciencia de Dios y de nuestra horrible condición. Sin esta consciencia, nunca podríamos volvernos a Dios. A esta obra de despertamiento de la gracia preveniente, Wesley le llama "convicción" o "arrepentimiento", una confrontación con la verdad acerca de nosotros mismos —junto a sus fatales consecuencias— que solo la obra del Espíritu Santo puede realizar.

La voluntad. Conocer la verdad, sin embargo, no es suficiente, ya que nuestra voluntad también ha sido corrompida. Ya no deseamos la verdad ni actuar sobre ella. La gracia preveniente de Dios debe suscitar en nosotros un deseo por Dios, un deseo que no existe naturalmente en nuestras mentes caídas. Si Dios no lo hiciera, podríamos ver la luz y todavía alejarnos de ella. Wesley conecta este estímulo de nuestra voluntad con nuestra conciencia. El hecho de que todos tenemos una conciencia es para Wesley una demostración de la naturaleza y alcance de la gracia preveniente.

> Aunque todas las almas de los hombres están por naturaleza muertas en peca-do, esto no excusa a nadie, puesto que no hay un hombre que se halle en un es-tado meramente natural; no hay un solo hombre, a menos que haya contrista-do al Espíritu, que se encuentra completamente sin la gracia de Dios. Ningún hombre vivo está completamente destituido de lo que corrientemente se cono-ce como la conciencia natural. Pero esto no es natural: más apropiadamente se llama gracia preveniente... Por lo que ningún hombre peca porque no tenga gracia, sino porque no usa la gracia que tiene.[6]

La libertad. A lo que Wesley se refiere con "usar la gracia" es responder a ella. Con un entendimiento despertado y una voluntad renovada, tenemos en-tonces un nuevo momento de libertad. Ahora tenemos la oportunidad de optar por Dios. Una relación con Dios debe ser escogida libremente si va a ser una verdadera relación, pero eso también significa que Dios podría obrar creando consciencia y deseo aun con el riesgo de que esa obra sea rechazada. Puesto que la libertad restaurada en este punto es una verdadera libertad, la gente puede cerrar sus ojos a su nuevo conocimiento y rechazar los deseos nuevos que Dios le ha dado.

Este momento de escogimiento es la meta última de la gracia preveniente, y resalta la naturaleza de la gracia capacitadora o potenciadora que discutimos en el último capítulo. Dios simplemente podría ejercer su poder para lograr sus propósitos, pero Wesley entiende la gracia como un ejercicio del amor de Dios antes que como un ejercicio del poder de Dios. Dios actúa en busca de una respuesta personal y no para el logro de una tarea impersonal. Dios restaura su imagen natural en nosotros para que nosotros podamos "reaccionar" a la obra de Dios. Esta "reacción" es lo que se persigue, por lo que Dios toma muy seriamen-te nuestro rechazo a su invitación. En palabras de Wesley,

> Dios no continúa actuando con las almas a menos que las almas reaccionen a Dios. Él verdaderamente nos previene [nos ayuda de antemano] con las bendi-ciones de su bondad. Primero nos ama y se manifiesta a nosotros. Cuando es-tamos todavía lejos Él, nos llama y resplandece en nuestros corazones. Pero si entonces no amamos a quien nos amó primero... su Espíritu no luchará por

siempre; Él gradualmente se alejará, y nos dejará en la oscuridad de nuestros corazones.[7]

La gracia de Dios es una gracia de amor, no una gracia de poder. Wesley no contrapone la obra de Dios y nuestra respuesta, como si la salvación fuera o una tarea que realiza Dios o una que la hacemos nosotros por nosotros mismos. Dios obra para que nosotros podamos obrar, no para que nuestro obrar sea innecesario. "Sus influencias", escribe Wesley, "no tienen el propósito de reemplazar nuestros esfuerzos, sino de animarlos".[8] La obra de Dios va siempre primero; la gente no puede salvarse por sí misma; pero el mismísimo propósito de esa obra es posibilitar nuestro accionar. En la frase bien conocida de Randy Maddox, es una "gracia responsable".[9]

Si rechazamos la oferta de relacionarnos con Dios, Él puede por gracia darnos muchas otras oportunidades, pero la libertad que se nos restaura en ese momento de gracia no es algo permanente. Solamente es una libertad temporal. Al igual que la "libertad" de participar en una carrera de larga distancia o de tocar una pieza compleja de piano, es una libertad que debe ser usada apropiadamente para mantenerla. Si nos escogemos a nosotros mismos en lugar de escoger a Dios, podremos encontrarnos de nuevo a merced de nuestras propias y debilitadas capacidades. Si por el contrario, cooperamos con Dios y aceptamos su invitación a relacionarnos con Él, seguiremos hacia las siguientes etapas de nuestra relación con Dios. El acto de volvernos de nosotros mismos hacia Dios se conoce como "conversión", y eso nos lleva de la obra de la gracia previniente a la obra de la gracia salvadora.

Gracia Salvadora: Conversión, Justificación y Nuevo Nacimiento

Muchos de los descendientes evangélicos de Wesley están acostumbrados a pensar en la "salvación" o "conversión" en términos dramáticos y emocionales. Wesley reconocía el papel de esas conversiones pero también reconocía conversiones parciales. Wesley conoció gente que parcialmente se había vuelto a Dios, aunque no tuvieran una relación verdadera con Él. Wesley le llamó a esta condición la de un "casi cristiano", uno que tenía la "fe de un siervo" pero le faltaba la "fe de un hijo". Empezaremos a examinar los pensamientos de Wesley sobre la gracia salvadora con esa idea; luego nos dedicaremos a las realidades entrelazadas de la justificación y el "nuevo nacimiento" y la forma en que estas obras nos conducen a obras de Dios más profundas.

La Conversión: ¿Casi o Totalmente Cristiano?

Wesley vivió en un país "cristiano", o al menos uno imbuido en cosas de la "la iglesia". Muchas personas eran religiosas aun cuando no tuvieran una relación personal con Dios. Querían servir a Dios y Wesley no tenía la intensión de desanimarlos. Sin embargo, él entendió que a esas personas les faltaba algo. Eran "casi cristianos"; o para citar uno de los versículos favoritos de Wesley sobre el tema, eran aquellos que tenían "apariencia de piedad" pero negaban "la eficacia de ella" (2 Timoteo 3:5a). Wesley describe este estado como el de tener la "fe de un siervo", una conversión parcial que contiene destellos de entendimiento y los primeros apremios de la voluntad, pero a la que todavía le falta algo esencial:

> La fe de un siervo implica evidencia divina del mundo invisible y eterno; y ciertamente evidencia del mundo espiritual, tanto como éste pueda existir sin una experiencia viva. Quien quiera haya logrado esta, la fe de un siervo, es "temeroso de Dios y apartado del mal"; o, como lo expresa el apóstol Pedro, "le teme [a Dios] y hace justicia". Como consecuencia, se halla en un grado (como lo observa el Apóstol), del que Dios "se agrada". En otra parte se lo describe con estas palabras: Es aquel "que teme a Dios, y guarda sus mandamientos". Aun quien haya ido tan lejos en la religión que obedece a Dios por temor, no debe ser despreciado de ningún modo, puesto que "el temor de Jehová es el principio de la sabiduría". Sin embargo, se le debe exhortar a no permanecer ahí; a no descansar hasta alcanzar la adopción de hijos; hasta que obedezca por amor, lo que es el privilegio de todos los hijos de Dios.[10]

No es de sorprenderse que el amor sea lo que hace la diferencia entre una conversión parcial y una completa. Aunque la obediencia es importante para Wesley, ésta halla significado en un contexto de amor. La conversión completa se define como el pasar de una aproximación a Dios orientada hacia lo externo, al cumplimiento de obligaciones, a una aproximación orientada hacia lo interno, a lo personal y relacional. El objetivo de la convicción y del arrepentimiento no es conseguir que el pecador diga, "Dios, siento que he actuado mal; lo haré mejor la próxima vez", sino que más bien diga, "Padre, siento haberme alejado de ti; estoy volviendo a casa ahora".

En la conclusión de su sermón, "El Casi Cristiano", Wesley analiza la diferencia entre el "casi cristiano" y el "cristiano completo" basándose en tres cosas, todas las cuales refuerzan el carácter relacional de la salvación, algo que es muy característico de su teología.[11] La primera marca de una conversión completa es el amor a Dios. El amor hace la diferencia entre uno que obedece a Dios por temor, con la fe de un siervo, y uno que obedece a Dios gozosamente, como hijo de Dios. En segundo lugar, este amor a Dios debe estar unido al amor por los demás (el "prójimo" de la parábola de Jesús sobre el buen samaritano). Los "casi cristianos" podrían realizar sus deberes religiosas para su propio beneficio, pero los "cristianos completos" se enfocan en amar a otros tanto como Dios lo hace con ellos. Para Wesley, este amor no es tanto un sentimiento como una disposición activa que desea sacrificar su propio bienestar por el bienestar de otro. En tercer y último lugar, el "cristiano completo" tiene una fe activa que es de "firme seguridad y confianza". El "casi cristiano" puede estar contento meramente con afirmar la verdad, pero el "cristiano completo" siempre confía lo suficientemente en Dios como para actuar sobre las bases de esa verdad.

Dadas estas descripciones elevadas de la conversión completa, uno podría preguntarse si habrá alguien que se haya convertido completamente. Wesley admite que las expectativas son altas, pero él va a ofrecer ese indicativo más como una trayectoria de conversión que como algo que suceda en un solo momento del camino. Para él, la conversión es tanto un momento como un viaje, una crisis como un proceso. Ser cristiano, en un sentido, es irse convirtiendo en un cristiano más completo. Como con tantas otras relaciones humanas, nuestra relación con Dios está marcada por momentos singulares (como los aniversarios), pero mayormente se vive entre ellos. Nuestra relación con Dios está marcada por las ocasiones cuando respondemos decididamente a la gracia de Dios en momentos de crisis, pero se la vive como un proceso de conversión más profunda, un proceso en el que nos vamos alejando de nosotros mismos para acercarnos a Dios y a los demás.

Cuando actuamos en respuesta a la gracia preveniente de Dios, cuando permitimos que Dios nos convierta, invitamos a Dios a actuar de nuevo. De acuerdo a Wesley, hay dos cosas que suceden en este punto, y pueden ser separadas como dos conceptos pero nunca como dos eventos. Una de ellas es algo externo, algo que Dios hace por nosotros en el momento de nuestra conversión, y Wesley, siguiendo a la mayoría de la tradición cristiana, le llama a esto la "justificación". La otra es algo interno, algo que Dios hace en nosotros. La frase favorita de Wesley para identificarla es el "nuevo nacimiento", pero con el propósito de comparar, la llamaremos "santificación inicial". Aunque ambas son importantes y necesarias, Wesley ve la obra externa como un trampolín para la interna y más importante.

La Gracia Salvadora: Justificación y "Santificación Inicial"

La Reforma Protestante, en cierta manera, fue un debate sobre la relación entre la justificación y la santificación. En ese debate, los protestantes sostenían que la justificación -especialmente la justificación por la fe- era la realidad principal, mientras que los católicos se enfocaban en la santificación como la clave para la salvación. Wesley veía a los metodistas como diferentes, porque valoraban a ambas.

> Se ha observado frecuentemente que muy pocos estuvieron claros sobre su evaluación tanto en lo que respecta a la justificación como a la santificación... ¿Quién ha escrito más capazmente que Martín Lutero sobre la justificación solo por la fe? ¿Y quién fue más ignorante de la doctrina de la santificación, o quién estuvo más confundido en sus conceptos sobre ella?... Por otro lado, ¿cuántos escritores de la iglesia romana (como Francisco de Sales y Juan de Castaniza en particular) han escrito enérgica y bíblicamente sobre la santificación, aun cuando desconocían completamente la naturaleza de la justificación...? Pero le ha placido a Dios el dar a los metodistas un conocimiento claro y completo de ambas y lo que ampliamente las diferencia.[12]

Esta es una perspectiva prejuiciada y demasiado simplificada de los reformadores, pero el punto que Wesley hace aquí muestra el centro de su preocupación sobre la gracia salvadora, el segundo paso -en verdad el paso central- en su *ordo salutis*. Wesley entiende que Dios hace dos cosas muy diferentes cuando "salva" a una persona. Ambas suceden juntas y están tan unidas como los dos lados de una misma moneda. Sin embargo, no son la misma obra, y hay una prioridad claramente lógica entre ellas.

Wesley articula la diferencia entre la justificación y la santificación inicial o nuevo nacimiento como una diferencia entre realidades externas e internas. En un sermón, él lo explica de esta manera:

> La justificación implica solamente un cambio relativo mientras que el nuevo nacimiento implica uno real. Cuando Dios nos justifica, Él hace algo por nosotros: al engendrarnos de nuevo, Él hace la obra en nosotros. La primera cambia nuestra relación externa con Dios, así es que de enemigos llegamos a ser hijos; por la segunda, lo más interno de nuestras almas es cambiado, así es que de pecadores llegamos a ser santos. La primera nos restaura al favor de Dios, la otra a su imagen. La primera quita la culpa del pecado, la otra quita su poder.[13]

Lógicamente hablando, la primera de estas obras es la externa, y la prioridad que Wesley da a la justificación lo identifica como un protestante. Nuestro primer problema es que somos culpables ante Dios. Aunque no somos juzgados por el pecado de Adán, todos nosotros hemos actuado según nuestra condición caída, y hemos llegado a desagradar a Dios y perder su favor por causa de nuestra violación de la ley de Dios. En el momento en que Dios nos ayuda a entender nuestra condición, encontramos que estamos sin el favor de Dios y sujetos a la ira de Dios. Así, antes de que cualquier relación comience, necesitamos ser perdonados, que es de lo que trata completamente la justificación. Como Wesley observa, "El concepto bíblico sencillo sobre la justificación es el perdón, la remisión de los pecados".[14]

La gracia preveniente nos ayuda a entender este ofrecimiento de perdón, pero solo llega a ser efectivo cuando confiamos en Dios lo suficiente como para aceptar el ofrecimiento y volver nuestras vidas a Dios. Así, nuestra justificación se hace real si tenemos fe, y solo si tenemos fe. Dios ofrece una relación, y la relación comienza, no con el cumplimiento de tareas, sino simplemente con ofertas de mutua confianza. Dios ha hecho el primer movimiento; todo lo que nosotros tenemos que hacer es responderle. En ese sentido la fe es suficiente para la salvación. Si vamos a confiar en Dios, eso es todo lo que necesitamos. Pero entiéndase también que la fe es todo lo que podemos tener cuando venimos a Dios. No traemos buenas obras, por lo que no podemos decir que ganamos el perdón de Dios. No hay otro punto de partida para nuestra relación con Dios; de aquí que la fe no es solo suficiente para la salvación sino también necesaria. Si no confiamos en Dios, entonces ninguna otra cosa puede ayudarnos.[15] Wesley aprendió esto por su propia experiencia camino a Aldersgate.

El perdón que Dios ofrece en la justificación, no obstante, solo es el comienzo. No es el fin -ni el punto final ni la meta- de la obra de Dios. Dios quiere más que declarar que los pecadores no sean culpables y asegurarse que no terminen en el infierno. Por eso, en el mismo momento en que Dios justifica a quienes aceptan que Dios los haya aceptado, Dios también comienza en ellos el proceso de la santificación. Les hace nacer de nuevo y continúa el proceso de restauración de la imagen de Dios en ellos, la misma que Dios inició con los primeros destellos de la gracia preveniente.

Esta es la razón por la que a Wesley le gustaba la metáfora del nuevo nacimiento. Aunque la fe es suficiente para la justificación, no es suficiente para la santificación: hay cierta diligencia implícita. El nuevo nacimiento implica el comienzo de un proceso de crecimiento y desarrollo, no simplemente su fin. Uno debe nacer para vivir, pero no nacemos para quedarnos como niños para siempre. Wesley lo dice de otra manera, con una metáfora diferente, en una de sus largas cartas tipo tratado enviada a Thomas Church. Él dice: "Nuestras doctrinas principales, que incluyen a todas las demás, son tres: la del arrepentimiento, la de la fe, y la de la santidad. La primera de estas, es como si fuera el balcón de la religión; la siguiente, la puerta; la tercera, la religión misma".[16]

El arrepentimiento es la obra de la gracia preveniente y el lugar al que debemos venir primero si vamos a ir a cualquier otro lugar. Pero quedarse en el balcón no es entrar a la casa. La fe es nuestra respuesta de confianza al ofrecimiento que Dios hace de tener una relación, y es lo que nos permite pasar adentro dejando el frío de afuera, y escapar de la ira de Dios a fin de entrar en su presencia. Esto incluye la justificación que nos restaura al favor de Dios ("Sí, puedes entrar", dice Dios), y también al nuevo nacimiento. Pero estos dos eventos solo llegan a ser importantes porque nos hacen pasar a un nuevo lugar. El punto, la casa misma, la misma esencia de la religión, es la santidad, la santificación, la completa renovación de la imagen de Dios que nos capacita para relacionarnos más y más profundamente con Dios.

En su sermón, "El Nuevo Nacimiento", Wesley nos hace ver el proceso dinámico de vivir una vida espiritual. Cuando alguien nace de nuevo, dice Wesley,

> Todos sus sentidos espirituales son "ejercitados para discernir el bien y el mal" espiritual. Por el uso de éstos, aumenta diariamente en el conocimiento de Dios, de Jesucristo a quien ha enviado, y de todas las cosas que pertenecen a su reino interior. Y ahora él puede apropiadamente decir que vive: habiéndolo vivificado Dios por su Espíritu, está vivo para Dios por medio de Jesucristo. Vive una vida que el mundo no conoce, una "vida" que "está escondida con Cristo en Dios". Dios está continuamente respirando, por así decirlo, en su alma, y su alma está respirando en Dios. La gracia desciende a su corazón, y la oración y la alabanza ascienden al cielo: Y por esa relación entre Dios y el hombre, ese compañerismo con el Padre y el Hijo, como por una respiración espiritual, la vida de Dios es sostenida en el alma: y el hijo de Dios crece, hasta que llega "a la medida de la estatura de la plenitud de Cristo".[17]

Entonces, aunque el nuevo nacimiento es el momento en que la vida comienza, no es la vida misma. Para Wesley, vivir y relacionarse con Dios no se distingue de crecer y ser como Dios. Así como la justificación es la precondición necesaria para el nuevo nacimiento, el nuevo nacimiento es la precondición para la santificación, esa renovación continua de la imagen de Dios en nosotros. Por lo tanto, es a esa tercera etapa del *ordo salutis* de Wesley a la que nos volvemos ahora.

La Gracia Santificadora: Ser Perfeccionados en el Amor

La obra del Espíritu Santo que es la gracia santificadora, es la esencia de la salvación para Wesley. Él va a describir esta obra usando varios términos, siendo los más comunes "santificación", "santidad", y "perfección cristiana", pero todos ellos se refieren básicamente a la misma cosa: la renovación más profunda o más completa de la imagen de Dios. Wesley se esmera en no desvalorar la obra de la gracia salvadora, pero él no piensa que Dios se detenga ahí. Sus ideas sobre la santificación revelan su optimismo radical de la gracia y muestran cuan alto Dios ha puesto sus expectativas en cuanto a la obra de restaurar la verdadera naturaleza de la humanidad.

La Santificación como una Obra de Gracia

En nuestras reflexiones acerca del entendimiento de Wesley sobre la gracia santificadora, es importante recordar que, en primer lugar y ante todo, es una obra de gracia. Se trata de lo que Dios hace por nosotros, no de lo que nosotros hacemos por nosotros mismos. Ya nos hemos encontrado con el concepto poco favorable que Wesley tiene de la capacidad humana "natural". El optimismo de la gracia de Wesley está anclado en la obra de Dios y no en su estimación de la capacidad humana. Como antes hemos visto, Dios actúa en gracia santificadora para que los seres humanos puedan "re-accionar", pero la prioridad debe ser dada a la obra de Dios y no a la respuesta de la humanidad. Si no fuera así, la doctrina de la perfección cristiana fácilmente se deslizaría hacia algo como el perfeccionismo, en el que la gente se enfoca en cuán santos son antes que en cuán misericordioso es Dios. Wesley encontró que esa actitud resultaba en un detrimento tan grande para la santidad cristiana como cualquier otra de las "artimañas de Satanás".[18]

También deberíamos recordar que la gracia santificadora describe la restauración de Dios de nuestra naturaleza originalmente creada: la imagen de Dios. No se trata de añadir algo a la vida humana que sea extraño o ajeno a ella. En última instancia, Dios hará que nuestro destino sea mejor que el del Edén, pero en esta vida la obra de Dios tiene que ver más con restaurar lo que se perdió en la caída. Por lo tanto, no deberíamos pensar en la santificación como si Dios tratara de crear "supersantos", haciendo algo fuera de lugar para una vida humana ordinaria. A causa de la caída, nosotros no lo reconocemos así. Lo que naturalmente describimos como una "vida humana plena" es en realidad mucho menos que humana. La gracia santificadora de Dios tiene que ver con que Dios nos ayude a volvernos seres humanos de nuevo.

La Santificación y el Lenguaje de la Perfección

Antes de que profundicemos más en el entendimiento de Wesley sobre la perfección cristiana necesitamos estar claros sobre lo que significa ser "perfecto". El lenguaje de perfección es fácilmente mal entendido, por lo que Wesley tuvo a menudo que defender y definir la idea. Pero siendo que la Biblia usa el lenguaje de perfección, Wesley no estuvo dispuesto a abandonarlo sino que más bien trató de explicar mejor el concepto bíblico.

Wesley usualmente enfrenta los malos entendidos sobre la perfección mostrando lo que no es. En estas discusiones vemos a Wesley tratando de ser tan realista sobre la capacidad humana como lo es sobre su optimismo de la gracia de Dios. Nuestra condición humana está siempre limitada, de ahí que cualquier perfección que podamos obtener nunca involucrará un desempeño perfecto. En su sermón, "Sobre la Perfección", Wesley lo pone de esta manera:

> La perfección más alta que el hombre pueda lograr mientras su alma esté en el cuerpo no excluye la ignorancia y el error, ni miles de otras debilidades. Al presente, de los juicios equivocados a menudo fluirán palabras y acciones equivocadas... Tampoco puedo ser librado de la responsabilidad por esa clase de error mientras permanezca en un cuerpo corruptible. En consecuencia, mil debilidades acompañarán a mi espíritu hasta que éste regrese a Dios que lo dio. Y en innumerables momentos ese espíritu fracasará en hacer la voluntad de Dios, así como Adán fracasó en el paraíso. Por eso aun el mejor de los hombres puede decir de corazón, "En cada momento, Señor, necesito el mérito tu muerte."[19]

El hecho de que nunca podremos desempeñarnos perfectamente, también nos ayuda a darnos cuenta de que la perfección cristiana nunca es una perfección "independiente". La santidad no exime a nadie de la dependencia en Cristo y la fe en su sacrificio expiatorio. No la recibimos de Dios y nos vamos, como si Dios nos dijera, "Ya he terminado contigo. Eres perfecto; sigue por tu cuenta". Como Wesley lo hace notar en su libro, *La Perfección Cristiana,*

> Los más santos de los hombres todavía necesitan de Cristo como su Profeta, como "la luz del mundo". Porque Él solo les da luz de momento a momento; en el instante en que Él se retire, todo se volverá obscuridad. Todavía necesitan a Cristo como su Rey. Porque Dios no les da una reserva de santidad. Sino que a menos que reciban una provisión de ella en cada momento, nada sino la falta de santidad permanecerá. Todavía necesitan a Cristo como su Sacerdote, para que haga expiación por las cosas santas de ellos. Aun la santidad perfecta solo es aceptable a Dios por medio de Jesucristo.[20]

Esta es la razón por la cual Wesley quiso evitar la frase "perfección sin pecado". No es que la frase fuera completamente errónea si se entiende la definición cuidadosa de Wesley sobre el pecado, pero la misma llevaba a malos entendidos. Como él anota en una de sus cartas: "¿Perfección sin pecado? Ni siquiera contiendo por eso, ya que el término no es bíblico. ¿Una perfección que cumple perfectamente toda la ley, y que no necesita los méritos de Cristo? No reconozco ninguna: yo protesto ahora contra tal cosa como siempre lo he hecho".[21]

Por lo tanto, la perfección cristiana no significa conocimiento perfecto, desempeño perfecto o una situación en donde Dios haya terminado de obrar en nosotros. Nunca llegaremos al punto donde ya no tengamos que orar, "Y perdónanos nuestros pecados", ni dejemos de depender en la sangre expiatoria de Cristo. Pero si la perfección no es este ideal estático, entonces, ¿qué es? Para Wesley, era un concepto dinámico, relacionado a la forma en que él entendía la perfección de la creación original de Dios; era un concepto que en esencia se fundamentaba en el amor y no el desempeño.

La Santificación y el Amor Perfecto, Dinámico

Como vimos en el pensamiento de Wesley sobre la creación, su concepto sobre la perfección y la bondad era dinámico. La perfección no era tanto un "tan bueno como jamás sea posible", sino un "tan bueno como es posible ahora y todavía mejorando". No importa cuán buena pueda ser una cosa creada, para Dios es posible hacerla aun mejor. Wesley sabía que el lenguaje bíblico de perfección estaba unido a la idea de madurez, y la madurez es siempre un objetivo móvil. El comportamiento maduro de un niño de cinco años puede ser comportamiento inmaduro para un niño de diez. Aun como adultos, la mayoría de nosotros nos damos cuenta de que todavía tenemos que crecer. Esta es la forma como Wesley quiere que entendamos el lenguaje de perfección, particularmente en su vinculación con la obra de la gracia santificadora. Al resumir las formas en que la perfección a menudo es mal entendida, Wesley tiene lo siguiente que decir:

> Por último podemos observar que tampoco en este sentido existe perfección absoluta sobre la tierra. No hay "perfección de grados", como se acostumbra llamar; ninguna que no admita un crecimiento continuo. Así es que, lo que sea que un hombre haya alcanzado, o en cuán alto grado sea perfecto, todavía tiene necesidad de "crecer en gracia", y diariamente avanzar en el conocimiento y amor de Dios su Salvador.[22]

Esta visión dinámica de la perfección se une al entendimiento que Wesley tiene de lo que hace que algo sea bueno en primer lugar. Algo es bueno cuando calza bien en el lugar para el que fue diseñado, haciendo aquello para lo que fue diseñado. Así es que cuando usamos el lenguaje de perfección aplicado a los seres humanos, tenemos que recordar aquello para lo que los seres humanos fueron creados. Dios nos creó a nosotros los seres humanos a la imagen de Dios para que pudiéramos relacionarnos con Dios y con los demás. La relación es la meta de la vida humana, por lo que la "bueno" de los seres humanos se encuentra en su capacidad de relacionarse. La perfección, entonces, se halla en aquellos que se relacionan tan bien como puedan en un momento dado. Puesto que sabemos que la cualidad fundamental de las relaciones personales es el amor, podríamos ser tentados a simplemente definir la perfección cristiana en términos de amor perfecto. Y, por su puesto, esto es exactamente lo que Wesley hace.

Una y otra vez, en todos sus escritos, Wesley definirá los entrelazados conceptos de santificación, de santidad y de perfección cristiana en términos de amor, más específicamente amor por Dios que siempre también resulta en amor por el prójimo. En su sermón, "Sobre la Perfección", Wesley resume el concepto así:

> ¿Qué es entonces la perfección de la que el hombre es capaz mientras viva en un cuerpo corruptible? Es el cumplimiento con el bondadoso mandato de, "Dame, hijo mío, tu corazón". Es amar "al Señor tu Dios con todo tu corazón, y con toda tu alma, y con toda tu mente". Esta es la suma de la perfección cristiana: todo se halla comprendido en una palabra, el amor. Su primera rama es el amor a Dios: y como aquel que ama a Dios ama también a su hermano, ello estará inseparablemente conectado con la segunda, "Amarás a tu prójimo como a ti mismo". Debes amar a cada hombre como a tu propia alma, así como Cristo nos amó. "De estos dos mandatos depende toda la ley y los profetas": estos contienen el todo de la perfección cristiana.[23]

Una relación de amor fue aquello para lo cual los seres humanos fueron creados; fue toda la razón por la que Dios implantó su imagen en nosotros. Esto es lo que se perdió en la caída, y con ello toda la felicidad humana verdadera. Pero el amor es exacta y finalmente aquello que toda la gracia apunta a restaurar. La prioridad del amor en el pensamiento de Wesley explica a su vez por qué él piensa que la salvación plena demanda más que la justificación. Los actos de pecado que nos hacen miserables a nosotros y a los demás, fluyen de nuestra naturaleza no amorosa. Simplemente perdonarlos no arregla el problema fundamental. A los ojos de Wesley, Dios no está contento con combatir solo los síntomas de nuestra voluntad egoísta perdonando constantemente todos los pecados que provienen de ella. Dios quiere sanar completamente nuestra voluntad enferma de tal forma que sea dirigida solo por el amor, por un deseo por Dios y por el bienestar de todos los demás que se hallan alrededor de nosotros. La reorientación completa de esa voluntad sería digna de ser llamada "entera santificación".

La Cuestión de la "Entera Santificación"

Probablemente no hay otro aspecto del pensamiento de Wesley que haya sido tan ampliamente discutido y explorado por sus sucesores teológicos como el de la "entera santificación". Aunque Wesley mismo no usó la frase "entera santificación" con mucha frecuencia (él prefería la frase "plena salvación", sí afirmó que la obra de la santificación es algo que Dios puede hacer "enteramente" en esta vida. Los mecanismos de la obra, sin embargo, no son tan claros. Aun en sus propios días Wesley estuvo consciente del debate de cómo Dios hacía la obra de santificación. Había algunos que decían que la obra de Dios era un proceso gradual que podría -aunque no siempre- culminar en una obra terminada. Había otros que decían que la obra de Dios se describía mejor como un momento de crisis instantánea en el cual todo lo que Dios iba a hacer se realizaba de una vez. La respuesta de Wesley, como muchas de sus posiciones teológicas, fue que ambas posiciones eran verdaderas a su modo, y mantenía a ambas en tensión.

Para comenzar, Wesley mismo sentía que el debate sobre crisis y proceso siempre existiría porque la Biblia misma no era clara acerca del asunto. Esto hizo que Wesley se enfocara en el hecho de la santificación más que en argüir sobre la manera. Al predicar el sermón, "Sobre la Paciencia", dijo,

> Pero podría preguntarse, ¿de qué manera Dios obra este cambio entero, universal en el alma del creyente?... ¿Trabaja Él gradualmente, por medio de un lento proceso? ¿O instantáneamente, en un momento? ¡Cuántas son las disputas sobre este asunto, aun entre los hijos de Dios! Y así continuarán después que se haya dicho todo lo que jamás pudo haberse dicho o pueda decirse en el futuro sobre el asunto... Y serán cada vez más parcializadas, ya que las Escrituras guardan silencio sobre el asunto... Por eso, que cada hombre piense según su propio sentir, siempre que permita la misma libertad a su prójimo... Permítanme asimismo añadir una cosa más. Sea el cambio instantáneo o gradual, nunca descansen hasta que sea obrado en sus propias almas, si es que desean morar con Dios en gloria.[24]

Como pastor, Wesley está más preocupado de que la gente experimente la obra de Dios y no que la describan bien, por lo que él se va a enfocar en que se busque esta obra completa de Dios sin importar cómo ella se llegue a dar. Pero habiéndolo dicho así, la opinión personal de Wesley –la que él da permiso a sus lectores para que la tomen o la dejen según deseen- es que la obra de la entera santificación se describe mejor como una obra instantánea antes que gradual.

La razón principal de Wesley para aseverar esto era que los testimonios que él había oído -interesantemente, Wesley no se añade a ese número-, todos afirmaban que Dios había obrado está llenura de amor en sus corazones en un instante.

Una visión instantánea de la santificación también refuerza la idea de que es la obra de Dios, no algo por lo que nosotros trabajamos. En la justificación, Dios nos perdona en un momento. En la entera santificación, Dios llena nuestros corazones con el amor de Dios. Puesto que la obra de Dios no tiene prerrequisitos, Dios puede obrarla inmediatamente. Wesley bosqueja esa lógica simple de la siguiente manera:

> 1) que la perfección cristiana es ese amor por Dios y por nuestros semejantes que implica libertad de todo pecado; 2) que es recibida simplemente por la fe; 3) que es dada instantáneamente, en un momento, 4) que debemos esperarla en cada momento (no en la muerte) —porque ahora es el tiempo aceptable, hoy es el día de salvación.[25]

Por su puesto, esto no significa que Dios tenga la expectativa de que la gente espere de brazos cruzados que Dios los santifique después de la justificación. Así como la gracia preveniente involucra a las personas en un proceso que resulta en un momento de conversión, así también la gracia santificadora crea un proceso que lleva a la gente al momento de la entera santificación. Aquí es donde Wesley encuentra de mucha ayuda la analogía entre "morir a uno mismo" y la muerte física real. Respondiendo a la pregunta, "¿Es esta muerte al pecado, y la renovación en amor, gradual o instantánea?" Wesley contesta:

> Un hombre puede estar muriendo por algún tiempo; pero no muere, propiamente hablando, hasta el instante en que el alma es separada del cuerpo. Y en ese instante él vive la vida eterna. De la misma manera, él puede estar muriendo al pecado por algún tiempo; pero no está "muerto al pecado" hasta que el pecado es separado de su alma. Y en ese instante él vive la plena vida de amor... Pero todavía crece en gracia, en el conocimiento de Cristo, en el amor y la imagen de Dios; y lo seguirá haciendo, no solo hasta su muerte, sino por toda la eternidad.[26]

El proceso de morir a uno mismo no es una espera pasiva sino una participación activa. En el libro, *La Perfección Cristiana,* la pregunta que sigue a la que se ha mencionado arriba es esta: "¿Cómo debemos esperar por este cambio?" Y la respuesta de Wesley muestra su conocimiento de cómo Dios conecta la actividad divina con la nuestra:

> No en indiferencia descuidada o en inactividad indolente, sino en obediencia vigorosa y universal, guardando celosamente todos los mandamientos, en vigilancia y sufrimiento, en negación de nosotros mismos y en tomar nuestra cruz cada día; así también en oración y ayuno fervoroso, y en la asistencia constante a todas las ordenanzas de Dios. Y si algún hombre sueña en obtenerla de alguna otra manera (o de mantenerla cuando la ha conseguido, cuando la ha reci-

bido, incluso en la medida más grande), el tal hombre engaña a su propia alma. Es verdad que la recibimos por la fe simplemente. Pero Dios no da esa fe, ahora ni nunca, a menos que la busquemos con toda diligencia en la forma en que Él lo ha ordenado.[27]

Así, entonces, la obra salvadora de Dios es una dádiva instantánea, pero Dios tiende a darla a aquellos que están participando activamente en un proceso de búsqueda y de espera. Y esto es lo que Wesley está constantemente exhortando que su pueblo haga. "Hagan todo lo que puedan", parece decir, "y encontrarán al hacerlo que Dios también hace todo lo que Dios puede".

Esta, entonces, es la visión que Wesley tiene de la salvación. Se trata de una gracia de Dios que restaura nuestras capacidades de amor y de relacionarnos, que restaura la imagen de Dios en nosotros. La gracia preveniente nos abre la puerta al despertar nuestro entendimiento y nuestra voluntad. Si decidimos responder a Dios, Dios nos restaura a su completo favor, y luego comienza el proceso de equiparnos con más y más de su carácter a fin de que podamos amarlo más profundamente y de compartir su amor con nuestro prójimo. La meta es que Dios llene tanto nuestros corazones con amor que simplemente no haya espacio en él para nada más. Si continuamos con Dios en este viaje, entonces la tarea por toda la eternidad será el despliegue de relaciones cada vez más profundas. Sin embargo, si escogemos rechazar el ofrecimiento de Dios y nos alejamos de Él, Dios también respetará esa decisión. Esto, por supuesto, sería la mayor tragedia y la que Wesley suplica constante y urgentemente que sus oyentes y lectores eviten aun cuando sea posible que no lo hagan.

Ahora bien, si la salvación toda tiene que ver con el amor y las relaciones, entonces la salvación no puede ser -por su propia naturaleza- algo que suceda a individuos aislados, o algo que sea simplemente "entre Dios y yo". El amor implica comunidad, y por eso, para finalizar nuestra exploración del pensamiento de Wesley, nos dirigiremos a su entendimiento sobre la iglesia, y sobre todos aquellos factores sociales y comunitarios que median y dan forma a nuestra vida con Dios.

CAPÍTULO CATORCE

Su Pensamiento sobre la Iglesia

Uno podría ser tentado a especular que, con sus pensamientos sobre la perfección cristiana, ya hemos alcanzado el pináculo de las creencias de Wesley, la expresión más alta de la salvación que se pueda encontrar en esta vida. Hay que reconocer que la gente se refiere a Wesley en esos términos. Muchos libros y sermones han presentado la "entera santificación" individual como si fuera la última meta de Dios. Tal punto de vista, sin embargo, pasa por alto la naturaleza relacional esencial de la aproximación de Wesley a la salvación. Aun la santificación es instrumental para el pensar de Wesley, un paso en el camino hacia algo más. Dios no salva a las personas solo para que puedan ser santificadas. Dios salva y santifica a las personas para que puedan ser empoderadas para amar; y el amor no es algo que pueda existir en un individuo solitario. El punto más alto de la doctrina de la salvación de Wesley es, por tanto, no la entera santificación individual, sino una comunidad en la cual las personas que están siendo enteramente santificadas (sin importar cuánto hayan avanzado) se expresen entre ellos el amor que Dios les ha dado, y que extiendan ese amor más allá de su comunidad, hacia el mundo. Para Wesley, el "camino al cielo" no se puede transitar solo. La forma en que Dios se conecta con nosotros no puede ser separada de la forma en que Dios nos conecta con los demás. Esto nos trae a los pensamientos de Wesley sobre la iglesia.

Hay cuatro características del entendimiento de Wesley sobre la iglesia y la comunidad cristiana que exploraremos en este capítulo. Cada una de estas intuiciones formó profundamente la propia vida y ministerio de Wesley, y continúan siendo de utilidad para la vida y el ministerio hoy. Primero, exploraremos algunos pensamientos de Wesley sobre la naturaleza esencialmente comunitaria de la religión cristiana, conectando sus pensamientos sobre la iglesia con sus pensamientos sobre Dios, la humanidad y el drama de la salvación. Para Wesley, no hay tal cosa como un cristiano independiente.

Segundo, miraremos con más profundidad a la naturaleza de la comunidad cristiana. Para Wesley, la iglesia era, en su esencia, un grupo de creyentes unidos por el amor de Dios según la administración del Espíritu Santo. Las comunidades cristianas son esencialmente comunidades de amor. Esto hace que la visión de Wesley sobre la iglesia sea inherentemente ecuménica, puesto que él afirma enérgicamente que cosas como los acuerdos sobre doctrina o prácticas comunes de adoración son secundarias y nunca deberían interponerse al amor.

Tercero, examinaremos cómo, para Wesley, esta comunidad unida en amor es en primer lugar y ante todo una comunidad de propósito y acción, una comunidad "misional" para usar un lenguaje más contemporáneo. Ciertamente no tenemos que hacer buenas obras para comenzar a relacionarnos con Dios (Dios nos ofrece su amor por medio de la gracia). Pero una vez que hayamos comenzado esa relación con Dios, solo podrá ser expresada en obediencia y acción. El amor al que Wesley se refiere no es un sentimiento, como si la iglesia fuera un club social que se junte porque la gente lo disfruta. Más bien, Wesley entiende el amor como una palabra de acción. La iglesia es la principal encarnación física del amor de Dios en el mundo, y la misión de la iglesia es la de participar en la actividad de Dios en el mundo. La idea de Wesley sobre la iglesia, entonces, tiene que ver más con la función que con la forma. Todas las formas de la iglesia -sus tradiciones, formas de adoración, estructuras organizacionales y otras- deben servir a su función, a su misión. Toda la vida y ministerio de Wesley demuestran esta convicción. Él ignoró formas antiguas que ya no servían a la misión, y creó nuevas -como sus reuniones de clase o la predicación de laicos- según veía al Espíritu Santo empoderar a la iglesia para cumplir su misión en tiempos y circunstancias nuevas.

Finalmente, exploraremos cómo la misión de la iglesia incluye a aquellos que están fuera de ella. Puesto que el amor de Dios cubre a toda la humanidad, la expresión de ese amor por parte de la iglesia debe hacer lo mismo. El trabajo más obvio de la iglesia es el apoyo espiritual a sus miembros, pero su tarea es mucho más amplia. Parte de la vida de la iglesia al extender el amor de Dios al mundo está en atender a sus necesidades físicas en ministerios compasivos y en compartir el evangelio a través de la evangelización.

El Cristianismo como Religión Comunitaria

El entendimiento de Wesley sobre Dios se halla anclado en la idea de que Dios es amor. "Tu naturaleza y tu nombre es Amor", Carlos Wesley escribió en un himno.[1] Dios creó a los seres humanos a su imagen para que ellos también pudieran ser capaces de dar y recibir amor. Los seres humanos trastocaron sus relaciones de amor con Dios y con los demás al enfocarse en ellos mismos, por lo que el pecado representa la antítesis del amor (un enfoque egoísta en contraposición con un "enfoque en el otro"). La salvación de Dios, partiendo desde el don gratuito de la fe y la justificación en Cristo hasta la obra santificadora del Espíritu Santo, tiene que ver completamente con reparar el daño hecho por el pecado y restaurar las capacidades de amor y de relaciones. Es, por lo tanto, imposible que esta clase de salvación sea dada a individuos aislados, y Wesley estaba completamente consciente de esas implicaciones.

Reflexionando sobre la declaración de Jesús de que sus seguidores eran "la sal de la tierra" (Mateo 5:13), Wesley conecta sus ideas relacionales sobre Dios y la humanidad con el cristianismo y la iglesia. "El cristianismo es esencialmente una religión social", escribe Wesley, "y volverla en una religión solitaria es destruirla en verdad".[2] Aquí, por "esencialmente", Wesley no solo significa "básicamente" sino "en esencia". Es la naturaleza social del cristianismo lo que hace que ésta sea la religión que es, y si alguien se la quita, lo que quede no podría ser considerado cristianismo.

Wesley da una explicación más completa de la naturaleza esencialmente social del cristianismo en el prefacio que escribió para una compilación de himnos y poemas sagrados allá en los primeros tiempos del avivamiento evangélico (1739). En ese prefacio, Wesley describe lo que él llama el ideal "místico" del cristianismo, en el cual el objetivo más alto de la religión es la contemplación solitaria del ser divino en un tipo de quietud interna, alejada de los demás y sin hacer nada hacia el exterior. Después de resumir esa perspectiva, Wesley tuvo que señalar lo siguiente:

> El evangelio de Cristo está directamente opuesto a esto. La religión solitaria no se halla en este evangelio. Los "santos solitarios" es una frase tan inconsistente con el evangelio como lo es la de los santos adúlteros. El evangelio de Cristo no conoce otra religión que no sea la social; ninguna santidad sino la santidad social. La "fe que obra por el amor" es la longitud y la anchura y la profundidad y la altura de la perfección cristiana. "Y nosotros tenemos este mandamiento de [Cristo]: El que ama a Dios, ame también a su hermano"; y que manifestemos nuestro amor haciendo el bien "a todos, y mayormente a los de la familia de la fe". Y en verdad, quienquiera que ama a sus hermanos no solo de palabra, sino

como Cristo lo amó a él, no puede ser sino "celoso de buenas obras". Siente en su alma un deseo ardiente, sin descanso, de gastarse y ser gastado por ellos. "Mi Padre hasta ahora trabaja", dirá él, "y yo trabajo". Y en todas las oportunidades posibles él está, como su Maestro, "haciendo bienes".[3]

La expresión más alta del cristianismo no es la santidad interior que hace que el alma brille, sino un amor que se exterioriza por acciones dirigidas a sus compañeros creyentes y al mundo. Una comunidad de fe no es un añadido útil a la vida espiritual de una persona, como si uno pudiera vivirla solo, sino un facilitador por razón de las demás personas. En realidad, es el único lugar donde uno puede vivir su fe.

Temprano en su vida Wesley comprendió que los creyentes avanzan en su fe y progresan hacia la salvación completa al estar conectados con otros creyentes. Lo vemos en su "Club Santo" en Oxford, y en sus pequeños grupos en Georgia, aunque alcanza su máxima expresión en las sociedades metodistas. En uno de sus libros sobre "la gente llamada metodista", Wesley habla de la necesidad de apoyo mutuo entre los primeros convertidos del avivamiento evangélico.

> Ellos querían "huir de la ira venidera", y ayudarse unos a otros para tal fin. Por tanto se unían "para orar juntos, para recibir la palabra de exhortación, y para cuidarse mutuamente en amor, de tal manera que pudieran ayudarse en ocuparse de su salvación"... Así también ahora han acordado que todos los que tengan oportunidad se reúnan cada viernes para pasar la hora de la cena clamando a Dios, tanto por cada uno de ellos como por toda la humanidad... En pocos meses la mayoría de aquellos que empezaron "temiendo a Dios y haciendo justicia", pero que no se reunían, se debilitaron en sus mentes y volvieron a lo que antes fueron. Mientras tanto, la mayoría de aquellos que sí se reunieron como grupo, continuaron "esforzándose por entrar por la puerta estrecha", y "echar mano de la vida eterna". Cuando reflexiono, no puedo sino observar que esto es precisamente lo que existió en el comienzo del cristianismo.[4]

En esta espontánea asociación, Wesley vio un regreso a la raíz de lo que es la esencia del cristianismo. El Espíritu Santo dirigió a convertidos individuales a juntarse para ayudarse mutuamente en el camino de la salvación. Ellos oraron aun por aquellos que todavía no habían empezado el camino, ya que sus oraciones no se hacían solo a favor de ellos sino también "por toda la humanidad". Era una sociedad abierta para cualquiera que quisiera la salvación, sin importar lo que creyera en el momento o cómo prefería adorar. Su enfoque estuvo en el apoyo mutuo en la vida espiritual. Observando Wesley este grupo incipiente, se dio cuenta de que fue lo comunitario lo que hizo la diferencia entre aquellos que perseveraban en su fe y aquellos que se apartaban.

Wesley sabía que la fe era una realidad personal, pero también sabía que la fe personal necesita de un contexto interpersonal para florecer y crecer. La formación de las sociedades metodistas fue una aplicación práctica de la teología relacional de Wesley, marcando una diferencia efectiva entre el ala del avivamiento evangélico de Wesley y las demás. Jorge Whitefield lo reconoció así. Su ministerio se enfocó en las conversiones individuales y no en la formación de comunidades, lo que hizo que su gente se constituyera en un "castillo de arena", un grupo de piezas individuales a las que les faltaba algo que las uniera. La atención de Wesley a la comunidad cristiana es, por tanto, un asunto de teología consistente como de práctica efectiva, algo a lo que nosotros también deberíamos poner cuidadosa atención.

La Iglesia como Comunidad de Amor

Como hemos visto, lo que unía a las comunidades de Wesley no era un conjunto de ideas comunes sino una común meta de salvación. Sin embargo, Wesley no atribuye la unidad de estas comunidades a la determinación o a la fortaleza de sus miembros. Como en todo lo que pertenece a la salvación, Wesley entendió que la meta común de la salvación estaba enraizada en el amor y la fe que compartían, todo lo cual era un don de gracia departe de Dios. Una unidad en fe y amor dada por Dios llegó a ser la definición esencial de Wesley de lo que significaba ser una iglesia. En su sermón, "Sobre la Iglesia", escrito en una etapa ulterior de su vida como resumen de sus reflexiones maduras sobre el asunto, Wesley hace la siguiente declaración:

> Aquí entonces está la respuesta clara e incuestionable a la pregunta: ¿Qué es la iglesia? La iglesia católica o universal está constituida por todas las personas en el universo a quienes Dios ha llamado del mundo para otorgarles el carácter mencionado; para ser "un cuerpo" unido por "un Espíritu" y teniendo "una esperanza..., una fe, un bautismo, un Dios y Padre de todos, el cual es sobre todos, y por todos, y en todos".[5]

Usando el lenguaje del apóstol Pablo en Efesios, Wesley define a la iglesia en términos de la acción de Dios y de la unidad cristiana. Dios actúa para dar fe y para posibilitar el arrepentimiento y la vida santa, y esto viene a ser el fundamento de la iglesia. El acto de Dios de llamar a las personas a dejar el mundo, también es un llamado para ser parte de una familia unida que tiene a Dios como Padre. Dios es el que une a los creyentes como iglesia, y no su acuerdo doctrinal o sus prácticas de adoración comunes. Wesley demuestra la prioridad del amor en esta unidad poniéndolo por encima de la doctrina y las formas de adoración, y lo hace por la forma en que él trabaja las implicaciones ecuménicas de su definición.

Wesley cita la definición de "iglesia" ofrecida por la Iglesia de Inglaterra como sigue: "La iglesia visible de Cristo es una congregación de hombres fieles, en la cual se predica la palabra pura de Dios, y en la que los sacramentos son debidamente administrados".[6] Wesley aprueba de corazón la primera parte de esa definición, particularmente si uno entiende que la "congregación de hombres fieles" se refiere a un tipo de fe verdadera, relacional y de confianza en Dios. Pero cuando la definición añade cualificaciones sobre doctrina y práctica, Wesley encuentra problemas. Él escribe:

> No trataré de defender la precisión de esta definición. No me atrevo a excluir de la iglesia católica a ninguna de las congregaciones en las cuales se predica no solo a veces sino frecuentemente alguna doctrina no escritural de la que no se pueda afirmar que sea "la palabra pura de Dios". Ni tampoco a congregaciones en las cuales los sacramentos no sean "debidamente administrados"... Fácilmente puedo soportar que sostengan opiniones equivocadas, más aún, que practiquen modos supersticiosos de adoración. Yo no tendría escrúpulos, por estos motivos, de incluirlos dentro de los límites de la iglesia católica. Tampoco tendría objeción alguna en recibirlos, si ellos lo desearan, como miembros de la Iglesia de Inglaterra.[7]

Parece que Wesley piensa que la obra de Dios de juntar a las personas no depende de la doctrina correcta o de buenas prácticas. No es que estas no sean importantes. Nótese que Wesley etiqueta sin ambages algunas de esas opiniones como "equivocadas", y como "supersticiosas" algunas de las prácticas. La mayoría de los escritos de Wesley durante toda su vida hablan de su preocupación en promover buenas ideas y prácticas, y de criticar las malas. Por lo tanto, tales cosas deben ser importantes para Wesley. Solo que no son esenciales; ni siquiera tan importantes como la de que los cristianos muestren amor genuino por los demás y por el mundo.

Podemos ver el enfoque de Wesley en el amor como la esencia de la iglesia cuando insiste en que las opiniones teológicas correctas ("ortodoxia") no son la esencia de la religión, y también en sus esfuerzos deliberados al extender su mano de compañerismo a través de las líneas de demarcación doctrinal. Una de las declaraciones más controversiales de Wesley fue, "que la ortodoxia, o las opiniones correctas, son en el mejor de los casos una escasa parte de la religión, si es que podemos permitir que tengan alguna parte en ella".[8] Más tarde, al defender esta afirmación en una carta al obispo Warburton de Gloucester, Wesley continúa diciendo lo siguiente:

> Después de establecer como premisa que nuestro deber ineludible es esforzarnos laboriosamente por alcanzar un juicio correcto en todas las cosas, puesto que los juicios incorrectos naturalmente llevan a prácticas incorrectas, lo digo de nuevo: la opinión correcta en el mejor de los casos es una parte muy limitada de la religión (la cual propia y directamente consiste en el temperamento, las palabras y las acciones correctas), y con frecuencia no es parte de ella. Porque aquella puede estar presente donde no haya religión alguna: en hombres que vivan las peores vidas; sí, hasta en el diablo mismo.[9]

Wesley afirma que los juicios correctos son importantes, pero únicamente porque los mejores juicios llevan a mejores prácticas. Sin embargo, son las prácticas las que importan. El corazón de una religión genuina para Wesley son las actividades (palabras y acciones) por medio de las cuales se expresa nuestro amor, y la fuente de la cual provienen esas actividades (nuestro temperamento). Desconectadas de estas cosas, las opiniones correctas no tienen valor. Aun el diablo tiene opiniones correctas.[10]

Por esta actitud, para Wesley era importante buscar la unidad con todo aquel que decía ser un discípulo de Cristo, sin importar cómo entendiera su fe. En la iglesia, él llamaba a esta prioridad de la fe-que-obra-por-el-amor, un "espíritu católico". Su sermón con ese título es una súplica para que los cristianos se amen entre ellos, y para que no permitan que diferencias de doctrina o de práctica los dividan. Él reconocía que las divisiones entre los cristianos dificultaban el que la iglesia funcionara como una comunidad de amor para los que se encontraban dentro, y como un ejemplo y extensión de amor para aquellos que estaban fuera. Así, Wesley establece su afirmación más clara de la prioridad del amor en la iglesia por sobre todo lo demás.

Tomando el ejemplo del encuentro entre Jehú y Jonadab en 2 Reyes 10, Wesley recoge la idea de que si nuestros corazones están unidos, entonces también deberían estarlo nuestras manos. Él es realista sobre el hecho de que siempre habrá diferencias institucionales entre los cristianos, pero no quiere que éstas tengan la última palabra.

> Y aunque una diferencia de opiniones o modos de adoración podrían impedir una unión externa completa, ¿deberían acaso impedir nuestra unión de afecto? Aunque no podamos pensar igual, ¿podremos amarnos igual? ¿Podremos ser de un corazón aunque no seamos de una misma opinión? Sin duda alguna, podemos. Aquí todos los hijos de Dios pueden unirse, a pesar de estas pequeñas diferencias. Existiendo como lo hacen, pueden servir para promover que todos se amen y se hagan el bien.[11]

Aun cuando Wesley esté convencido de que algunas opiniones que la gente sostiene son abiertamente dañinas para la fe —como lo está con las creencias específicas del catolicismo romano- todavía no las ve como una razón suficiente para rehusar extenderse la diestra de la comunión. En una muestra más bien notable para un anglicano del siglo XVIII —y por la que él sabía que sería criticado- Wesley escribe una carta a "un católico romano" en la que resume las creencias cristianas más esenciales, para luego abogar así:

> ¿No estamos hasta aquí de acuerdo? Agradezcamos a Dios por esto, y recibámoslo como una señal fresca de su amor. Porque si Dios todavía nos ama, nosotros también deberíamos amarnos unos a otros. Nosotros deberíamos motivarnos al amor y a las buenas obras, sin esta interminable discordia de opiniones. Dejemos que los puntos en los que opinamos distinto permanezcan al margen: aquí hay suficiente sobre lo que estamos de acuerdo, suficiente para que sea la base del temperamento de cada cristiano y de cada acción cristiana... Luego, si todavía no podemos pensar igual en todas las cosas, al menos podemos amarnos igual. Aquí no es posible que se nos tome a mal. Porque en un punto nadie puede dudar ni por un momento: "Dios es amor; y el que permanece en amor, permanece en Dios, y Dios en él".[12]

El amor de Dios -primero aceptado y luego reexpresado- es lo que mantiene a la iglesia unida. Edificar sobre cualquier otro fundamento es inútil, según piensa Wesley. Y el amor es por naturaleza activo. Si la iglesia realmente es una comunidad de propósito, y si el amor por el que Wesley aboga en realidad se hace presente, será un amor que conducirá inevitablemente a la iglesia a la acción.

La Misión de la Iglesia como Amor Activo

Una de las formas más simples en que los psicólogos clasifican las personalidades es haciendo la distinción entre los que son orientados hacia la tarea y los que son orientados hacia las personas. Hasta este punto, la iglesia de Wesley parece que tuviera una personalidad orientada más hacia las personas que hacia las tareas, lo que calza con el enfoque relacional de toda su teología, y con su fuerte énfasis en el amor. Sin embargo, como sucede con muchas cosas de la teología de Wesley, él es muy hábil en combinar cosas con la aproximación de "uno/y lo otro", en donde otras personas tienden a separarlas con una aproximación de "esto/o lo otro". En el caso de la iglesia, el énfasis en el amor y las personas es un impulso para la misión y la tarea. Wesley solo conoce un amor que es activo. Su teología está orientada hacia la gente, y la gente se relaciona con los demás haciendo cosas. Esto hace que la misión y las actividades sean parte de la identidad de la iglesia tanto como lo es el amor. Wesley lo pone de esta manera:

> Es muy cierto que la raíz de la religión yace en el corazón, en lo más profundo del alma; y que ésta es la unión del alma con Dios, la vida de Dios en el alma del hombre. Pero si esa raíz está realmente en el corazón, no puede dejar de echar ramas. Y éstas son los muchos espacios de obediencia externa, las cuales participan de la misma naturaleza de la raíz, y, consecuentemente, no solo son marcas o señales, sino partes sustanciales de la religión... Se da por un hecho que el amor a Dios y al hombre que proviene de una "fe no fingida" es en todo sentido "el cumplimiento de la ley"... Pero ello no significa que el amor sea todo [en todos] en el sentido de que reemplace a la fe o a las buenas obras. Es el "cumplimiento de la ley", no en el sentido de liberarnos de obedecerla sino de obligarnos a obedecerla. Es el "el fin del mandamiento", ya que todo mandamiento se dirige a ella y se centra en ella.[13]

Para Wesley, la religión interior siempre resulta en obediencia externa, razón por la cual él declaró que ciertas formas de obediencia son tan parte de la religión como la relación con el Dios que las produjo. El amor es en verdad todo, pero solo cuando abarca las buenas obras y no las sustituye. Si falta la acción en el amor, tenemos sobrada razón para dudar de su presencia.

La acción del amor es, entonces, la misión, la primera tarea de la iglesia. Para ponerlo en forma más específica, lo que se supone aquí es que la iglesia sea el contexto comunitario que nutra el ejercicio pleno del amor tanto hacia Dios como hacia los seres humanos. Su tarea es la de ayudar a sus miembros individuales a hacer su trabajo de amar. Wesley establece estas conexiones explícitamente en su sermón, "Sobre el Celo", en el que describe a la religión como una serie de círculos concéntricos, siendo el más interno el amor y el más externo la iglesia.

> En el creyente cristiano el amor está en ese trono que ha sido erigido en lo más profundo del alma, es decir, un amor a Dios y al hombre que llena todo el corazón y que reina sin rival. En un círculo cercano al trono están todas las actitudes santas: la paciencia, la benignidad, la mansedumbre, la bondad, la fe, la templanza, y cualquier otra que esté comprendida en el "sentir que hubo también en Cristo Jesús". En un círculo exterior al primero se hallan todas las obras de misericordia, ya estén dirigidas a las almas o a los cuerpos de los hombres. Por medio de ellas practicamos todas las actitudes santas; por medio de ellas las mejoramos de tal forma que se constituyan en verdaderos medios de gracia, aunque de esto no se dé cuenta uno comúnmente. Más afuera de estas se hallan las que usualmente llamamos obras de piedad: leer y escuchar la Palabra, la oración pública, familiar y privada, el recibir la Santa Cena, y el ayuno o la abstinencia. Por último, a fin de que sus seguidores sean más eficaces en es-

timularse al amor, a las actitudes santas y a las buenas obras, nuestro bendito Señor las ha unido en una iglesia —la iglesia—, que se halla dispersa por toda la tierra; y de esa iglesia universal tenemos un pequeño emblema en cada congregación cristiana particular. Esa es la religión que nuestro Señor ha establecido sobre la tierra desde el descenso del Espíritu Santo en el día de Pentecostés. Ese es el sistema completo y conectado del cristianismo: así sus diferentes partes se levantan una sobre otra, desde el punto más bajo que es el de no dejar de "congregarnos", hasta el más alto, que es el del amor entronizado en nuestros corazones.[14]

Esta cita es iluminadora por varias razones, y de ningún modo es menos importante esa clara prioridad que Wesley le da a las obras de misericordia (lo que podríamos llamar "ministerios compasivos") por sobre las obras de piedad. Retomaremos este aspecto crucial de la misión de la iglesia en la siguiente sección. Pero por ahora debemos notar que la iglesia es la expresión final del amor que se filtra a través de los temperamentos santos hacia las obras de misericordia y piedad, y también la sirvienta de todas estas cosas. El amor da lugar a las actitudes, que a su vez dan lugar a las acciones, que a su vez dan lugar a una comunidad activa, siendo el propósito de esta comunidad hacer florecer aquellas realidades que la hicieron nacer. El Señor "los ha congregado juntos" para que con "más efectividad se estimulen unos a otros" al amor y la manera de expresarlo apropiadamente.

Wesley continúa en ese sermón exhortando a sus lectores a ser celosos con la iglesia, pero solo si desean ser más celosos con las obras de piedad, y si solo a su vez están dispuestos a ser más celosos con las obras de misericordia, y todavía más celosos por las actitudes santas y por reservar su "mejor celo" para el amor solamente. "La iglesia", escribe, "las ordenanzas, las obras externas de todo tipo, incluso todas las actitudes santas, son inferiores a éste, y cobran valor en la medida en que se acercan más y más a él".[15] La misión de la iglesia es ser agentes y promotores del amor. Nos congregamos juntamente para darle curso a nuestro amor los unos por los otros, y para potenciarnos los unos a los otros para amar aún más. Nuestras obras de piedad -nuestras oraciones y sermones públicos y el tomar la Santa Cena- son importantes como medios por los cuales nuestro amor a Dios y al prójimo aumenta, pero son importantes solo por esa razón. Cualquier otro uso que se les dé es un mal uso de ellos.

Es a la luz de esto que debemos leer toda la controversia sobre la postura de Wesley ante las varias formas de la actividad de la iglesia, ya sea que él haya ignorado algunas que otros pensaron que eran importantes (tales como el sistema de demarcación de las parroquias), o que haya creado nuevas formas que no calzaban en el viejo sistema (tales como la predicación a campo abierto o la predicación de laicos). Cualquier medio por el cual la iglesia tratara de suscitar las obras de piedad o misericordia tenía que ser evaluado según la utilidad que prestara para que la iglesia cumpliera su misión de promover el amor. El amor no conoce límites políticos, por lo tanto Wesley se sintió libre de ignorarlos. Cuando las puertas de la iglesia dejaron afuera el amor de Dios, Wesley predicó fuera de ellas. Si los ministros anglicanos oficiales no estaban realmente ayudando a la gente a aprender a amar a Dios y al prójimo, Wesley encontraba a gente que lo hiciera, ya sea que tuvieran o no títulos universitarios o la ordenación de la iglesia. Para Wesley la forma seguía a la función. La misión era la que gobernaba todo y esa misión tenía que ver solo con el amor.

El enfoque de Wesley en el amor, sin embargo, no significa que las formas de la organización institucional o de la adoración fueran irrelevantes. Recordemos que Wesley era, al menos según él lo pensaba, un anglicano de hueso colorado. Instintivamente resistía muchos de los cambios que ya hemos discutido hasta que se convenciera de que, en efecto, eran útiles para la misión de la iglesia. Por lo tanto, su actitud básica hacia las formas institucionales era extremadamente conservadora. Asumió que uno no debería cambiar nada a menos que se probara su inutilidad, o hasta que surgiera algo mejor. Y así, por ejemplo, él no quiso que sus metodistas se separaran institucionalmente de la Iglesia de Inglaterra porque no había necesidad de hacerlo. Animó a sus metodistas a asistir a los cultos de la Iglesia de Inglaterra así como a las reuniones de las sociedades porque Dios en verdad estaba usando ambos medios para edificarlos en amor.[16] Cuando la Iglesia de Inglaterra no pudo ordenar a suficientes ministros para ir a América, Wesley no dijo que la ordenación no fuera importante. Simplemente se convenció (para bien o para mal) de que él tenía tanto poder para ordenar ministros como cualquier otro obispo anglicano. Y aunque él vio, por ejemplo, la Santa Cena como un medio para el fin más elevado del amor, siempre la encontró como un medio indispensable y animaba a su gente a tomar la comunión tan frecuentemente como fuera posible.[17] Así, Wesley no fue un cuáquero, listo para deshacerse de toda liturgia y sacramentos, pensando que las cosas espirituales eran más importantes. Los medios a través de los cuales la iglesia cumplía su misión de promover el amor eran importantes para él. Solo que no eran tan importantes como el amor que debían promover, y debían ser juzgados por esa medida.

Ahora bien, había una parte de esa misión para promover el amor que no podía ser cumplida dentro de la iglesia, no importa qué formas uno pudiera crear para hacerlo, ya que involucraba a aquellos que estaban fuera de ella. Por eso concluiremos nuestra observación de las ideas que Wesley tuvo sobre la iglesia mirando cómo se suponía que la iglesia amara a aquellos que todavía no eran parte de ella.

La Misión de la Iglesia como Amor Extendido

Hay una tensión interesante en la forma en que Wesley ve la iglesia, la tensión entre la iglesia que existe como un contexto de amor para sus miembros y la que existe para extender el amor de Dios al mundo. Por un lado, Wesley frecuentemente hace eco de lo que siente ser la prioridad bíblica para los que están en la iglesia de cuidar de sus hermanos creyentes. Así, por ejemplo, él interpreta las palabras de Jesús en Mateo 25:40 ("en cuanto lo hicisteis a uno de estos mis hermanos más pequeños, a mí lo hicisteis") como refiriéndose a los cristianos, y comenta: "Cuánto aliciente se encuentra aquí para ayudar a los que son de la familia de la fe".[18] Por otro lado, Wesley también está constantemente buscando ampliar el enfoque para incluir a aquellos que están fuera de la iglesia, por lo que él continúa su comentario sobre el mismo versículo diciendo, "Pero también recordemos hacer de igual manera el bien a todos los hombres".[19]

Esta es una tensión importante de reconocer porque muchas iglesias hoy todavía la enfrentan. Algunas quieren enfocarse en el discipulado de sus miembros, mientras que otras quieren enfocarse en asuntos de "justicia social" como luchar contra la pobreza o trabajar en pro de la paz. Aquí nuevamente encontramos a Wesley tratando de mantener juntas ambas actitudes. Wesley deja que el amor comience dentro de la iglesia, pero éste deberá eventualmente moverse más allá de ella. Uno de los versículos favoritos que Wesley citaba era Gálatas 6:10 ("Así que, según tengamos oportunidad, hagamos bien a todos, y mayormente a los de la familia de la fe"). Interesantemente, Wesley cita con mayor frecuencia solo la primera parte del versículo. El añadido que hace Pablo ("mayormente a los de la familia de la fe"), Wesley usualmente lo omite, aunque no siempre.[20]

Dada la visión de Wesley sobre los seres humanos como "espíritus encarnados", esperaríamos que Wesley entendiera el "hagamos bien a todos" en términos tanto físicos como espirituales. En su propia vida y ministerio, Wesley siempre trató de balancear ambos, y animó a sus metodistas a hacer lo mismo. Pasó su vida viajando y compartiendo el evangelio tal como lo entendía, y gastando lo que tenía tratando de ayudar al pobre. También incluía entre las "obras de misericordia" a todo lo que afectara a los cuerpos y a las almas. Animaba a sus metodistas a compartir el evangelio con el prójimo[21] así como a satisfacer sus necesidades físicas. En su sermón, "Sobre Visitar a los Enfermos", Wesley anima a sus metodistas a servir a cualquiera que se halle afligido en cualquier forma, primero preguntando sobre sus necesidades físicas y luego -y solo luego- ayudándolos a mirar a Dios.[22] Para el modo de pensar de Wesley, lo físico y lo espiritual nunca puede en realidad separarse, por lo que el "amarás a tu prójimo", siempre incluye el hacer bien a sus cuerpos así como a sus almas.

Con ese equilibrio en mente, también debemos notar que Wesley se dio cuenta de que amar a las personas y satisfacer sus necesidades físicas no era un simple medio para pasar a los asuntos espirituales como el asunto más importante. Aunque Wesley creía sin titubeos que los valores espirituales eran más importantes, nunca permitió que la falta de resultados espirituales se convirtiera en una excusa para ignorar las necesidades físicas. Al discutir lo que significa para la iglesia ser "sal y luz" en el mundo, Wesley dirigió su atención a aquellos que menospreciaban el valor del ministerio de compasión. Algunos pensaban que no era importante porque las necesidades espirituales eran más importantes que las físicas. Otros estaban frustrados porque el satisfacer las necesidades físicas de la gente no siempre producía fruto espiritual ni servía para que ellos se unieran a la iglesia. La respuesta de Wesley a ambas objeciones fue firme y sin disculpas, y provee un buen resumen de las ideas que él tenía sobre la manera en que la misión de la iglesia se conecta con la obra de Dios en el mundo.

> Contesto, (1) ya sea que finalmente se pierdan o sean salvos, a usted se le manda expresamente a alimentar al hambriento y vestir al desnudo. Si usted puede hacerlo y no lo hace, independientemente de lo que suceda con ellos, usted irá al fuego eterno. (2) Aunque es Dios quien cambia los corazones, todavía generalmente lo hace por medio de las personas. Es nuestra parte hacer tan diligentemente todo lo que nos corresponde como si nosotros mismos pudiéramos cambiarlos, y luego dejar los resultados a Dios. (3) Dios, en respuesta a sus oraciones, edifica a sus hijos entre sí por medio de toda buena dádiva, alimentando y fortaleciendo "todo el cuerpo... por todas las coyunturas que se ayudan mutuamente".[23]

Así, nuestro amor por Dios resulta en nuestra obediencia, algo que hacemos independientemente de cuan "exitosos" podamos ser en las tareas que Dios nos ha pedido realizar. La obediencia "no exitosa" también provee la oportunidad para que practiquemos el ser como Jesús. Solo un poco más adelante en ese sermón, Wesley continúa:

> Es muy posible que este hecho también sea verdad, que has tratado de hacer el bien y no has sido exitoso; sí, que aquellos que parecían haberse reformado

volvieron al pecado, y que su postrer estado fue peor que el primero. ¿Y qué nos sorprende? ¿Es el siervo mayor que su señor? ¡Cuántas veces trató Él de salvar a los pecadores y ellos no escucharon; o si lo seguían por un tiempo luego retrocedía, como un perro a su vómito! Pero no por eso desistió de hacerles el bien. Ni tú tampoco deberías, cualquiera que sea el éxito que logres. Es tu parte hacer lo que se te ha mandado: el resultado está en las manos de Dios. Tú no eres responsable por eso.[24]

Este es, entonces, el modo en que Wesley entendía la iglesia y su obra. Nuestra salvación es algo comunitario, ya que tanto Dios como los seres humanos son seres relacionales y comunitarios. Por esta razón Dios reúne a sus seguidores como una iglesia. Esta iglesia es, primero y ante todo, una familia ligada por el amor y no una institución unida por acuerdos de prácticas o doctrinas. Y es una familia que está activa. Amor es un verbo que se expresa tanto por lo que hacemos en la iglesia para Dios y otros, como por las formas en que alcanzamos a aquellos que están fuera de ella. Y en la medida en que esa dinámica de amor fluye de Dios y por medio de los seres humanos, el reino de Dios avanza. La gente es renovada a la imagen de Dios en la santificación, y la voluntad de Dios se hace "como en el cielo así también en la tierra".

La iglesia se ocupa en la tarea de compartir el amor de Dios con el mundo independientemente de que el mundo responda. En esa forma, ella simplemente ama como Dios ama, lo que es apropiado para una comunidad que está siendo renovada a la imagen de Dios. La iglesia trabaja en pro del reino de Dios pero no pretende traerlo. Esa es la obra de Dios y de Dios solamente. Lo que Dios requiere es que la obra de la iglesia en el mundo sea simplemente obediencia gozosa que surja naturalmente del amor. Todos los resultados están en las manos de Dios. Wesley admite que el amor no siempre es eficaz, pero esa no es excusa para dejar de amar. Uno simplemente ama porque Dios es amor. Uno busca el bien aun de los pecadores porque esto es lo que Jesús buscaba. El amor, en ese sentido, es un fin en sí mismo. Esa es la manera en que Dios obra, y esa es la manera en la que Dios espera que la iglesia también obre.

Conclusión

Acabamos de explorar las nociones generales del mundo de Wesley, los eventos centrales que dieron forma a su vida, y aquellas intuiciones básicas que moldearon su pensamiento. Puesto que la tarea de una buena introducción es tanto plantear buenas preguntas como contestarlas, terminamos con la plena consciencia de lo inconcluso que ha sido nuestro trabajo. Pero hay dos caminos principales que los lectores de Wesley podrían tomar al término de un libro como este aun cuando de ninguna manera se excluyan mutuamente. Uno es el camino académico, para aquellos que desean aprender más de Juan Wesley. El otro es un camino práctico, que se interese en lo que haremos con todo esto que tenemos sobre la mesa. Trataremos de dar al lector una breve orientación sobre cada uno de estos caminos.

Para Mayor Estudio...

Como lo notamos al comienzo de nuestro viaje, este libro es solo un intento por introducir al lector a las riquezas del legado teológico de Juan Wesley. Hay muchos escritores que han explorado ese legado con mayor profundidad y perspectiva. Referimos, pues, a nuestros lectores a los catálogos de libros y colecciones de ensayos que las diferentes casas de publicaciones puedan ofrecer sobre Wesley. Y si lo que se quiere es leer las obras originales de Wesley, ya están todas disponibles en español tanto en forma impresa como digital. Un sitio web donde éstas se pueden encontrar de forma gratuita es el siguiente: http://www.iglesiametodistacr.org/recursosbiblico/index.html

Hagámoslo Realidad

Como hemos visto, Wesley fue un teólogo intensamente relacional y práctico. Le hubiera decepcionado grandemente saber que la gente leyó su teología y que pensó acerca de sus ideas solo para ponerlas en libros (o para dar respuestas sobre ellas en un examen). Wesley sabía que la teología cobraba sentido cuando se la vivía en relación con Dios y el prójimo en el mundo. Como un "siguiente paso", después de mirar la vida y el pensamiento de Wesley, es bueno pensar en la diferencia que hará su vida y pensamiento en nuestras propias vidas y maneras de pensar en el día de hoy. Por su puesto que solo comenzar a aplicar las ideas de Wesley ocuparía escribir otro libro. Pero aun cuando no tengamos espacio para considerar todas las implicaciones del ejemplo y las ideas de Wesley, podemos decir algo que ayude a orientarnos hacia esa tarea.

A lo largo de esta presentación de la vida y pensamiento de Wesley, hemos tratado de articular las situaciones básicas a las que él respondió, y las percepciones fundamentales que lo llevaron a responder de esa manera. En un sentido, estas forman el núcleo del "proyecto teológico de Wesley". Nosotros podemos, es cierto, limitarnos a tratar de repetir sus palabras y sus métodos. Sin embargo, considerando la diferencia entre la Inglaterra de Wesley del siglo XVIII y la Inglaterra del siglo XXI -o las Américas, África o Asia de hoy día-, es improbable que ese acercamiento nos produzca los mismos resultados que Wesley obtuvo. Por otro lado, si tratamos de ser wesleyanos hoy, procesando sus intuiciones para nuestras propias culturas, y preguntándonos cómo luciría hoy la expresión de una iglesia que fuera relacional y creacional, gobernada por la gracia, y comunal, podríamos encontrar con que sucedan algunas cosas asombrosas. Nuestras palabras no serían las mismas que las de Wesley, pero podrían sonar muy wesleyanas. Si nuestras acciones fueran gobernadas por un amor inspirado por la gracia, sabio e intencional, no del tipo que nos hace "sentirnos bien", probablemente nos encontraremos haciendo cosas muy wesleyanas. Y, quizá, si tratáramos de "ser iglesia" de forma que aceptemos a la gente donde está y les señalemos las maravillosas expresiones de la imagen de Dios para las que fueron creadas, encontraremos a Dios respondiendo a nuestros ofrecimientos en formas similares a las que Dios respondió a los de Wesley. Puede que no consigamos ayudar a iniciar un avivamiento que impacte significativamente a nuestro país -eso depende de Dios– pero, de nuevo, quizá podamos. De cualquier forma, es difícil imaginar que alguna vez podamos lamentarnos de nuestros esfuerzos fieles por vivir la gran visión del evangelio que Wesley nos ha ayudado a ver.

Notas Bibliográficas

Capítulo Uno

1. Esto se dio cuando las ideas de la "política secular" empezaron a afianzarse en la cultura inglesa, aun cuando habían estado circulando con anterioridad durante décadas. Para más información véase *English Society 1660-1832* por J. C. D. Clark (Cambridge: Cambridge University Press, 2000).

2. "Prefacio" a *Primitive Physick* (Jackson 14:307-318). El libro completo está disponible en línea en http://books.google.com/books/about/Primitive_Physick_Or_an_Easy_and_Natural.html?id=fLEUAAAAQAAJ [Accesado el 13 de enero de 2014].

3. Véase "An Address to the Clergy," §I.2 (*Jackson* 10:483).

Capítulo Dos

1. Para mayor información sobre el trasfondo de la familia de Wesley, véase la obra extremadamente detallada en dos volúmenes por Martin Schmidt, *John Wesley: A Theological Biography*, traducida por Norman P. Goldhawk (New York: Abingdon, 1963).

2. *Susanna Wesley: The Complete Writings*, editada por Charles Wallace, Jr. (New York: Oxford Univ. Press, 1997).

3. Adam Clarke, *Memoirs of the Wesley Family* (New York: Bangs and Mason, 1824). Véase también, "An Account of the Disturbances in My Father's House," §8 (Jackson 13:504).

4. Como notamos en el capítulo 1, Wesley celebraría más tarde la fecha gregoriana de su cumpleaños el 28 de junio en vez de la del 17 de junio, que era la fecha que el calendario juliano señalaba en su momento.

5. Susana observó en una carta anterior a su hijo Samuel que ella solo se permitía gastar en recreación el tiempo que se permitía gastar en sus ejercicios devocionales (*Susanna Wesley*, 62).

6. *Journal,* 1 de Agosto de 1742 (19:287), que refleja un carta de parte de Susana a Juan fechada el 24 de julio de 1732 (*Susanna Wesley*, 369).

7. Susanna Wesley, 98.

8. John Hampson, *Memoirs of the Late Rev. John Wesley*, vol. 1 (London: James Graham, 1791), 71.

9. Susanna Wesley, 235.

10. *Susanna Wesley*, 82-83. El signo de pregunta entre corchetes representa duda en cuanto al manuscrito original.

11. *Journal,* 23 de mayo de 1738, §2 (18:243).

Capítulo Tres

1. Para un sondeo más profundo de este tiempo en la vida de Wesley, véase *The Young Mr. Wesley: A Study of John Wesley and Oxford,* por V. H. H. Green (London: Edward Arnold Publishers, 1961).
2. "Introducción" a The Letters of the Reverend John Wesley (Telford 1:7).
3. Una carta de Susana, del 23 de febrero de 1724/5 (25:160).
4. A Plain Account of Christian Perfection, §2 (13:136).
5. *Ibid.,* §3 (13:137).
6. Carta a Mary Pendarves, 19 de juliio de 1731 (25:293).
7. Carta a Richard Morgan, 15 de enero de 1734 (25:367).
8. *Journal,* 1 de septiembre de 1778 (23:104).
9. Carta de Susana, 12 de Julio de 1731 (25:291 y *Susanna Wesley,* 145).

Capítulo Cuatro

1. Los moravos formaban un grupo de pietistas alemanes que trazaban su herencia espiritual hasta el líder prereformista Juan Hus (c. 1369-1415).
2. *Journal,* 25 de enero de 1736 (18:143).
3. *Journal,* 7 de marzo de 1736 (18:153).
4. *Journal,* 5 de mayo de 1736 (18:157).
5. *Journal,* 22 de junio de 1736 (18:161-162).
6. Diary, 16 de agosto de 1736 (18:409).
7. *Journal,* 2 de diciembre de 1737 (18:195).
8. *Journal,* 24 de enero de 1738 (18:211).
9. *Journal,* 1 de febrero de 1738 (18:216). Wesley cita aquí las *Homilías* oficiales de la Iglesia de Inglaterra.
10. *Journal,* 24 de mayo de 1738 §14 (18:249-50).
11. *Ibid.,* §16 (18:250).
12. *Journal,* 12 de noviembre de 1738 (19:21).
13. The Doctrine of Salvation, Faith and Good Works (12:27-43).
14. *Journal,* 4 de enero de 1739 (19:29).
15. *Journal,* 29 de marzo de 1739 (19:46).
16. *Journal,* 2 de abril de 1739 (19:46).

Capítulo Cinco

1. "A Member of the Houses of Shirley and Hastings," *The Life and Times of Selina Countess of Huntingdon*, vol. 1 (London: William Edward Painter, 1839), 34.
2. *Pia Desideria* (1675), el libro de Spener, endosa lo que él denomina "colegios de piedad", pequeños grupos que nutren la fe por medio de la rendición de cuentas y el apoyo mutuos.
3. The Nature, Design and General Rules of the United Societies, §2 (9:69). Se hace referencia bíblica a 2 Timoteo 3:5.

4. *Anecdotes of the Reverend Jorge Whitefield, M.A.,* por Joseph Beaumont Wakeley, (London: Hodder and Stoughton, 1872), 219-220.

5. *Journal,* 13 de septiembre de 1739 (19:96).

6. *Journal,* 11 de junio de 1739 (19:67).

7. Carta a "John Smith", 25 de marzo de 1747, §13 (26:237).

8. *Journal,* 3 de septiembre de 1741 (19:211-15).

9. Incluyen A Dialogue Between a Predestinarian and his Friend, que Wesley lo declara suyo pero que parece depender de A Dialogue Between a Presbyterian and a Baptist (1691), por Thomas Grantham.

10. Cartas a Westley Hall, 18 de Agosto de 1743 (26:103) y 22 de diciembre de 1747 (26:269-73).

11. Susanna Wesley, 180.

12. Es casi seguro que la muerte de Susana ocurrió el 30 de julio de 1742, según lo que registra el Diario de Wesley (19:283) y las cartas (26:83, 25). Sin embargo, la lápida en la tumba de Susana señala inexplicablemente el 23 de julio de 1742, por lo que se encontrará referencias frecuentes también a esta otra fecha.

13. Esta información proviene del diario privado de Wesley. Las obras que él publicó nunca mencionan el incidente. La mayoría de las entradas relevantes del diario se encuentras en *The Elusive Mr. Wesley,* 2da edición, por Richard P. Heitzenrater (Nashville: Abingdon, 2003), 166-176.

14. Carta a Thomas Bigg, 7 de octubre de 1749 (26:389).

15. Cartas a John Bennet, del 10 de octubre de 1749 al 2 de enero de 1750 (26:389-96, *passim*).

Capítulo Seis

1. Véanse las entradas del Diario del 6 y 24 de marzo, y del 11 de octubre de 1750 (20: 323, 325, 363).

2. Carlos Wesley, *The Journal of Charles Wesley,* 2 volúmenes (Grand Rapids, MI: Baker Books, 1980, 2:62).

3. Los dos avisos del matrimonio de Wesley, uno en el *Gentlemean's Magazine* y el otro en el *London Magazine,* señalan fechas diferentes.

4. Carta a Mary Wesley, 11 de marzo de 1751 (26:451).

5. *The Life of the Reverend John Wesley, A.M.,* volumen 2, por Henry Moore (New York: Bangs and Emory, 1826), 104.

6. Carta a Mary Wesley, 5 de septiembre de 1768 (Telford 5:105).

7. Cartas a Carlos Wesley, 5 de enero de 1763 (Telford 4:200) y 9 de julio de 1766 (Telford 5:21).

8. *Journal,* 15 de agosto de 1750 (20:356).

9. Apéndice C, "Ought we to Separate from the Church of England" (9:567-80).

10. *Journal,* 6 de mayo de 1755 (21:10).

11. Carta a Samuel Walker, 3 de septiembre de 1756 (Telford 3:192-96).

12. "An Address to the Clergy" (Jackson 10:480-500).

13. A Letter to the Right Rev., the Lord Bishop of Gloucester (11:465-538).

Capítulo Siete

1. *Journal,* 23 de enero de 1771 (22:262).
2. Carta a Carlos Wesley, 3 de Agosto de 1771 (Telford 5:270).
3. Carta a Mary Wesley, 2 de octubre de 1778 (Telford 6:322).
4. *Journal,* 11 de octubre de 1781 (23:225).
5. Véase su carta a la esposa de Carlos Wesley del 25 de Julio de 1788 (Telford 8:76).
6. *The Minutes,* de la conferencia de 1744 §23 (10:130).
7. *The Minutes,* de la conferencia de 1770 (10:392-93).
8. Véase su *Journal,* 1 de noviembre de 1773(22:392) y 26 y 27 de abril de 1779 (23:128).
9. Carta a Walter Churchey, 25 de junio de 1777 (Telford 6:267).
10. Carta a "Our Brethren in America", 10 de septiembre de 1784 (Telford 7:237-39).
11. Carta al Sr.—, 31 de octubre de 1789 (Telford 8:183).
12. Carta a Henry Brooke, 21 de junio de 1788 (Telford 8:66).
13. Carta a Thomas Taylor, 4 de abril de 1790 (Telford 8:211).
14. Sermón 50, "The Use of Money" (2:266-280).
15. Carta a Ann Foard, 29 de septiembre de 1764 (Telford 4:266).
16. Sermón 88, "On Dress," (3:247-61), Sermón 87, "The Danger of Riches" (3:227-246), Sermón 126, "On Worldly Folly," (4:131-38), y Sermón 131, "The Danger of Increasing Riches" (4:177-186).
17. *The Minutes* de la conferencia de 1790 (10:709n).
18. Carta a John Gardner, 31 de diciembre de 1785 (Telford 7:308).
19. *Journal,* 3 de marzo de 1788 (24:70).
20. Carta a Granville Sharp, 11 de octubre de 1787 (Telford 8:16-17).
21. Carta a William Wilberforce, 24 de febrero de 1791 (Telford 8:264-65). Esta parece ser la última carta enviada por Wesley.
22. Carta a Sarah Crosby, 14 de febrero de 1761 (Telford 4:133).
23. Carta a George Robinson, 25 de marzo de 1780 (Telford 7:9).
24. *Biographical Sketches of the Lives and Public Ministry of Various Holy Women,* 2 volúmenes, por Zachariah Taft (London: published for the author by Mr. Kershaw, 1825), 1:84.
25. *Journal,* 15 de diciembre de 1788 (24:116-17).
26. El relato completo lo ofrece el *The Journal of the Reverend John Wesley, A.M.,* editado por Nehemiah Curnock, 8 volúmenes (London: Epworth Press, 1938), 8:131-144.
27. Curnock, 8:343.

Capítulo Ocho

1. Prefacio, Sermons on Several Occasions, §3 (1:104).
2. Carta a John Newton, 14 de mayo de 1765 (Telford 4:299). Véase también *A Plain Account of Christian Perfection,* §§2-5 (13:136-38).
3. Prefacio, Sermons on Several Occasions, §5 (1:104-05).
4. Así, por ejemplo, los Metodistas Unidos dicen que "la Biblia es la autoridad principal para nuestra fe y práctica" (http://www.umc.org). La Iglesia del Nazareno describe la Biblia como

"revelando infaliblemente la voluntad de Dios respecto a nosotros en todo lo necesario para nuestra salvación" (http://www.nazarene.org).

5. Sermón 117, "On the Discoveries of Faith," §1 (4:29).

6. Sermón 44, "Original Sin," §§II.2-7 (2:176-78).

7. "Wesley's Interview with Bishop Butler" (19:471).

8. Sermón 37, "The Nature of Enthusiasm" (2:44-60).

9. "Prefacio," Sermons on Several Occasions, §6 (1:106). 10. A Plain Account of Christian Perfection, §19.Q30 (13:178).

Capítulo Nueve

1. Sermón 70, "The Case of Reason Impartially Considered" §II.2 (2:593).

2. Sermón 55, "On the Trinity" §4 (2:377-78).

3. Sermón 120, "The Unity of the Divine Being" §8 (4:63).

4. Sermón 54, "On Eternity" §7 (2:361-62).

5. Sermón 58, "On Predestination" §5 (2:417).

6. Sermón 118, "On the Omnipresence of God" (4:39-47).

7. Sermón 120, "The Unity of the Divine Being" §6 (4:62).

8. Sermon 58, "On Predestination" §15 (2:420).

9. Ibid., §5 (2:417).

10. Sermón 67, "On Divine Providence" §15 (2:540).

11. *Ibid.,* (2:540-41).

12. Sermón 110, "Free Grace," §§23-26 (3:554-56).

13. Predestination Calmly Considered, §§47-50 (13:287-89).

14. Sermon 36, "The Law Established Through Faith, II" §II.3 (2:39).

15. *Notes on the New Testament* (de aquí en adelante *NNT*), 1 Juan 4:8.

16. Sermón 67, "On Divine Providence" §8 (2:537).

17. Notes on the Old Testament, Génesis 1:31.

18. Sermón 36, "The Law Established Through Faith, II" §II.3 (2:39).

19. *Doctrine of Original Sin,* Parte III, §9.2 (12:342).

20. Sermón 77, "Spiritual Worship" §I.3 (3:91).

21. Doctrine of Original Sin, Parte III, §7.2 (12:330).

22. *Thoughts Upon Necessity,* §§IV.4-5 (13:545-46).

23. Serious Thoughts Occasioned by the Late Earthquake at Lisbon, (Jackson 11:6-7).

24. Carta a "John Smith," 22 de marzo de 1748, §10 (26:290).

25. Sermón 67, "On Divine Providence", §15 (2:541).

26. Wesley extrajo algunos extractos del libro *Isagoge ad Dei Providentiam, o Prospect of Divine Providence* (1672), escrito por Crane, para su propia *Christian Library.*

27. Sermón 67, "On Divine Providence" §16 (2:542).

28. Sermón 55, "On the Trinity" §2 (2:376).

29. Albert Outler, comentario introductorio al Sermón 55, "On the Trinity" (2:373).

Capítulo Diez

1. Sermón 56, "God's Approbation of His Works", §II.2 (2:399).
2. *Ibid,* §1 (2:387).
3. *Ibid.,* §II.3 (2:399). Véase también el Sermón 61, "The Mystery of Iniquity," §2 (2:452) y el Sermón 141, "The Image of God," §I.2 (4:294).
4. Sermón 56, "God's Approbation of His Works," §13 (2:396).
5. The Doctrine of Original Sin, Parte II, §VI.2 (12:300).
6. Sermón 40, "Christian Perfection," §I.9 (2:104).
7. Sermón 64, "The New Creation," §16 (2:508).
8. *Ibid,* §18 (2:510).
9. Sermón 69, "The Imperfection of Human Knowledge" (2:567-86) y Sermón 70, "The Case of Reason Impartially Considered" (2:587-600).
10. Sermón 60, "The General Deliverance", §I.1 (2:438-39).
11. *A Survey of the Wisdom of God in Creation: A Compendium of Natural Philosophy,* §II.6.9. http://wesley.nnu.edu/john-wesley/a-compendium-of-natural-philosophy/ [Accessed January 31, 2014.]
12. Sermon 56, "God's Approbation of His Works," §I.14 (2:397).
13. Sermón 60, "The General Deliverance," §I.5 (2:441).
14. Sermón 116, "What is Man?" §13 (4:25-26).
15. Sermón 120, "The Unity of the Divine Being", §10 (4:64).
16. Sermón 60, "The General Deliverance", §III.11 (2:449-50).
17. Sermón 120, "The Unity of the Divine Being," §10 (4:64).
18. Isaac Watts, The Ruin and Recovery of Mankind (1740).
19. Sermón 60, "The General Deliverance," §I.4 (2:440-41).
20. Sermón 71, "Of Good Angels," §I.1 (3:6) y Sermón 72, "Of Evil Angels," §I.1 (3:17).
21. Sermón 116,"What is Man?" §5 (4:21).
22. Sermón 78, "Spiritual Idolatry", §§13-14 (3:108-09).
23. Sermón 116, "What Is Man?" §7 (4:22).
24. Sermón 60, "The General Deliverance," §I.1 (2:439).
25. Sermón 116, "What is Man?" §11 (4:23-24).
26. Some Observations on Liberty, §34 (Jackson 11:105).
27. *Thoughts Upon Liberty,* §16 (Jackson 11:37-38).
28. *Ibid.,* §22 (Jackson 11:42)
29. Véase especialmente la obra de Theodore R. Weber, *Politics In the Order of Salvation: Transforming Wesleyan Political Ethics* (Nashville: Kingswood Books, 2001) y la de Theodore Runyon, *New Creation: John Wesley's Theology for Today* (Nashville: Abingdon, 1998).
30. Sermón 45, "The New Birth," §I.1 (2:188).
31. Sermón 60, "The General Deliverance," §I.3 (2:440). El término que Wesley emplea en esta cita es evidentemente "vicegerente", aunque a menudo se cita equivocadamente como "vicegente"; sin embargo, ambos significan básicamente lo mismo.
32. NNT, Romanos 8:19.
33. Sermón 51, "The Good Steward" (2:281-98).

34. Sermón 97, "On Obedience to Pastors" (3:373-83) y Sermón 95, "On the Education of Children," (3:347-60).

35. Sermón 62, "The End of Christ's Coming," §I.7 (2:475).

36. Sermón 45, "The New Birth", §I.1 (2:188). Las notas entre corchetes son de Wesley.

37. *NNT*, Lucas 15:11-32 [La parábola del hijo pródigo].

38. Sermón 56, "God's Approbation of His Works", §I.14 (2:397).

39. Sermón 116, "What Is Man?" §10 (4:23).

40. Sermón 54, "On Eternity," §7 (2:362).

41. Véase, por ejemplo, en el sermón 57, "On the Fall of Man", la exuberante descripción de Wesley de cómo los cuatro elementos de tierra, agua, aire y fuego operan perfectamente juntos en el cuerpo humano creado por Dios §II.1 (2:405).

42. Sermón 116, "What Is Man?" §10 (4:23).

43. Sermón 57, "On the Fall of Man", §II.2 (2:405-06).

44. Sermon 101, "The Duty of Constant Communion," §I.3 (3:429). Este sermón parece haberse adaptado considerablemente de alguna otra fuente aun cuando Wesley endosa completamente las ideas que en él se expresan.

45. "Prefacio" a *Primitive Physick, passim* (Jackson 14:307-16).

46. Sermon 72, "Of Evil Angels," §II.13 (3:26).

47. *Journal*, 12 de mayor de 1759 (21:191).

48. "Prefacio" a *Primitive Physick*, §VI.5. (Jackson 14:316).

Capítulo Once

1. Sermón 141, "The Image of God", §II.[0] (4:295-96). Véase también el sermón 45, "The New Birth", §I.2 (2:189).

2. Sermón 57, "On the Fall of Man", §I.1 (2:402-03).

3. Sermón 45, "The New Birth", §I.2 (2:189).

4. Sermón 61, "The Mystery of Iniquity", §2 (2:452).

5. Este sermón es una versión simplificada y algunas de sus secciones han sido rehechas de una defensa más extensa y sostenida de la idea del pecado original titulada, *The Doctrine of Original Sin: According to Scripture, Reason and Experience*.

6. NNT, 1 Juan 1:8.

7. Sermón 44, "Original Sin", §I.3 (2:175).

8. *Ibid*, §§III.1-2 (2:182-84).

9. Sermón 9, "The Spirit of Bondage and of Adoption", §§I.1-8 (1:251-55), y también el sermón 10, "The Witness of the Spirit: Discourse One", §II.11 (1:283), y el Sermón 3 "Awake, Thou That Sleepest", §I.11 (1:146).

10. Sermón 141, "The Image of God" §II.1 (4:296-98).

11. Sermón 76, "On Perfection", §II.9 (3:79). Véase también el sermón 96, "On Obedience to Parents", §II.8 (3:372).

12. Carta a la Sra. Bennis, 16 de junio de 1772 (Telford 5:322).

13. Ibid.

14. Sermón 14, "The Repentance of Believers", §II.4 (1:348) y *A Plain Account of Christian Perfection*, §23.Q17 (13:182).

15. Sermón 8 "The First Fruits of the Spirit", §III.4 (1:245), Sermón 9 "The Spirit of Bondage and Adoption", §II.9 (1:258), y Sermón 47, "Heaviness Through Manifold Temptations", §III.9 (2:231).

16. Sermón 13, "On Sin in Believers", §§III.1-3 (1:321-22), Sermón 43, "The Scripture Way of Salvation", §I.6 (2:159), y Sermón 44, "Original Sin", §§I.2, II.8 (2:175, 179).

17. Sermón 44, "Original Sin", §II.5 (1:178).

18. Sermón 125, "On a Single Eye", §III.5-6 (4:128-29 y Sermón 126, "On Worldly Folly" (4:131-138).

19. Sermón 48, "Self Denial", §I.3 (2:242).

20. Sermón 57, "On the Fall of Man", §§II.9-10 (2:411), y Sermón 59, "God's Love to Fallen Man" §3 (2:424).

Capítulo Doce

1. "Prefacio" a *Sermons on Several Occasions,* §5 (1:105).

2. Sermón 61, "The Mystery of Iniquity", §3 (2:452).

3. Sermón 123, "On Knowing Christ after the Flesh", (3:97-106). Esta perspectiva también aparece con frecuencia en su *NNT,* como es el caso con su comentario sobre el pleno control que Jesús tiene de sus emociones, en Juan 11:33-35.

4. Sermones 21-33, "Upon our Lord's Sermon on the Mount, I-XIII" (1:466-698).

5. Sermón 20, "The Lord Our Righteousness", §§I.2-4, II.5 (1:452-53, 455).

6. Sermón 4, "Scriptural Christianity", §§IV.1-11 (1:172-80).

7. Sermón 40, "Christian Perfection", §11 (2:110).

8. Sermón 61, "The Mystery of Iniquity", §11 (2:455).

9. *NNT,* "Prefacio" a Hechos. Véase también el sermón 17, "The Circumcision of the Heart" §II.4 (1:144).

10. Sermones 10-11, "The Witness of the Spirit, I-II" (1:267-298).

11. Sermón 110, "Free Grace", §§2-3 (3:544-45).

12. *Ibid,* §22, (3:554).

13. Sermón 1, "Salvation by Faith", §I.4 (1:120).

14. Sermón 3, "Awake, Thou That Sleepest", §I.11 (1:146) y sermón 4, "Scriptural Christianity", §I.2 (1:161), entre otros.

15. Sermón 117, "On The Discoveries of Faith" (4:28-38) y sermón 119, "Walking by Sight and Walking by Faith" (4:48-59).

16. Sermón 2, "The Almost Christian", §(III).5 (1:139).

17. Ibid.

18. Sermón 1, "Salvation by Faith", (1:117-130).

19. Carta a la Srta. March, 31 de mayo de 1771 (Telford 5:255).

20. Carta a Peggy Dale, 5 de Julio de 1765 (Telford 4:307).

21. Sermón 85, "On Working Out Our Own Salvation", §II.1 (3:203-04).

Capítulo Trece

1. *The Minutes,* de la conferencia de 1745, [§35] (10:153). Véase también su carta a la señorita March del 7 de abril de 1763 (Telford 4:208). "Antinomianismo" es la creencia de que la ley queda totalmente anulada por la obra salvadora de Cristo, lo que resulta en que nada que hagamos una vez seamos salvos – para bien o para mal – tendrá efecto alguno en nuestra salvación.

2. Sobre la idea reformada de la "gracia común" véase *Systematic Theology,* 4ta ed., por Louis Berkhof (Grand Rapids: Eerdmans, 1979), 434.

3. Que "previene" era el término empleado por Wesley, aunque hoy en día "previene" significa "impedir" y no solo "venir antes de", de ahí que empleemos el vocablo "preveniente" a fin de evitar toda confusión.

4. *The Minutes* de la conferencia de 1744, [§22] (10:129).

5. Sermón 3, "Awake, Thou That Sleepest", §I.3 (1:143).

6. Sermón 85, "On Working Out Our Own Salvation", §III.4 (3:207).

7. Sermón 19, "The Great Privilege of Those Who are Born of God", §§III.3 (1:442). En realidad Wesley crea la palabra "re-actuar" para expresar esa idea, ya que nadie antes que él parece haberla utilizado.

8. *NNT,* Filipenses 2:13.

9. Randy Maddox, Responsible Grace: John Wesley's Practical Theology (Nashville: Kingswood, 1994).

10. Sermón 117, "On the Discoveries of Faith", §13 (4:35).

11. Sermón 2, "The Almost Christian", §§II.1-5 (1:137-39).

12. Sermón 107, "On God's Vineyard", §I.5 (3:505).

13. Sermón 19, "The Great Privilege of those that are Born of God",§2 (1:431-32). Véase también el sermón 13, "On Sin in Believers", §II.1 (1:319-20) y el sermón 43, "The Scripture Way of Salvation", §I.4 (2:158).

14. Sermón 5, "Justification by Faith", §II.5 (1:189).

15. *Ibid.,* §§IV.4-6 (1:195-96).

16. Carta a Thomas Church, 17 de junio de 1746, §VI.4 (Telford 2:268).

17. Sermón 45, "The New Birth", §II.4 (2:193).

18. Sermón 42, "Satan's Devices", §§13-14 (2:146-47).

19. Sermón 76, "On Perfection", §I.3 (3:73).

20. Farther Thoughts Upon Christian Perfection, §Q9 (13:98-99). La cita es reproducida textualmente en A Plain Account of Christian Perfection, §25.Q9.

21. Carta a Penelope Maitland, 12 de mayo de 1763 (Telford 4:213). Véase su planteamiento en *A Plain Account of Christian Perfection,* §19.Q6 (13:170).

22. Sermón 40, "Christian Perfection", §I.9 (2:104-05).

23. Sermón 76, "On Perfection",§I.4 (3:74).

24. Sermón 83, "On Patience", §11 (3:176-77).

25. A Plain Account of Christian Perfection, §18 (13:167).

26. *Ibid.,* §19.Q21 (13:175).

27. *Ibid.,* §19.Q22 (13:175).

Capítulo Catorce

1. Himno 136, "Wrestling Jacob", A Collection of Hymns for the Use of the People Called Methodists (7:250-252).

2. Sermón 24, "Upon our Lord's Sermon on the Mount, IV", §I.1 (1:533).

3. "Prefacio", *Hymns and Sacred Poems* (1739), §5 (Jackson 14:321-22).

4. *A Plain Account of the People Called Methodists,* §§7-10 (9:256-58).

5. Sermón 74, "Of the Church", §14 (3:50).

6. *Ibid.,* §16 (3:51).

7. *Ibid.,* §19 (3:52).

8. *A Plain Account of the People Called Methodists,* §I.2 (9:254-55).

9. A Letter to the Right Reverend, the Lord Bishop of Gloucester, §I.11 (11:477).

10. Wesley ciertamente le da crédito al diablo por su ortodoxia perfecta dada las consecuencias que tiene (Sermón 7, "The Way to the Kingdom", §6 [1:220-21]).

11. Sermón 39, "Catholic Spirit", §4 (2:82).

12. Carta, "To a Roman Catholic", 18 de julio de 1749, §16 (Telford 3:12-13).

13. Sermón 24, "Upon Our Lord's Sermon on the Mount, IV", §§III.1-2 (1:541-42).

14. Sermón 92, "On Zeal", §II.5-6 (3.313-14). Wesley toma prestada esta metáfora de un libro escrito por James Garden y titulado, *Comparative Theology* (1700), sin embargo la aplicación que hace aquí es totalmente suya.

15. Ibid., §II.11 (3:315).

16. Sermón 104, "On Attending the Church Service" (3:464-75).

17. Sermón 101, "The Duty of Constant Communion" (3:427-39).

18. *NNT,* Mateo 25:40.

19. Ibid.

20. Wesley establece una clara prioridad para la familia de la fe cuando del uso del dinero se trata, de aquí que exhorte a sus metodistas a prestarle dinero primero a los de la iglesia (sermón 23, "Upon our Lord's Sermon on the Mount, III", §III.12 [1:528]) y a usar cualquier exceso de dinero que tengan para cuidar de otros creyentes primero (Sermón 50, "The Use of Money", §III.3 [2:277]).

21. Sermón 66 "The Signs of the Times", §II.13 (2:533).

22. Sermón 98, "On Visiting the Sick", §§II.2-4 (3:390-91).

23. Sermón 24, "Upon our Lord's Sermon on the Mount, IV" §III.7 (1:546).

24. *Ibid.,* §III.8 (1:546).

www.ingramcontent.com/pod-product-compliance
Lightning Source LLC
Chambersburg PA
CBHW021926040426
42448CB00008B/929